Karl R. Popper

Alle Menschen sind Philosophen

Karl R. Popper

Alle Menschen sind Philosophen

Herausgegeben von
Heidi Bohnet und Klaus Stadler

Piper
München Zürich

Der Abdruck des Textes »Wie ich die Philosophie sehe« aus dem Band Karl R. Popper/Franz Kreuzer »Offene Gesellschaft – offenes Universum« (siehe dazu »Nachweis der Texte« im Anhang) erfolgt mit freundlicher Genehmigung der Franz Deuticke Verlagsgesellschaft, Wien.

ISBN 3-492-04462-x

Gesetzt aus der Sabon Mediäval
Gesamtherstellung: Kösel, Kempten
Printed in Germany

www.piper.de

Inhalt

Vorwort

»Hoffentlich war das jetzt nicht zu anstrengend für Sie.« So fürsorglich beendete der fast 92jährige Karl Popper Anfang Juli 1994 in Garmisch die Sitzung, in der er mit seinem Lektor etwa sechs Stunden lang letzte Korrekturen an dem Aufsatzband »Alles Leben ist Problemlösen« besprochen hatte. Immer wieder hatte Popper an seinen eigenen Formulierungen gefeilt. Er wollte manches noch klarer ausdrücken, um unbedingt deutlich werden zu lassen, was er meinte. Dies war typisch für seinen Umgang mit Sprache überhaupt und mit eigenen, älteren Texten, auch mit Übersetzungen, die er etwa von Fragmenten der Vorsokratiker gemacht hatte. Bevor er sich verabschiedete, schrieb er noch in großer Ruhe und mit völlig klarer und schöner Handschrift eine ausführliche Widmung in eines seiner Bücher. Es war für den Arzt bestimmt, der ihn kurz zuvor in München gründlich untersucht hatte. Popper war zum wiederholten Mal mit Melitta und Raymond Mew, die ihn über viele Jahre hinweg freundschaftlich betreut hatten, nach Garmisch gekommen, weil er die Berge liebte und sich dort gut erholen konnte. Es sollte sein letzter Besuch werden. Am 17. September 1994 starb er. Das Buch, an dem er noch so intensiv gearbeitet hatte, erschien wenige Wochen nach seinem Tod.

Bei der Suche nach Texten für den vorliegenden Band wurden viele Erinnerungen an den großen Denker Karl Popper lebendig, auch Erfahrungen, die wir 1994 mit ihm gemacht hatten, als wir beide als Lektoren an der Entstehung von »Alles Leben ist Problemlösen« beteiligt waren: Sicherheit in der Bewertung der Wichtigkeit von Themen, die Aufgeschlossenheit für die Dinge, die aktuell in der Welt passierten, die Klarheit des Denkens bis ins hohe Alter, sein Insistieren auf bestimmten Formulierungen, seine Offenheit für bessere Lösungen, Bescheidenheit und Dankbarkeit...

Karl Poppers 100. Geburtstag am 28. Juli 2002 war der Anlaß dafür, mit zentralen Texten auf die Vielfalt seines Denkens und Schreibens neugierig zu machen. Wir haben dafür nur seine im Piper Verlag erschienenen Bücher ausgewertet.

Nach Poppers Verständnis sind *alle* Menschen Philosophen, denn sie denken über die Grundfragen des Lebens nach. Dabei helfen auch die Bücher, die er hinterlassen hat. Seine Texte, in denen sich zahllose Denkanstöße finden, haben wir in drei Gruppen gegliedert:

Zunächst ist die Rede von den Grundlagen des Philosophierens, zu denen das *Bewußtsein* bei Tier und Mensch sowie das besondere menschliche *Selbstbewußtsein* zählen. Über das Leib-Seele-Problem kommt Popper zu seinem 3-Welten-Schema.

Mit dieser »Grundausstattung« gelangt der Mensch zu *Erkenntnis*, *Lernen* und *Wissen*. Es geht hier um die historischen Ursprünge unserer Erkenntnis, um das Apriori und das Aposteriori, den Zusammenhang von Wissen und Sprache und – als Übergang zum dritten Themenkomplex – um die Verantwortung der Intellektuellen.

Die Umsetzung des Erkannten im menschlichen Zusammenleben, wie sie in der *Politik* und in der *Geschichte* von Gesellschaften deutlich wird, ist Thema des letzten Teils. Gefragt wird nach der besten Regierungsform, nach der »offenen Gesellschaft«, dem fruchtbaren Zusammenstoß der Kulturen, der Notwendigkeit von Freiheit und Frieden und schließlich dem Sinn der Geschichte.

Eingerahmt werden diese drei Teile von zwei Präludien

und einer Coda: Was ist Philosophie und was nicht? Wie gebe ich der Geschichte einen Sinn und gestalte die Wirklichkeit am sinnvollsten? Denn, so Popper, die Zukunft ist offen.

Seine zutiefst menschenfreundliche Philosophie setzt in ihrem Sokratischen Ansatz zwar die Wahrheit voraus, weiß aber doch, daß Menschen sich dieser immer nur in Schritten nähern können – durch Versuch und Irrtum und eben dadurch, daß sie Erkenntnisse immer wieder der Kritik, der eigenen und der anderer, aussetzen.

Wir haben bei der Auswahl häufig auch Textteile aus längeren Kapiteln genommen und dafür dann selbst Überschriften formuliert. Anmerkungen, Querverweise und Literaturhinweise wurden mit ganz wenigen Ausnahmen gestrichen. In diesem Zusammenhang verweisen wir auf die ursprünglichen Bücher und die genauen Fundorte der Texte, die im »Nachweis« aufgeführt sind. Die Texte selbst wurden unverändert übernommen.

Bonn/Gräfelfing, im Mai 2002
Heidi Bohnet / Klaus Stadler

Erstes Präludium: Wie ich die Philosophie sehe

Kreuzer (K): Herr Professor Popper, Sie haben vor nicht allzu langer Zeit in einem Aufsatz »Wie ich die Philosophie sehe« einen bemerkenswerten Satz geschrieben: »Ich glaube, daß alle Menschen Philosophen sind, wenn auch manche mehr als andere.« Nun gehören Sie zweifellos zu den Menschen, die mehr Philosoph sind als andere. Aber ich glaube, es würde unsere Seher und Hörer vielleicht interessieren, könnten sie am Beginn des Gesprächs erfahren, warum sie, die Seher und Hörer, eigentlich Philosophen sind.

Popper (P): Ich glaube, daß jeder Mensch gewisse Einstellungen dem Leben gegenüber, dem Tod gegenüber entwickelt. Und das sind bereits philosophische Einstellungen – wenn auch gewöhnlich unkritische –, gute oder weniger gute Philosophien. Auch Erwartungen, was das Leben bieten soll, was man im Leben erreichen kann, sind im Grunde philosophische Einstellungen dem Leben gegenüber. In dem Sinne glaube ich wirklich, daß alle Menschen Philosophen sind.

K: Ich glaube, Ihr Satz hat auch Kritik zum Inhalt gehabt an jenen, die glauben, daß die Philosophen eine Elite sein sollten. Daß Philosophie Kuchen für die Vornehmen und nicht Brot für alle ist. War es auch so gemeint?

P: Ja, auch so. Ich glaube nicht an eine Elite, und ich glaube vor allem nicht, daß es eine philosophische Elite gibt in dem Sinne, daß die Berufsphilosophen eine besonders wichtige Gruppe in unserer Gesellschaft bilden. Das kommt mir gar nicht so vor.

K: Was ist nun die Hauptaufgabe des Berufsphilosophen zum Unterschied vom »Jedermann«-Philosophen, also dem Alltagsmenschen? Wir können hier vielleicht eine Bezeichnung für Ihre Philosophie vorwegnehmen: Man nennt sie »Kritischer Realismus«. Das hieße: Hauptaufgabe des Philosophen gegenüber der Gesellschaft ist, daß er die Menschen fähig macht, Kritik zu üben, zu verstehen, was Kritik ist, und dadurch Einsicht in die Realität der Welt und der Gesellschaftsordnung zu gewinnen.

P: Ja, ich bin der Berufsphilosophie gegenüber überhaupt skeptisch, und in demselben Aufsatz, den Sie eben erwähnt haben, sage ich auch, daß ich die Tatsache, daß ich Berufsphilosoph bin, oder, genauer, daß ich ein Berufsphilosoph war, als eine Art Vorwurf empfinde. Ein Vorwurf, dem gegenüber eine gewisse Verteidigung notwendig ist. Und ich glaube, daß die Verteidigung, die ich da anführe, keine allzu gute Verteidigung ist. Es ist die Aufgabe des Berufsphilosophen, die Dinge, die manche andere als selbstverständlich hinnehmen, kritisch zu untersuchen. Denn viele dieser Ansichten sind einfach Vorurteile, die unkritisch als selbstverständlich hingenommen werden, aber sehr oft einfach falsch sind. Um das herauszubekommen, braucht man vielleicht so etwas wie einen Berufsphilosophen, der sich Zeit zum kritischen Nachdenken nimmt.

K: Herr Professor, Sie bezeichnen manches, was Sie sagen und über sich sagen, als Verteidigung. Sie beziehen sich damit wohl auf die Apologie des Sokrates, die ja dem als Gedanke zugrunde liegt. Eine ganz große Apologie, eine »Selbstverteidigung«, nämlich die Selbstdarstellung Ihres Lebens, Ihre Biographie, ist unter dem Titel »Ausgangspunkte« in deutscher Übersetzung erschienen. Ein eher allgemeiner Titel – der englische lautet: »Unended Quest«, die niemals beendete oder niemals zu beendende Suche. Er bedeutet im wesentlichen: ein Ende, ein Ergebnis Ihres Lebens kann es nicht geben. Beginnen wir jedoch am Anfang. Wie glauben Sie, sind Sie dazu gekommen, mehr Philosoph zu werden als andere Menschen?

P: Ich wollte ja nie Philosoph werden, ich wollte nie Berufsphilosoph werden. Daß ich es geworden bin, ist gewissen äußeren Umständen zuzuschreiben – ich möchte nicht sagen zu verdanken. Mein ursprünglicher Plan, als ganz junger Mensch, etwa mit sechzehn, siebzehn ...

K: Das war im Ersten Weltkrieg?

P: Das war schon am Ende des Weltkrieges ... war, daß ich ein Landerziehungsheim gründen und dort Lehrer werden wollte. Das gab ich dann auf. Nämlich die Idee des Landerziehungsheimes, nicht die Idee des Lehrerwerdens.

K: Ihre Weltanschauung war damals eine durch und durch sozialistische, kurze Zeit auch marxistische, und wie Sie selber sagen, ganz kurze Zeit eine ausdrücklich kommunistische. Und dann, sagen Sie, sind Sie innerhalb eines einzigen Jahres zum Kritiker des Marxismus, des Kommunismus geworden, ja zum Antikommunisten. Da hat es ein ganz einschneidendes Erlebnis gegeben: 1919, den blutigen Zusammenstoß in der Hörlgasse.

P: Die Tatsache, daß bei diesem Zusammenstoß in der Hörlgasse eine Anzahl von jungen Leuten getötet wurde, hat mich dazu gebracht, über den Kommunismus kritisch nachzudenken. Natürlich habe ich gewusst, daß der Kommunismus dieser jungen Leute ziemlich unreif war, wie mein eigener Kommunismus. Aber was ich damals zum ersten Mal ganz klar gesehen habe, war: Der Marxismus in der damaligen Fassung behauptete, der Kapitalismus verlange jeden Tag mehr Opfer, mehr Menschenopfer, als die ganze soziale Revolution verlangen wird. Das war eine Behauptung, die auf sehr schwachen Füßen stand. Ich erkannte, daß man aus diesem Grund mit Menschenopfern sehr, sehr sparsam und vorsichtig umgehen muß; insbesondere, wenn die Opfer von anderen verlangt werden oder wenn man andere in die Situation führt, in der sie ihr Leben aufs Spiel setzen.

K: Sie haben zu diesem Punkt, zu diesem Schockerlebnis in der Hörlgasse, in einer Auseinandersetzung mit Marcuse einmal gesagt:

> ... denn die marxistische Theorie verlangt die Zuspitzung und Verschärfung des Klassenkampfes. Sie behauptet, daß wir um so schneller zum Sozialismus kommen, je mehr sich der Klassenkampf verschärft, daß die Revolution zwar Opfer fordert, aber daß der Kapitalismus täglich mehr Opfer fordert als die ganze sozialistische Revolution.

Dieser Fehler, Ihrer Meinung nach, ist Ihnen bei diesem Schockerlebnis zu Bewußtsein gekommen?

P: Daß man solche Sachen nicht behaupten darf, daß insbesondere die marxistische Theorie nicht wirklich die Grundlage dafür liefert, solche Dinge zu behaupten, und daß die marxistische Theorie selbst eine sehr fragwürdige Angelegenheit ist – alles das kam mir damals zu Bewußtsein, und insbesondere, daß ich diese marxistische Theorie und mit ihr diese ganze Einstellung aufgrund sehr oberflächlicher Studien akzeptiert hatte. Mir wurde damals klar, kurz vor meinem siebzehnten Geburtstag, wie unverantwortlich ich gehandelt hatte.

Was sich nicht widerlegen lassen will, sagt nichts, oder sehr wenig

K: Es ist ja etwas anderes sehr Bemerkenswertes aus Ihrer Biographie zu diesem Punkt herauszulesen: Aufgrund dieses Erlebnisses haben Sie sich – weil Sie eben nicht einer dieser isolierten Intellektuellen sein wollten, die den anderen die Revolution anschaffen – entschlossen, physisch zu arbeiten und ein Handwerk zu erlernen.

P: Ich habe mich gegen die Idee gesträubt, daß wir jungen Leute, wir zukünftigen Intellektuellen, die zukünftigen Führer der Arbeiterschaft sein sollen. Was waren wir denn schon, was haben wir denn gewusst, und was war denn die Grundlage für einen solchen Anspruch? Und so habe ich mich damals entschlossen – ein Entschluß, den ich dann aber nicht durchgeführt habe –, selbst körperliche Arbeit zu leisten und Arbeiter zu werden.

K: Eine Zeitlang haben Sie beim Straßenbau gearbeitet. Und dann haben Sie bei einem Kunsttischler das Tischlerhandwerk erlernt, über zwei Jahre lang ...

P: Ja. Nebenbei habe ich daran gedacht, daß, falls es je zu einem Landerziehungsheim kommen sollte oder etwas Ähnlichem, diese Tischlerei nützlich wäre.

K: Herr Professor, in der Zeit, in der Sie versucht haben, physisch zu arbeiten, in der Sie ein Handwerk erlernt haben, ist Ihre geistige Entwicklung nicht stehengeblieben. Sie haben als Studierender an der Hochschule die Matura nachgeholt, und Sie haben die ganze Zeit über studiert und nachgedacht. Unter anderem fällt in Ihrer Biographie auf, daß das Jahr 1919 für Sie insbesondere in geistiger und philosophischer Beziehung von ganz großer Bedeutung ist, ein Jahr, in dem Ihnen nämlich gleichzeitig die Fragwürdigkeit von Marxismus und Psychoanalyse einerseits und die hohe Wissenschaftlichkeit der Einsteinschen Relativitätstheorie zu Bewußtsein gekommen ist; und der wissenschaftliche Gegensatz zwischen offenen und geschlossenen wissenschaftlichen Systemen.

P: Ja, das ist richtig. Das war alles mehr oder weniger im Zusammenhang mit dieser kritischen Einstellung dem Marxismus gegenüber. Mir wurde mehr und mehr klar, daß die Basis dieser Ideologie sehr zweifelhaft ist, mir wurde sogar klar, daß – auch wenn der Marxismus eine Wissenschaft wäre, wie die Marxisten damals behauptet haben – die Wissenschaft an und für sich nicht so sicher ist, daß man aufgrund der Wissenschaft solche Dinge wie das notwendige Kommen des Sozialismus, also das notwendige Kommen einer besseren Welt auf Erden, prophezeien kann. Und in diesem Zusammenhang habe ich über die Frage nachgedacht, was denn den Wissenschaftscharakter eigentlich ausmacht, den Wissenschaftscharakter irgendeines Systems. Und in diesem Zusammenhang wurde mir klar, daß der empirisch-wissenschaftliche Charakter eines Systems damit zusammenhängt, daß es möglich ist, dieses System durch mögliche Tatsachen zu widerlegen.

K: Das heißt: Ein politisches, ein philosophisches, ein geistiges System, das sich selber versiegelt, das sich selber unwiderlegbar macht, ist kein wissenschaftliches und, wenn ich Ihre Überzeugung richtig verstehe, auch ein gefährliches. Und das gilt für den Marxismus und für die Psychoanalyse.

P: Für den Marxismus, die Psychoanalyse und natürlich auch für andere Formen der Psychoanalyse, zum Beispiel die Adlersche Individualpsychologie.

K: Vielleicht am Beispiel der Psychoanalyse erklärt: Wer die Thesen der Psychoanalyse nicht anerkennt, von dem sagt die Psychoanalyse, daß er etwas verdrängt, und damit wird die Widerlegung zur Bestätigung, und das System wird unwiderlegbar.

P: Ja, das ist *eine* Sache. Was noch wichtiger ist: Die Psychoanalyse schließt kein mögliches Verhalten von Menschen aus. Sie sagt nicht, es sei unter gewissen Umständen unmöglich, daß ein Mensch das eine oder das andere tut. Daher wird, was immer ein Mensch tut, zu einer Bestätigung der psychoanalytischen Theorie. Wenn ein Mensch also ins Wasser springt, um ein Kind zu retten und dabei sein eigenes Leben riskiert und vielleicht verliert, so ist das psychoanalytisch ebensogut erklärbar, wie wenn dieser Mensch ein Kind ins Wasser wirft, um es umzubringen.

K: Und einen ähnlichen Selbstbestätigungsmechanismus haben Sie auch im Marxismus gesehen. Ein Beispiel: Die Widerlegung der marxistischen Grundthese durch die Russische Revolution ist ja nicht als Widerlegung akzeptiert worden, sondern umgedeutet, neugedeutet worden...

P: Man müßte das schon erklären, in welcher Weise der Marxismus durch die Russische Revolution widerlegt wurde: Der Marxismus behauptet, daß der kausale Ablauf jeder gesellschaftlichen Veränderung mit den Veränderungen der Produktionsmittel beginnt. Die geänderten Produktionsmittel führen dazu, daß die Beziehungen zwischen den Menschen sich ebenfalls ändern, und schließlich dazu, daß sich das Herrschaftssystem in der Gesellschaft ändert. Und als letztes ändern sich die Ideen in der Gesellschaft: die Gedanken der Menschen, die Ideologien. Die Russische Revolution hat gezeigt, daß genau das Umgekehrte vorkommen kann. Nämlich eine bestimmte Idee, zum Beispiel die Idee, daß der Sozialismus aus der Diktatur des Proletariats plus Elektrifizierung besteht – der leitende Gedanke von Lenin –, daß eine solche Idee von oben herab die Gesellschaft ändern und dann natürlich auch die Produktionsmittel ändern kann. In Rußland kam die Elektrifizierung nicht von unten, sie wurde durchgesetzt von oben, und zwar von der Regierung aufgrund gewisser ideologischer Ansichten, also von Ideen. Das ist offenbar eine Widerlegung der marxistischen Theorie, aber es wurde von den Marxisten natürlich nicht als solche empfunden – im Gegenteil: Sie behaupteten, daß die Russische Revolution eine marxistische Revolution ist und vom Marxismus vorausgesehen war.

K: Ein Beispiel für die Selbstversiegelung einer Theorie, die sich selber unwiderlegbar macht – und das ist Ihrer Meinung nach das Kennzeichen der unwissenschaftlichen und auch schädlichen Theorie oder Ideologie?

P: Ja, ich meine, sie ist schädlich – manchmal direkt und manchmal eben dadurch, daß sie sich aus der Kritik herausnimmt, sich gegen alle Kritik versiegelt, wie Sie es nennen. Man könnte sagen, daß in einer solchen Theorie die Theorie mit eingebaut ist, sie sei unwiderlegbar. Besonders deutlich ist das in der psychoanalytischen Einstellung der Kritik gegenüber, nämlich daß die Kritik psychoanalysiert werden muß oder der Kritiker psychoanalysiert werden muß, und daß das dann eine hinreichende Antwort auf jede Kritik ist.

K: Und eben in derselben Zeit, nämlich 1919, haben Sie genau das Umgekehrte, nämlich die Wissenschaftlichkeit einer Theorie, an der Relativitätstheorie studieren können...

P: Einstein hat versucht, jene Fälle herauszuarbeiten, die von einem kritischen Standpunkt aus seine Theorie widerlegen könnten. Und er hat auch gesagt: Wenn diese Dinge beobachtet werden könnten, würde er die Theorie sofort fallenlassen. Es ist das die einzig mögliche Art, experimentelle Bestätigungen einer Theorie zu bekommen, daß man sich überlegt, wie man zeigen könnte, daß die Theorie falsch ist, und dann versucht, diese Situation zu realisieren. Und wenn man sie nicht, mit bestem Willen nicht, realisieren kann, dann und nur dann kann der mißglückte Versuch, die Theorie zu widerlegen, als eine Bestätigung betrachtet werden – aber niemals als eine endgültige Bestätigung.

K: Und 1919 war nun die große Gelegenheit, Einstein zu widerlegen, anläßlich der totalen Sonnenfinsternis, bei der die technische Möglichkeit gegeben war, die Beugung des Lichtes zu überprüfen, die Ablenkung des Lichtes durch die Masse der Sonne.

P: Ja, durch die Sonnenmasse. Das war diese berühmte Expedition, die Eddington organisiert hat und die vor allem deswegen einen großen Eindruck gemacht hat, weil die deutschen Wissenschaftler in dieser Zeit – und Einstein war damals ein deutscher Wissenschaftler – vom Standpunkt der Alliierten aus sozusagen verfemt waren. Sie waren mit einem gewissen Recht verfemt, denn sehr viele von ihnen hatten den Krieg, den Ersten Weltkrieg, mit großer Begeisterung begrüßt und auch unterstützt, und die meisten hatten sich nicht allzugut benommen; Einstein war einer der wenigen – es gab auch andere –, die gegen den Krieg waren...

K: Und das Sonnenexperiment ergab nun, daß die Einsteinsche Theorie nicht widerlegt wurde. Ich vermeide das Wort bestätigt, denn das hören Sie nicht gern...

P: Bestätigt ist nicht so schlimm, aber bewiesen...

K: ... denn sie meinen, daß es einen absoluten Beweis einer Theorie nicht geben kann, wohl aber die Widerlegung. In diesem Fall war es die *Nicht*widerlegung, die Sie beeindruckte?

P: Was mich hauptsächlich beeindruckte, war nicht sosehr die Nichtwiderlegung, obzwar die sicher sehr eindrucksvoll war, sondern die Tatsache, daß sich hier eine Theorie aufs äußerste exponierte, sozusagen eine Widerlegung verlangte, und daß die Widerlegung nicht stattfand.

Wie ich die Philosophie nicht sehe

Ich will jetzt eine Liste von neun Auffassungen von der Philosophie und von Tätigkeiten aufstellen, die häufig als charakteristisch für die Philosophie angesehen werden, meiner Ansicht nach aber unbefriedigend sind. Für diesen Abschnitt möchte ich den Titel wählen: »Wie ich die Philosophie *nicht* sehe.«

Erstens: Die Aufgabe der Philosophie ist nicht das Auflösen von Mißverständnissen, obwohl solche Auflösungen manchmal notwendige Vorarbeiten sein können.

Zweitens: Ich halte die Philosophie nicht für eine Galerie von Kunstwerken, von verblüffenden und originellen Weltbildern oder von klugen und ungewöhnlichen Beschreibungen der Welt. Ich glaube, wir tun den großen Philosophen schweres Unrecht, wenn wir die Philosophie so verstehen.

Die großen Philosophen verfolgten nicht rein ästhetische Ziele. Sie wollten nicht Baumeister scharfsinniger Systeme sein. Sie waren vor allem Wahrheitssucher, ebenso wie die großen Wissenschaftler. Sie suchten nach Lösungen von echten Problemen. Ich sehe die Geschichte der großen Philosophien ganz wesentlich als einen Teil der Geschichte der Wahrheitssuche, und ich lehne ihre rein ästhetische Beurteilung ab, obwohl ich zugebe, daß Schönheit in der Philosophie wie in der Wissenschaft von großer Bedeutung ist.

Ich bin sehr für intellektuellen Wagemut. Wir können nicht intellektuelle Feiglinge und Wahrheitssucher zugleich sein. Wer die Wahrheit sucht, muß es wagen, weise zu sein: *Sapere aude!* Er muß es wagen, ein Revolutionär auf dem Gebiete des Denkens zu sein.

Drittens: Ich betrachte die Geschichte der philosophischen Systeme nicht als eine Geschichte von intellektuellen Bauwerken, an denen alle möglichen Ideen ausprobiert werden und in denen die Wahrheit vielleicht als ein Nebenprodukt zum Vorschein kommt. Ich glaube, wir tun den wahrhaft großen Philosophen der Vergangenheit unrecht, wenn wir auch nur einen Moment lang daran zweifeln, daß jeder von ihnen sein System aufgegeben hätte, wenn er sich davon überzeugt hätte, daß es vielleicht brillant sei, aber keinen Schritt in der Richtung auf die Wahrheit hin darstellte. (Das ist übrigens der Grund, warum ich Fichte oder Hegel nicht für große Philosophen halte: ich mißtraue ihrer Wahrheitsliebe.)

Viertens: Ich halte die Philosophie nicht für einen Versuch zur Analyse oder »Explikation« von Begriffen, Worten oder Sprachen.

Begriffe oder Worte sind bloß Werkzeuge zur Formulierung von Aussagen, Annahmen oder Theorien. Begriffe oder Worte als solche können weder wahr noch falsch sein. Sie dienen nur der beschreibenden und begründenden menschlichen Sprache. Es sollte nicht unser Ziel sein, *Bedeutungen* zu analysieren, sondern nach interessanten und *bedeutsamen Wahrheiten* zu suchen; das heißt, nach *wahren Theorien.*

Fünftens: Ich halte die Philosophie nicht für ein Mittel zu zeigen, wie gescheit man ist.

Sechstens: Ich halte die Philosophie nicht für eine intellektuelle Therapie (wie Wittgenstein), für eine Tätigkeit, durch die man die Leute aus ihren philosophischen Verwirrungen befreit. Meiner Ansicht nach hat Wittgenstein – in seinem späteren Werk – nicht der Fliege den

Weg aus der Flasche gezeigt (wie er hoffte). Vielmehr halte ich die Fliege, die nicht aus der Flasche kann, für ein treffendes Selbstporträt Wittgensteins. (Wittgenstein war offenbar ein wittgensteinischer Fall, so wie Freud ein freudischer Fall und Adler ein adlerischer Fall war.)

Siebtens: Ich sehe in der Philosophie nicht das Bestreben, sich präziser oder exakter auszudrücken. Präzision und Exaktheit sind keine intellektuellen Werte an sich, und wir sollten nie versuchen, präziser und exakter zu sein, als es das vorliegende Problem erfordert.

Achtens: Daher halte ich die Philosophie nicht für das Bemühen, die Grundlagen oder den begrifflichen Rahmen zur Lösung von Problemen zu liefern, die in der näheren oder ferneren Zukunft auftreten mögen. Das tat John Locke; er wollte einen Essay über Ethik schreiben, und dazu hielt er es für nötig, begriffliche Vorarbeiten zu leisten. Sein »Essay« besteht aus diesen Vorarbeiten; und die englische Philosophie ist seitdem mit wenigen Ausnahmen – etwa einigen der politischen Essays von Locke und Hume – in diesen Vorarbeiten steckengeblieben.

Neuntens: Ich verstehe die Philosophie auch nicht als Ausdruck des Zeitgeistes. Das ist eine Hegelsche Idee, die der Kritik nicht standhält. Es gibt allerdings Moden in der Philosophie wie in der Wissenschaft. Aber wer ernsthaft nach der Wahrheit sucht, wird nicht der Mode folgen, er wird vielmehr den Moden mißtrauen und sie sogar bekämpfen.

Zweites Präludium: Die Zukunft ist offen oder Nichts ist schon dagewesen

Kreuzer (K): Herr Professor Popper, Herr Professor Lorenz, wir sollten vorerst die Besonderheit dieses Gespräches erklären. Das ist kein Interview, das ist keine Diskussion, das ist kein Streitgespräch, das ist auch keine Disputation, denn dazu wäre ein Hörsaal notwendig; das ist ein Kamingespräch zwischen alten Freunden, und ich bin nur dazu da, dieses Gespräch anzuregen. Es soll ein Gespräch zwischen Ihnen, meine Herren Professoren, sein.

Es ist genügend biographischer Anlaß: Zwei achtzigste Geburtstage – einer voriges Jahr, einer in diesem Jahr. Da ist es vielleicht zulässig, am Beginn ein wenig Sentimentalität und Nostalgie ins Gespräch zu bringen. Ich glaube, da wäre das Stichwort Selma Lagerlöf. Aus Ihren Biographien weiß man, welche Bedeutung die Lagerlöf-Bücher in Ihrer Kindheit gehabt haben.

Lorenz (L): Wie wir einander kennengelernt haben, haben wir Indianer gespielt. Karl hat damals schon angefangen, den Positivismus und die Wiener Schule bei den Hörnern zu nehmen. Wir anderen waren noch Kinder. Beim Indianerspielen haben wir ihn als »Bleichgesicht« an den Baum gebunden, worüber er nie bös war. Was nun die Selma Lagerlöf anbelangt, hat Karl ja so nett gesagt, wir seien beide von der Selma Lagerlöf beeinflußt worden, nur mit dem Unterschied, daß er sich in die Selma Lagerlöf verliebt hat – und ich in die Wildgänse. Es war tatsächlich, was mich betrifft, eine entscheidende Zeit. Meine Entscheidung für die Wildgänse hängt damit zusammen, daß ich vom Anfang an überzeugt war, daß die Tiere auch Menschen sind.

Popper (P): Ich war sehr beeindruckt von Konrad: Er war ein großer und ein tapferer Indianerhäuptling. Vom Positivismus und der Wiener Schule wußte ich aber damals genausoviel wie er oder irgendein anderer Indianer, nämlich nichts. Selma Lagerlöf hat auf mich einen großen Eindruck gemacht, aber besonders beeinflußt hat mich die Geschichte vom Jagdhund Karr und dem jungen Elch Graufell.

K: Das ist auch eine sehr schöne Geschichte...

P: Eine wunderbare Geschichte von menschlicher Freundschaft. Ich habe mich in die Selma Lagerlöf verliebt, und ich habe ihre Bücher immer wieder gelesen. Ich habe sie nicht alle gleich gern gehabt; zum Beispiel hat mir die Gösta-Berling-Saga nie gefallen.

L: Ich verstehe...

P: Ihr vielleicht schönster Roman ist »Das heilige Leben«. Den hat sie während des Ersten Weltkrieges geschrieben, und er war ein ungeheurer Protest gegen den Krieg. Die Handlung ist in gewisser Hinsicht geradezu grausam: Es wird geschildert, wie die Leichen nach der Schlacht von Skagerrak an die schwedische Küste angetrieben werden. Und das Buch erschüttert durch sein Eintreten für die Heiligkeit des Lebens.

Auf der Suche nach einer besseren Welt

K: Ich glaube, diese zwei Bemerkungen über Selma Lagerlöf deuten ja auf Unterschiede in den Grundmotiven Ihres Lebens hin: Hier die Feststellung, daß Tiere Menschen sind, das brennende Interesse, das Gemeinsame zwischen Tier und Mensch herauszufinden, dort das starke Engagement vom Moralischen, auch vom Politischen her. Ich glaube, wir sollten jetzt nicht beide Biographien erzählen, die können ja zum größten Teil als bekannt vorausgesetzt werden, wir sollten versuchen, zum Kern unseres Gesprächsthemas vorzustoßen. Es geht natürlich um die Evolution, um die Darwinsche Theorie. Ich möchte auf ein Grundproblem verweisen, das in den letzten Jahrzehnten bei allen ernstzunehmenden Forschern in den Vordergrund tritt: das Problem der Orthogenese, die Frage, wieso und warum die Evolution *gerichtet* ist, die Frage auch insbesondere, wie ihr Tempo zu erklären ist; denn würde die Evolution nur aus Zufall und Notwendigkeit, aus Mutation und Selektion im einfachsten erklärt werden müssen, dann wären ja nicht vier Milliarden Jahre, sondern jedenfalls Hunderte Milliarden Jahre notwendig gewesen, um die heutige lebende Erdoberfläche hervorzubringen. In diesem Sinne bemerkt man etwas, was ich den »Lamarckschen Dämon« in der Darwinschen Theorie nennen würde, nämlich die Vermutung, daß sie ein Richtungselement, ein Beschleunigungselement, ein kreativ gestaltendes Element enthält. Ich erinnere mich, daß Popper Bergson zitiert und dessen »élan vital«, die Lebenskraft, ich beziehe mich auf Prigogine mit seiner Bifurkationstheorie, auf Manfred Eigen mit den Spielbedingungen, die das alles ermöglichen. Ich beziehe mich auf Campbell mit der Idee der »downward causation«, daß etwas »von oben« her wirkt. Bei Ihnen, Herr Professor Lorenz, heißt es »Fulguration«, die blitzschlagartige Erhellung des Entwicklungshorizonts.

L: Die Fulguration, das Auftreten von total Neuem, von nie Dagewesenem, ist eine Vorbedingung des Entwicklungstempos. Das muß da sein, weil es sonst viel zu langsam ginge; auch die Rückkoppelung des Erfolges muß da sein – schon beim Hyperzyklus von Manfred Eigen muß sie da sein. Was aber das Wesentliche des Höherentwickelns, des Kreativen ist, das wissen wir nicht. Ich glaube, daß man den Namen Gottes nicht nur nicht eitel nennen soll, sondern überhaupt nicht nennen soll. Das »Daimonion« des Sokrates ist noch der taktvollste Hinweis. Wenn man von IHM als mit dem persönlichen Fürwort ER redet, ist das schon eine Gotteslästerung. Die Tatsache besteht, daß die Evolution im allgemeinen nach oben geht. Wenn ich als eines der vorerst höchstentwickelten Lebewesen die Evolution mit meinem unabweislichen Werturteil betrachte, so ist es unleugbar, daß die Haie des Devon höhere Lebewesen sind als die Trilobiten des Kambriums, kurzum, daß es nach oben geht. Manfred Eigen sagt, es ist ein Spiel von allem mit allem. Das kleine Schaumbläschen – ich gebrauche gerne dieses Bild – würde nicht höher steigen, wenn nicht unten alles besetzt wäre. Was aber das eigentliche Kreative ist, das wissen wir nicht. Ich habe lange Jahre in einem großen, ich möchte sagen, in einem verzweifelten Pessimismus geglaubt, was Jacques Monod glaubt, daß reiner Zufall am Werk ist. Aber das ist nicht wahr, das ist schon für die molekularen Vorgänge nicht wahr. Ich verstehe den Manfred Eigen nicht ganz, weil ich ein schlechter Mathematiker bin, aber er sagt mir: Schon im molekularen Bereich spielt sich etwas ab, was einen merkwürdigen Richtungssinn in sich hat. Es geht im allgemeinen nach »oben«, aber im einzelnen ist alles zufallsbedingt. Daß plötzlich ein Säugetier wieder ein Wassertier wird, ein Wal oder ein Delphin, daß also der Kurs in einem ganz scharfen Winkel gewechselt wird, das ist unvoraussagbar und unvorhersehbar. Darin ist aber die Freiheit verborgen. Der Anthropologe Feuerbach, Enkel des Philosophen

Feuerbach, sagt: Darwin will uns weismachen, daß radebrechend und aus dem Stegreif die Schöpfung Neues macht, daß eine ungerichtete Phantasie das Neue schöpft. Ich kann dieser Kritik nicht folgen: Für mich liegt in der Unbestimmtheit das eigentliche Freiheitsmoment. Was heißt »aus dem Stegreif«? Ist Gott ein Schauspieler, der sagt, was ihm Friedrich Schiller vorschreibt, oder ist er selber der Dichter, der seine Phantasie ins Spiel bringt?

K: Ich habe absichtlich nicht vom lieben Gott Teilhard de Chardins gesprochen, sondern von einem »Lamarckschen Dämon« – einem Wissenschafts-Dämon wie dem Laplaceschen, dem Loschmidtschen oder dem Maxwellschen Dämon, eingeführt nur, um ein wissenschaftliches Problem anschaulich zu machen.

L: Ja, der Maxwellsche Dämon weiß alles über alle Moleküle. Mir sagt aber mein Freund Sexl, der theoretische Physiker, daß die molekularen Unvoraussagbarkeiten schon im makroskopischen Bereich der Billardkugel so stark sind, daß man beim siebenten Aufeinanderprall nicht voraussagen kann, in welche Richtung die Kugel läuft. So ist das mit diesen Dämonen. Sie wissen etwas, was wir nicht wissen können. Und das ist das Entscheidende.

K: Aber die Grundfrage ist doch: Wie kann aus der Notwendigkeit der bloßen Wiederholung und aus dem Zufall, der nur ein Irrtum ist, wie kann also aus zwei Stumpfsinnigkeiten der Feuersturm des Lebens und des Geistes entstehen?

L: Ja, das möchte ich auch gerne wissen.

K: Woher kommt das Kreative?

P: Ich möchte zunächst etwas zu Konrad Lorenz sagen: Ich habe in den letzten Tagen die »Rückseite des Spiegels« wieder gelesen, und ich war erstaunt, wie viele Punkte es da gibt, in denen wir beide übereinstimmen. Auch in allem, was du jetzt gesagt hast, Konrad, stimme ich mit dir überein. Das Leben sucht eine bessere Welt. Jedes einzelne Lebewesen versucht, eine bessere Welt zu finden. zumindest dort stehenzubleiben oder dort langsamer zu schwimmen, wo die Welt besser ist. Und das geht von der Amöbe bis zu uns. Immer wieder ist es unser Wunsch, unsere Hoffnung, unsere Utopie, eine ideale Welt zu finden. Das ist irgendwie durch eine darwinistische Auslese in uns eingepflanzt. Und das darf nicht weggelassen werden. Es ist einfach nicht wahr, daß wir durch die Umwelt »geformt« werden. Wir *suchen* die Umwelt, und wir *formen* sie, *aktiv*. Das nackte Gen hat eine Umgebung von Proteinen gesucht und hat sich einen Mantel geschaffen aus den Proteinen; das ist im wesentlichen seine bessere Umwelt. Und so geht's uns, wenn wir uns eine Lederjacke oder eine Wollweste anziehen. Wir versuchen dauernd, unsere unmittelbare und unsere weitere Umwelt und schließlich die ganze Welt zu ändern und zu modifizieren. Unser Wille spielt also in der ganzen Geschichte eine wesentliche Rolle. Das ist vielleicht die Antwort, die ich auf die Frage nach der Kreativität geben kann. Aber ich möchte auch betonen, *daß ich nichts weiß*. Wenn du Sokrates' Daimonion erwähnt hast, so möchte ich auf den Sokrates hinweisen als den Nichtwisser, als den Mann, der gewußt hat, daß er nichts weiß. Wir wissen ja nichts, auch das, was ich jetzt gesagt habe, ist eine bloße Vermutung, aber ich würde sagen, daß die Rolle des Lebewesens, das eine bessere Welt sucht, nicht unterschätzt werden darf. Wir sind Sucher, das Leben ist skeptisch – griechisch: *suchend* – vom Anfang an. Es ist nie *ganz* zufrieden mit den Bedingungen, die es hat. Und es ist kühn in seinen Abenteuern.

Leben ist Abenteuer, Leben ist Risiko

K: Die Suche nach der besseren Welt – ist das die Erklärung dafür, daß es ein kreatives Element gibt, daß hier etwas »von oben« wirkt, Systembedingungen, die die Richtung der Evolution vorschreiben?

L: Ich würde sagen: *Scheinbar* von oben. In Wirklichkeit ist das ganze Universum von vornherein so geschaffen, daß zumindest die Möglichkeit zur Aktivität, zum »Willen«, wie Karl eben gesagt hat, vorhanden ist. Es ist falsch oder es macht einen falschen Eindruck, wenn man sagt, das Leben probiert blöd herum und trotzdem geht es nach oben. Es ist eine viel einleuchtendere und menschlich richtigere Art der Darstellung, zu sagen: Leben ist ein erkenntnis*suchender* Vorgang. »Leben ist Lernen« haben wir unser Fernsehgespräch genannt. Das Leben ist so geschaffen, durch Selektion – das kann man sagen, ohne von Darwin irgendwie abzugehen –, daß es Tatsachen über die Umwelt in das Lebenssystem hineinnimmt, einspeist, um kybernetisch zu reden. Im Organismus entsteht ein immer vollständigeres Bild der Umwelt, und zwar durch *aktives* Herumprobieren. Dieses Herumprobieren ist Aktivität des Lebens, nicht passives Warten. Das Leben unternimmt etwas, es riskiert etwas. Daß dieses Riskieren auch als Irrtum erscheint, das tut gar nichts zur Sache. Das Leben riskiert, es experimentiert. Ein großer chemischer Konzern steckt auch einen großen Teil seines Reingewinnes ins Labor, weil er mit Sicherheit weiß, daß sich das rentiert. Das ist einer der Vorgänge, die die Evolution so schnell machen, wie sie tatsächlich geht; sonst kämen wir mit den paar Milliarden Jahren, die die Radiologen uns zugestehen, gar nicht aus.

P: Ich würde das alles vollkommen akzeptieren, außer »mit Sicherheit«. Es ist eben ein Risiko. Es ist immer ein Risiko.

L: Richtig: Ich nehme die »Sicherheit« zurück. Mit großer Wahrscheinlichkeit, mit genügender Wahrscheinlichkeit. Da hast du vollkommen recht.

P: Das Risiko ist da, und am Ende ist es ja wahrscheinlich, daß das Leben wieder verschwindet. Von Sicherheit ist keine Rede. Wir alle müssen sterben, und vielleicht muß auch das Leben sterben.

L: Die Bereitschaft, ein Risiko einzugehen, ist unlösbar mit der Suche nach der optimalen Welt verbunden. Allerdings kommt es auch auf die Herausforderung durch die Umwelt an. Das Leben sucht Probleme, aber das Angebot an Problemen ist für den Erfolg bedeutsam; ein Mangel an Problemen kann eine Stagnation bewirken. Das sieht man an den »lebenden Fossilien«, also an Lebewesen, die sich seit vielen Jahrmillionen nicht verändert haben, weil sie in einer optimalen ökologischen Nische leben und keinen Grund gehabt haben, sich zu verändern. Auf den Wiesen von Altenberg gibt es einen Krebs, dessen Eier bis zu dreißig Jahre lang trocken liegen können. Sie »warten« auf ein besonders feuchtes Jahr. Wieso das Ei weiß, daß nach einer jahrzehntelangen Wartezeit eine Überschwemmung fällig ist, ist unbekannt. Dieser Krebs war im Jahre 1909 da, dann wieder 1928 und einmal während des Krieges – das weiß ich nicht genau, weil ich beim Militär war. Und derselbe Krebs ist unverändert zurückzuverfolgen bis in die Trias-Schichten. Offenbar hat der Krebs vor Urzeiten einen Lebensraum gefunden, in dem er konkurrenzlos geblieben ist. Darum ist er so geblieben, wie er heute noch ist. Man sieht: Damit die Evolution fortschreitet, muß ein Spiel mit vielen Komponenten in Gang kommen; und es müssen die jeweils tieferen ökologischen Nischen besetzt sein, so daß das Leben höhere, schwierigere Nischen suchen und finden muß. Wenn wir von »höher« reden, dürfen wir auch nicht außer acht lassen, daß unser Hirn, das diese Bewertungen vornimmt, selbst ein Produkt der Evolution ist. Das menschliche Wertempfinden entspricht dem Vorgang der Evolution insoferne, als auch in unserem Hirn ein Spiel von allem mit allem stattfindet wie in der Außenwelt.

Zum Begriff des Höheren gehört unbedingt, daß es nicht vorhersagbar ist, daß es frei irgendwohin geht, merkwürdigerweise allerdings im allgemeinen nach »oben«. Das ist objektiv in der Entwicklung des Lebens so und ist subjektiv in unseren Wertempfindungen enthalten.

Nischen – nicht gefunden, sondern erfunden

K: Herr Professor Lorenz, Sie haben freundlicherweise den Titel unseres Gespräches aus dem Jahr 1981 erwähnt: »Leben ist Lernen«. Ich habe in vorhergehenden und nachfolgenden Gesprächen mit Professor Popper den Eindruck gewonnen, daß hier zwar kein Gegensatz, aber jedenfalls ein aufklärungsbedürftiger Unterschied besteht. Für mich hieß das, was ich bei Professor Popper gelesen und gehört habe, »Leben ist *Lehren*«; Leben ist: Theorien, Hypothesen, Dogmen, Doktrinen in die Welt setzen und auf ihre Gültigkeit überprüfen. Es wäre mir sehr wertvoll, wenn im Gespräch klargestellt werden könnte, ob es hier wirklich einen Gegensatz gibt oder ob sich die eine Formulierung mit der anderen vereinen oder in der anderen auflösen läßt.

P: Ich wiederhole: Von Anfang an, wahrscheinlich durch Darwinsche Selektion, sucht das Leben eine bessere Welt. Du, Konrad, hast von ökologischen Nischen gesprochen. Das ist auch einer meiner Lieblingsausdrücke. Nur in einem Aspekt möchte ich dich kritisieren: du sprichst von »besetzten« ökologischen Nischen. Das klingt so, als ob die ökologischen Nischen vorgegeben wären. Das sind sie nicht. Die ökologischen Nischen werden vom Leben erfunden.

L: Völlig richtig.

P: Vorgegeben ist alles mögliche. Eine ökologische Nische wird es aber erst durch das Leben. Das Leben hofft, das Leben arbeitet, als ob es eine Hoffnung hätte, eine bessere Welt zu finden, bessere ökologische Nischen zu finden. Pflanzen und Tiere sind bereit, das Abenteuer einer neuen ökologischen Nische zu riskieren. Und jene, die diese Initiative haben, gelangen durch Auslese auf eine höhere Ebene.

L: Richtig.

P: Lebewesen ohne Initiative, Neugier, Phantasie müssen um die schon besetzten ökologischen Nischen kämpfen; jene hingegen, die die Initiative haben, haben neu erfundene ökologische Nischen zur Verfügung. Und das Interessante ist, daß schon vom Anfang an die ökologischen Nischen von den Lebewesen *gemacht* werden. Da möchte ich übrigens eine kleine Bemerkung machen: Man redet meiner Meinung zu viel von der »Entfremdung«. Ich würde sagen, daß das Leben selbst die Entfremdung dauernd sucht. Es entfremdet sich dauernd von seiner natürlichen ökologischen Nische, indem es sich in ein Abenteuer stürzt und in eine fremde Nische eintritt. Wenn das nackte Gen eine Membran erfindet oder wenn wir uns einen Mantel anziehen, so ist das eine Entfremdungserscheinung gegenüber dem Nacktsein. Ich halte das Gerede von der Entfremdung für ein gefährliches und lächerliches Gerede. Es handelt sich da um das Abenteuer des Lebens, das neue und fremde Umstände riskiert und sie sucht. Und das spielt eine wichtige Rolle in der Höherentwicklung. Es erklärt nicht die Höherentwickung völlig; aber es spielt eine entscheidende Rolle.

K: Herr Professor Lorenz, Sie haben doch gesagt, nichts ist so unsinnig wie der Satz von Ben Akiba »Alles ist schon dagewesen«.

L: Ja. Ich sage: Nichts ist schon dagewesen.

P: Ganz richtig.

L: Du hast mir jetzt einen sehr großen Seifensieder angezündet. Ich meine den Gedanken, daß der, der über die Ebene der Angepaßtheit hinaus etwas riskiert, eine Etage höher ist, wenn er Erfolg hat. Und das ist für mich ein wirklich neuer Gedanke, den ich von diesem Gespräch nach Hause nehme und der mir außerordentlich wichtig erscheint. Mir fällt als Beispiel die Bewältigung von Felsspalten im Meer ein: Es ist sehr leicht, ein Viech zu machen, das sich in Spalten zurechtfindet. Seesterne können das, Schnecken können das. Es ist andererseits leicht, ein Viech zu machen, das sehr schnell schwimmen kann, ich denke an die Pfeilwürmer. Aber wenn man nach einem Tier sucht, das sich in Spalten zurechtfindet, ja, Spalten auswendig lernt, aber auch schnell schwimmt, muß man hinaufgehen bis zu den gescheitesten Korallenfischen: Eine Etage höher wird das Felsspalten-Problem erst richtig bewältigt.

Ich stimme dir also zu, daß selbstverständlich jedes Lebewesen sich seine ökologische Nische *macht,* und zwar zwischen allen anderen. Und was du gesagt hast, daß der Risikofreudige dann eine Etage höher gelangt, das stimmt genau mit meinem Gefühl überein. Daß ein Lebewesen was Neues erfinden, was riskieren muß, und zwar um so mehr riskieren muß, je höher es hinaus will.

P: Darum habe ich früher gegen die »Sicherheit« protestiert.

L: Mit völligem Recht.

Lernen: Ins Licht stellen – ins Dunkel schieben

K: Leben ist also ein Abenteuer. Es geht Risiken ein, um neue Chancen zu gewinnen. Was heißt nun »Lernen«? Kann Lernen somit auch heißen: Lehren aufstellen? Dogmen, Doktrinen, Theorien, Hypothesen entwerfen, um sie an der Welt überprüfen zu lassen?

L: Wir haben den Titel »Leben ist Lernen« begrifflich sehr weit gefaßt: Gewinnen von Information. Und das Lernen eines Tieres durch »conditioning«, durch Anpassung, ist natürlich etwas ganz anderes als das Lernen des Experimentators, der eine mehr oder weniger schöpferische Hypothese aufstellt, um sie zu überprüfen. Das hat mit der Frage der Induktion zu tun, die ja zwischen uns hängt. Vielleicht kommen wir darauf später zurück...

K: Ich glaube, wir sind schon dabei...

L: Ich glaube, daß wir da nicht so weit auseinanderliegen. Mir scheint, daß gewisse Erkenntnisse unbewußt reifen, weil denkende Menschen eben so viel gemeinsam haben. Neue Erkenntnisse wachsen wie Pilzmyzele unterirdisch – und dann kommt da und da und da ein Schwammerl heraus.

P: Es gibt zwei vollkommen verschiedenartige Arten von Lernen. Das eine ist das Abenteuer, etwas Neues zu lernen, und das andere ist das Bestreben, etwas, was man gelernt hat, sozusagen in das Unterbewußtsein zu verbannen. Beim Autofahren lernst du zu vergessen, was du gelernt hast, und auf die Straße aufzupassen, und dann paßt du *nur* noch auf die Straße auf, und alles andere geht von selbst. Beim Klavierspielen ist zunächst ungeheuer schwierig, die Finger mit den Noten zu koordinieren, da lernst du was Neues. Aber dann, wenn du das Neue gelernt hast, versuchst du dich nur dem Eigentlichen zu widmen: der Idee des Komponisten.

L: Richtig.

P: Es gibt also zwei absolut verschiedene Stadien des Lernens: Das erste ist das abenteuerliche Lernen, das Lernen des Forschers, des Entdeckers, das andere ist das Auswendig-Lernen: weg damit: ins Unterbewußtsein! Die Lernpsychologie betrachtet leider diese zweite und unwichtige Art des Lernens als die einzige: das Lernen durch Wiederholung. Und nun – das ist eine Antwort auf dich – ist es so, daß die ganze Induktionstheorie auf diesem Fehler der Lernpsychologie aufbaut. Die Wiederholung spielt keine Rolle beim Entdecken, sie spielt nur eine Rolle beim »Vergessen«. Die Wiederholung ist dazu da, daß wir etwas automatisieren, damit es uns nicht mehr belastet, daß wir keine Aufmerksamkeit mehr aufwenden müssen. Es ist ein ungeheurer Unterschied zwischen Lernen durch Versuch und Irrtum, das immer ein Abenteuer ist, und Lernen durch Wiederholung, das nie zu etwas Neuem führt, sondern nur das Erlernte »vergessen« macht, das heißt, ins Unbewußte verdrängt.

L: Es festhält, würde ich sagen, fixiert – ja, dem stimme ich vollständig bei. In bezug auf das Experimentieren ist zu sagen, daß der ganze Anpassungsvorgang des Lebensgeschehens mit dem Experiment anfängt. Das Lernen durch Wiederholung, wie du es nennst, ist hingegen ein Vorgang der Informationsspeicherung. Erworbenes Wissen wird ins Unterbewußte verschoben, um die experimentierende Seele zu entlasten, aber man ist dennoch davon abhängig, denn dieses ins Unterbewußtsein verschobene mechanisierte Wissen ist die Voraussetzung für die Freiheit, von der man »oben« Gebrauch macht. Alle Erfahrung besteht aus Strukturen, und jede Struktur erwirbt ihre Fähigkeiten zu stützen nur um den Preis, daß sie gewisse Freiheitsgrade opfert. Ein Wurm kann sich krümmen wohin er will, wir aber können uns nur abwinkeln, wo Gelenke vorgesehen sind; aber wir können stehen, und der Wurm kann es nicht. In höheren geistigen Geschehen spielen mechanisierte Funktionen eine sehr große Rolle als Voraussetzungen des freien Denkens und der Gestaltwahrnehmung.

P: Das Einmaleins zum Beispiel als Voraussetzung des Rechnens.

L: Das Einmaleins ist eine Voraussetzung.

P: Aber man kann doch nicht sagen, daß wir das Einmaleins durch Induktion lernen. Da ist ein wirkliches Mißverständnis...

Hypothesen sind Gestalten – Gestalten sind Hypothesen

L: Nein, aber durch Induktion erkennst du meine Nase, durch Gestaltwahrnehmung. Die Gestaltwahrnehmung ist ein Computer, der sehr viele Daten verarbeiten kann. Und zwar unbewußt. Das ist das, was Egon Brunswick die ratiomorphen Leistungen genannt hat. Was Karl Bühler die abstrahierenden Leistungen der Wahrnehmung nennt, die aus vielen Daten eine Erlebensqualität machen. Du erkennst mich nicht an meiner Nase, du erkennst mich an dem Gesamteindruck, den deine Gestaltwahrnehmung unbewußt verarbeitet und dir sagt: Dort sitzt der Konrad.

P: Und das führt zu einem neuen Problem, nämlich zum Problem der Gestalt. Ich sehe eben in einer Gestaltwahrnehmung im wesentlichen dasselbe wie in einer Hypothese. Wenn ich dich sehe und mir sage: »Da sitzt der Konrad«, dann bedeutet das eine Erwartung. Der Begriff der Erwartung ist für mich von größter Wichtigkeit. Ich sehe in der Erwartung, im Antizipieren des Tieres, den Beginn der Hypothese, den Beginn der Theorie. Wenn ich also sehe, daß dort ein Sessel steht, erwarte ich, daß man sich draufsetzen kann. Und das ist sozusagen der Grund, warum eine Gestalt, die Gestalt des Sessels, von mir als Hypothese gedeutet wird. Die Gestaltpsychologen haben meiner Meinung nach unrecht, wenn sie sagen: Die Hypothesen sind Gestalten. Natürlich sind Hypothesen *auch* Gestalten, aber das Wichtige ist, daß sie Hypothesen sind und daß sie Erwartungen sind. Viel wichtiger ist es, zu sagen: *Die Gestalten sind Hypothesen.* Sie sind es in dem Sinn von Erwartungen, die uns über die Welt informieren, in immer riskanter Weise informieren und sehr oft mißinformieren.

Der Vorgang muß keineswegs von Anfang an eindeutig sein. Ist dir das nie passiert, was mir immer wieder passiert ist, daß du zum Beispiel zwei Ideen hast, die du gar nicht verbunden hattest, und dann kommst du drauf, daß sie in der wichtigsten Weise zusammengehören. Das mag einem dann auch wie ein Aha-Erlebnis vorkommen, wie eine Gestaltwahrnehmung: eine Gestalt, die jahrelang verborgen war.

L: Das ist vollständig richtig. Und das ist für mich das Musterbeispiel der Fulguration: daß zwei Systeme, die sich bisher unabhängig voneinander entwickelt haben, plötzlich zusammenschnackeln und ein System mit nie dagewesenen Systemeigenschaften bilden. Und das passiert selbstverständlich in der geistigen Hypothesenbildung – und das ist in der Tat keine Gestalt. Das ist eine Form der Fulguration – man könnte sagen: Es sind zwei Gestalten, deren Zusammenhang mir plötzlich klar wird.

P: Nachher sieht man das wie eine Gestalt, aber es war keine Gestalt.

L: Es war vorher keine. Da stimme ich restlos bei.

K: Und ist hier keine Induktion dabei, um das Reizwort

noch einmal zu gebrauchen? Der Vorgang ist in diesem Sinn nicht induktiv, sondern kreativ?

L: In diesem Fall ist es eine Neuschöpfung. Er ist ein Funke, der zündet. Die Information steckt darunter. So wie beim Autofahren eine Menge Struktur darunter ist, die sehr starr ist. Wenn man plötzlich einen Wagen mit Knüppelschaltung hat statt mit Lenkradschaltung, greift man daneben.

K: Wenn man also diesen Gedankengang zu Ende führt, kann man dann zu dem Schluß kommen, zu dem Professor Popper kommt, daß es Induktion – lernen durch Einzelelemente – überhaupt nicht gibt.

L: Ich würde sagen, nur im Unterbewußtsein. Das hat, wie besprochen, mit der Gestaltwahrnehmung zu tun. Das Gehirn sammelt Daten und erwirbt einen unendlichen Datenreichtum, auf einem Hintergrund von weißem Lärm. Bis sich plötzlich die Struktur vom Hintergrund abhebt; und das geschieht ganz unbewußt.

P: Schau, man kann alles Induktion nennen. Aber das, was du beschreibst, scheint mir viel mehr ein Arbeiten des Unterbewußtseins zu sein, etwas, das *von innen* kommt, nicht von Wiederholungen, also keine Induktion. Die Idee der Induktion ist schließlich folgende – und jetzt beschreibe ich etwas, was ich vom Anfang bis zum Ende für falsch halte: Alles Wissen kommt durch unsere Sinnesorgane; das ist die Grundidee. Und wenn dann sehr lange *und sehr oft* dieselben Dinge auf die Sinnesorgane gewirkt haben, dann kommen wir zu einer verallgemeinernden Hypothese. Das ist die Lehre von der Induktion, psychologisch genommen. Auch die logische Ableitung ist falsch: Es gibt eine »Deduktion«, sagt der Induktivist. Die Deduktion gibt dir, wenn die Prämissen gegeben sind, die Konklusion *mit Sicherheit.* Dann gibt es eine Induktion. Die Induktion besteht daraus, daß wir sehr viele Prämissen haben, und dann kriegen wir die Konklusion *mit Wahrscheinlichkeit.* Das ist auch falsch. Es ist also die psychologische Lehre und die logische Lehre von der Induktion gleichermaßen falsch. Man kann zeigen, daß wir im Lernen immer etwas *Unwahrscheinliches* lernen, nicht etwas Wahrscheinliches. Und daher ist die ganze Idee des Wahrscheinlichkeitsschlusses ein Fehler. Es gibt deduktive Schlüsse, und in der Wahrscheinlichkeitslehre gibt es auch nur deduktive Schlüsse; je wahrscheinlicher etwas wird im Sinne der Wahrscheinlichkeitstheorie, um so leerer und uninteressanter wird es. *Nur das Unwahrscheinliche ist interessant.* Das Neue ist immer ganz unwahrscheinlich. Die Hypothese, die wir neu schöpfen, hat sozusagen die Wahrscheinlichkeit Null. Es gibt also keine Induktion, was es gibt, sind riskante Neuentdeckungen. Riskante Hypothesen können durch Auslese falsifiziert werden. Da sind wir ja nicht allzuweit auseinander: Du selbst hast gesagt, wir sollen täglich zum Frühstück eine unserer Hypothesen falsifizieren. Selbstverständlich tun wir das nicht gerne – unsere Hypothesen umbringen! Aber es ist uns lieber, sie selbst umzubringen, als sie von anderen umbringen zu lassen.

L: Ich bin von der logischen Unangreifbarkeit deiner Argumentation überzeugt. Dennoch ein Problem Beispiel, das zeigt, wie aus einer Fülle von Einzelinformationen eine Erkenntnis entsteht: Also ich kenne fünfundzwanzig Arten nordamerikanischer Barsche. Und da sehe ich vor Florida einen ganz anderen, ganz anders ausschauenden, winzigen Fisch, den ich zuerst für einen Zahnkärpfling halte, weil er runde Rückenflossen hat und keine Stacheln hat. Irgend etwas tut mir aber furchtbar weh, beinahe spüre ich eine Übelkeit – und plötzlich sehe ich: Das ist gar kein Zahnkärpfling, das ist ein Barsch! Ah! Das war eine blitzschlagartige Verallgemeinerung, eine richtige, wohlgemerkt. So eine Verallgemeinerung kann auch ganz danebengehen. Wie bin ich zu dieser Verallgemeinerung gelangt? Ich mußte absehen von den stacheligen Rückenflossen, absehen vom großen Maul usw. – und dennoch den Barsch erkennen. Das war nur möglich, da ich buchstäblich Hunderte und Aberhunderte Informationsdaten von fünfundzwanzig Barsch-Arten in mir habe. Und was ist da passiert? Diese unglaublich vielen Informationen waren die Voraussetzung dafür, einen Außenseiter doch noch als zugehörig zu erkennen.

K: Aber ist das nicht ein Vorgang, der doch in hohem Grade Theorienbildung und gerade das Gegenteil von Induktion ist?

L: Ich behaupte, daß ich mir nur ganz selten eine Hypothese wirklich aus dem Finger sauge, und ich glaube, daß dieser Vorgang des Datenspeicherns unerläßlich ist, um eine Hypothese aufstellen zu können.

P: Wie du sagst, man muß unglaublich viel darüber wissen, das heißt: Man muß unglaublich viele Fehler gemacht und die Fehler korrigiert haben – zum Beispiel den Fehler selbst, den du jetzt geschildert hast, daß du diesen Fisch zunächst einmal für etwas anderes gehalten hast – und dann fällt dir ein, das ist ja ein Barsch! Man muß das haben, was man Erfahrung nennt. Und Erfahrung besteht im wesentlichen darin, daß man viele Fehler gemacht und überwunden hat – durch diese Fehler hindurchgegangen ist. Mit anderen Worten: Versuch und Irrtum machen Erfahrung.

K: Mir scheint wichtig, was Ernst Gombrich in dieser Beziehung sagt und worauf er aufmerksam macht, daß ja selbst unsere Sprache sehr deutlich unterscheidet zwischen Worten wie *schauen* und *sehen, horchen* und *hören*. Und darinnen steckt so etwas wie *suchen* und *finden*. Die Sprache weiß, daß die Welt nur scheinbar in uns hineingesehen wird; tatsächlich wird sie aus uns hinausgeschaut.

P: Die Grundlage der Induktionstheorie ist: Wir lernen durch Information, die von außen kommt. Die Grundlage meiner Kritik der Induktion ist: Wir lernen durch unsere Tätigkeit, die uns angeboren ist, durch eine Menge Strukturen, die uns angeboren sind und die zu entwickeln wir befähigt sind: *Wir lernen durch Aktivität.* Das ist das Wesentliche. Induktion macht uns passiv, die Wiederholung bringt die Dinge aus unserem wachen Geist ins Unterbewußtsein. Das wirkliche Lernen ist nicht induktiv, sondern ist immer Versuch und Irrtum, unternommen mit der größten Aktivität, die wir besitzen.

A priori, a posteriori – alt und neu

L: Ich habe schon am Beginn der vierziger Jahre gesagt: Was Kant für Apriori hält, sind alles genetisch fixierte Theorien. Also Substantialität, Kausalität usw. – dem entspricht gar nichts in der Wirklichkeit. Das sind Schachteln, in die wir wohl oder übel die Resultate unserer Exploration packen müssen. Und du hast einmal gesagt, daß das Auge als solches eine Theorie ist. Nämlich eine Theorie, daß das Licht so und so ist. Und als evolutionärer Erkenntnistheoretiker wundere ich mich nicht über die ungeheure Grobheit, Ungefährheit dieser Theorien. Und wenn du nun Induktion als das Später-Erfahrene, als das Nicht-Angeborene bezeichnest, so gibt es Induktion tatsächlich nicht. Alles Erfahrene ist durch Ererbtes bestimmt: weil wir soundso viele Theorien, wohlgemerkt Theorien, im Gehirn haben, von denen wir nicht wegkönnen. Sie alle haben Strukturen mit der Funktion des Stützens und gleichzeitig des Freiheitsgradeinschränkens. Deswegen wundert es mich zum Beispiel nicht, wenn mir Kollege Sexl erzählt, daß das Elektron die Eigenschaft hat, an zwei Orten zu gleicher Zeit sein zu können. Und daß es einmal bei einem Fenster in meinem Leben als Körperchen hereinschaut und das andere Mal als Welle.

K: Aufmerksame Seher, Hörer und Leser haben ein Recht darauf, daß zu Widersprüchen Stellung genommen wird, die ihnen aufgefallen sein müssen. Und hier, bei der Auflösung der Kantschen Apriori in Aposteriori der Schöpfungsgeschichte – das, was wir als Voraussetzung jedes Lernens in unserem Organismus, also in unserem Genom vorfinden, ist selbst ein Lernprodukt der Evolution –, gibt es jedenfalls Unterschiede im Wortgebrauch, hinter denen sich Auffassungsunterschiede verbergen könnten. Sie, Herr Professor Popper, sind ja mit dieser Zurückführung der Apriori auf Aposteriori nicht zufrieden. Für Sie bedeuten diese Begriffe auch etwas anderes.

P: Auf die Worte kommt es nicht an. Mir kommt es darauf an, daß die Apriori sowohl im Leben des einzelnen Lebewesens wie in der Entstehung der Gattung in die Welt hineingetragene Hypothesen sind; sie sind in keinem Fall passiv erlernt.

L: Ich sehe keinen Widerspruch: Ich habe gerade zustimmend zitiert, daß das Auge, der ganze Gesichtssinn, eine Hypothese ist, eine Theorie. Das gilt auch für die anderen Sinne und für die Denkformen.

P: Ich würde sagen: *Alle Hypothesen, alle Theorien sind genetisch, ihrer Entstehung nach, a priori,* ob sie früher oder später gemacht werden, ob sie also Bestandteil der Gattungsgeschichte oder Bestandteil unseres individuellen Lebens sind. Man muß nur deutlich machen, *daß Kant geirrt hat, als er meinte, alles, was a priori ist, müsse wahr sein.* Apriori sind Hypothesen: Sie können *falsch* sein. Ein typisches Beispiel: Ein neugeborenes Kind erwartet, daß es gepflegt wird. Das kann ein tragischer Irrtum sein; dann geht das Kind zugrunde. Das Apriori war zwar aus gutem Grund im Genom verankert, aber es gibt keine Garantie, daß die Erwartung sich erfüllt. Neue Theorien sind Erfindungen.

L: Ich habe schon 1942, als ich über Kant schrieb, als Verdienst der Begründer der modernen Physik hervorgehoben, daß sie überholte Kategorien wie Raum, Zeit oder Kausalität einfach wie menschengerechte Hypothesen beiseitegestellt und durch neue Begriffe beziehungsweise durch Statistik ersetzt haben – ganz ohne Bezugnahme auf eine evolutionäre Erkenntnistheorie.

K: Darf ich zum Thema a priori – a posteriori festhalten: Auch hier kein Gegensatz.

Hirn macht Sprache, Sprache macht Hirn

L: Kein Unterschied, was das Prinzip anbelangt. Diese Sicht von Apriori und Aposteriori bietet nicht nur eine Verständigungsbasis mit der modernen Physik, Beispiel Teilchen-Welle, sie bestimmt auch meine Einstellung zum Leib-Seele-Problem. Wenn ich sage: »Da sitzt der Karl Popper«, meine ich nicht deine physiologische Körperlichkeit, meine ich auch nicht deine subjektive Erlebnisfähigkeit, an die ich glauben muß, sondern ich meine ganz bestimmt die Einheit beider. Und diese Eigenheit der Du-Evidenz, der Anschaulichkeit der körperlich-seelischen Einheit ist für mich so zwingend wie »zwei mal zwei ist vier«. Und deswegen leugne ich die Legitimität des psycho-physischen Parallelismus und bestehe auf der Identität von Leib und Seele. Mit allen Konsequenzen.

P: Hier haben wir wirklich einen ernsthaften Gegensatz. Wenn du bei der Identität meinst, daß Leib und Seele irgendwie nicht trennbar sind, bin ich deiner Meinung. Aber es gibt gegenwärtig eine Identitätsphilosophie, die eindeutig materialistisch ist. Das heißt, die gegenwärtige Identitätsphilosophie sagt in Kürze, daß es das Seelenleben gar nicht gibt.

L: Das ist ein Blödsinn.

P: Eben. Also in dem Sinn möchte ich wiederholen: Die Identitätsphilosophie ist monistisch. Ich bin ein Trialist. Nicht ein Dualist, sondern ein Trialist. Ich sage nicht nur, daß es einen Leib und eine Seele in dem Sinn gibt, zum Beispiel, daß wir jetzt sehr wach sind, aber auch schlafen, wobei unsere Seele eine ganz andere Rolle spielt, als wenn wir wach sind, sondern ich sage, daß unser Sprechen, unser Schreiben etwas Drittes schafft, nämlich die Produkte unserer geistigen Tätigkeit. Diese Produkte unserer geistigen Tätigkeit haben ein Feedback, eine Rückwirkung, auf unsere Seele, die so stark ist, daß darin der Hauptunterschied zwischen der menschlichen Seele und der Tierseele zu finden ist. Die menschliche Seele ist zumindestens zu 95 Prozent abhängig von ihren Produkten. Ich nehme »95 Prozent« zurück – es ist nämlich ganz unabschätzbar, wie sehr wir von unseren Produkten abhängig sind, zum Beispiel von unserem Sprechen, vor allem von unserem Sprechen, vom Schreiben, vom Gedruckten, das wir lesen...

L: Der menschliche Geist ist eine Kollektiverscheinung, er ist als Einzelwesen nicht zu verstehen.

K: Der menschliche Geist ist also ein Rückkopplungsprodukt aus dem, was Professor Popper die Welt 3 nennt, nämlich der Welt der Produkte unseres Geistes. Geist entsteht durch Rückkopplung: Hirn macht Sprache, Sprache macht Hirn, beides zusammen macht das hohe Ich-Bewußtsein.

L: Ja, sicher.

Mit dem Lügen fängt das Denken an

P: Hier wieder kommt auch irgendwie die Bühlersche Sprachtheorie herein. Das ist eine ganz merkwürdige Sache. Die Bühlersche Sprachtheorie wurde von ihm in einer Schrift im Jahre 1918 entwickelt, in einer Schrift, ich glaube, im »Indogermanischen Jahrbuch«. Und er hat sie nie wieder so gut behandelt. Bühler ist dein Lehrer, wie er meiner war. Bühler verbindet uns. Dennoch ist da ein Unterschied in der Formulierung. Bühler unterscheidet drei Stufen der Sprachentwicklung: Wann immer ein Tier oder auch eine Pflanze sich bewegt, so wird ein innerer Zustand *ausgedrückt.* Da ist die Sprache so etwas wie ein Thermometer: Wenn es hinaufgeht, zeigt es an, daß irgend etwas »steigt«. Als nächstes kommt dann die *Signal*funktion, die Auslösefunktion: Der andere reagiert auf den Ausdruck. Und als Drittes sagt Bühler – und das ist die Menschensprache – kommt die *Darstellung von Sachverhalten,* von Situationen, von Tatsachen. Fast alle Sprachtheoretiker sind im Ausdrucksbereich steckengeblieben. Fast alle Sprachtheoretiker reden über die Sprache als Ausdruck. Wenige gehen weiter zur Auslösefunktion, und keiner kommt zur Darstellung – zur Darstellung, wo wirklich das *Problem der Wahrheit* entsteht. Ich halte das für ein ungeheuer wichtiges und ungemein interessantes Gebiet. Und hier ist wirklich der Ursprung des menschlichen Geistes: in der Rückkoppelung mit der Sprache. Und du schreibst auch in deinem Buch, daß das ein ganz großer Schritt ist; du sprichst mit Recht von zwei großen Schritten: die Entstehung des Lebens und die Entstehung des Menschen. Das stimmt damit vollkommen überein, wenn du sagst, die Entstehung des Menschen und die schnelle Entwicklung des Gehirns hängt mit der Sprache zusammen.

L: Das begriffliche Denken ist zweifellos Hand in Hand mit der Sprache entstanden.

P: Entschuldige, wenn ich dich unterbreche. Ich mag den Begriff »Begriff« nicht, und ich mag den Begriff »Symbol« nicht, und ich mag »begriffliches Denken« nicht. Ich glaube, der Begriff ist ein reines Mittel zum Zweck. Der Zweck ist die *Darstellung* und die *Wahrheit:* die Darstellung von *Sätzen, die wahr sind.* Der Begriff kann nie wahr sein, ein Symbol kann nie wahr sein. Das gilt für die Menschensprache und vielleicht für die Bienensprache.

L: Richtig: Vielleicht. Das ist eine schwierige Sache. Die Biene stellt dar, aber sie weiß es nicht. Vom Subjekt aus gesehen, ist das reine Äußerung. Und daß die andere Biene das versteht, ist eine eingebaute Hypothese. Kommunikation ohne Verständigung, durch Austausch von Äußerungen. Aber ich stimme dir vollkommen bei, daß der Begriff nur ein Mittel zum Zweck ist.

P: Auch die Worte sind nur Mittel zum Zweck.

L: Ich stimme dir punkto Symbol, punkto Begriff völlig bei. Nur weiß ich nicht, was ich statt dem sagen soll. Ich will auf Bühlers Sprachtheorie zurückkommen. Ich habe ganz sicher wesentlich davon Nutzen gehabt, daß ich an Bühlers Dreiteilung gemerkt habe, wie selten beim Tier schon die Auslösung ist, also die Stufe zwei. Ein Tier weiß in den seltensten Fällen, daß es etwas von einem anderen will. Der Hund, der mich anwinselt und zur Wasserleitung läuft, der will zweifellos etwas von mir. Aber ich habe verflucht wenige Beispiele, an denen ich nachweisen kann, daß die tierischen Äußerungen nicht nur Äußerungen, sondern Verständigungsversuche sind. Und Darstellung gibt es beim Tier, das hast du vorweggenommen, merkwürdigerweise nur bei den Bienen, aber da in einem so starren System, daß das wieder mit

Sprache nichts zu tun hat. Es ist aber irgendwie Darstellung.

P: Eines der entscheidenden Dinge bei der Darstellung ist, daß sie nicht durch die Situation bedingt ist. Ich kann mit dir jetzt über den Nordpol sprechen, ich kann dir erzählen, wie es dort aussieht. Das ist reine Darstellung, das gibt es nicht in der Auslösung, das gibt es nicht bei der Kundgabe, das gibt es nur bei der Darstellung, daß man über ferne Dinge sprechen kann, über ferne Länder, über Ereignisse, die vor hunderttausend Jahren geschehen sind usw.

L: Ich möchte noch etwas zugunsten des Begriffes sagen, und zwar im Zusammenhang mit Exploration, mit Versachlichung der Darstellung. Beim explorativen Verhalten probiert das Tier alle seine Verhaltensweisen auf das neue Objekt aus: Fressen, Verstecken, Hacken usw. Es will nicht fressen, sondern will wissen, ob das Objekt theoretisch *freßbar* ist, prinzipiell *freßbar* ist. Diese Funktion des explorativen Verhaltens hat Arnold Gehlen völlig richtig gesehen. Er hat aber geglaubt, das sei spezifisch menschlich. Und es ist nicht spezifisch menschlich. Und das ist doch etwas sehr Bemerkenswertes, daß ein Tier weiß, daß ein Objekt theoretisch freßbar ist. Unabhängig davon, ob das Subjekt jetzt Appetit hat. Und das Interessante ist, daß das explorative Verhalten in dem Augenblick erlischt, wo es nicht im »entspannten Feld« stattfindet. Im Moment, wo eine der Interessen wirklich im Ernstfall erwacht, wenn das Tier also hungrig wird, Angst kriegt oder sonst was, ist es mit der Exploration vorbei.

P: Das explorative Verhalten hat also sehr viel mit dem Spiel gemeinsam.

L: Es ist definitorisch nicht zu trennen vom Spiel. Der Homo ludens ist vom Homo explorans nicht zu trennen.

K: Was heißt spielen? Die Welt ausprobieren?

L: Mit seinen eigenen Verhaltensweisen kreativ zu experimentieren.

P: Ich habe eine Theorie über die Entstehung der Darstellungsfunktion aus dem Spiel: daß Kinder durch Nachahmung der Erwachsenen dazu gebracht werden, gewisse Rollen der Erwachsenen zu spielen. Und daß sie den Mund mitverwenden zum Spiel, um zu zeigen, was für Laute die Erwachsenen machen. Und daß aus diesem spielerischen Nachahmen die eigentliche Menschensprache entsteht. Sicher kommen auch Warnungslaute herein. Der spielerische Gebrauch der Warnungslaute führt zum ersten Mal zur Lüge. Und damit kommt das Wahrheitsproblem zum Vorschein. Mit dem Wahrheitsproblem kommt somit das Darstellungsproblem.

L: Und deshalb ist das Rollenspiel beim Kind, daß man Eltern spielt usw., so wichtig.

K: Da sind wir beim spezifisch Menschlichen. Hier beginnt der Mensch, und hier beginnt auch das hohe Ich-Bewußtsein, jetzt im Popperschen Sinn.

L: Da beginnt die *persona* im engeren Sinne. Nämlich die *Rolle:* Wer bin ich? Das ist großartig. Kein Widerspruch.

P: Die berühmte Geschichte, daß man zu oft »Wolf!« schreit, ist keine moralische Geschichte: Man soll nicht lügen usw.; sondern sie ist wirklich die Geschichte, wie die Sprache entsteht: dadurch, daß man zum Spaß »Wolf!« schreit und somit lügt. Dann entsteht das Problem der Wahrheit und somit die Darstellung. Das Wahrheitsproblem entsteht nur mit der Darstellung. Für die Bienen gibt es kein Wahrheitsproblem. Wenn Karl von Frisch sie nicht irreführt, so sagen sie die Wahrheit: Lügen können sie nicht.

L: Ein sehr schönes Beispiel.

Gockel-Ich und Mensch-Ich

K: Angesichts von so viel Übereinstimmung möchte ich nicht Widerspruch provozieren, aber mir ist doch einiger Gegensatz in der Herausarbeitung des Ich-Bewußtseins bei beiden Professoren in Erinnerung. Hier, bei Professor Popper, die besondere Beachtung des hohen Ich-Bewußtseins, das sich aus der Argumentationsfunktion der Sprache ergibt, aber bei Ihnen, Herr Professor Lorenz, habe ich doch bemerkt, daß Sie eine Vorform des Ich-Bewußtseins auch bei den Tieren vermuten. Besteht hier ein Gegensatz, ein Unterschied?

L: Gott, so ein Gockel, der kräht und mit den Flügeln knallt, der hat mehr Ich-Bewußtsein als ich. Der überschätzt sein Ich maßlos. Der glaubt, er ist das Zentrum der Welt. Der ist so stolz und so aggressiv, der ist so egoistisch.

K: Ist dieses Gockel-Ich unser Ich?

P: Wir beide sagen natürlich nein. Es ist nicht dasselbe.

L: Es ist nicht dasselbe, aber es steckt drin. Denn der reflektiert ja nicht. Beim Gockel kann es niemals eine Identitätssuche geben. Ein Untergockel, der eben zerzaust worden ist, der hat sehr wenig Ego.

P: Ich gebe ganz allgemein zu, daß in der Entwicklung der Lebewesen die alten Formen irgendwie immer noch da sind. Sie werden nie ganz überwunden. Also steckt der Gockel im Menschen, aber der Mensch doch nicht im Gockel.

L: Das ist auch ein Beispiel für Selbstverständlichkeit. Ich habe immer geglaubt, daß ich den ganzen Nicolai Hartmann frei erfunden habe. Das ist nicht wahr: Ich habe ihn von Gustav Kramer, und Gustav Kramer hat ihn von Max Hartmann, der ein Schüler von Nicolai Hartmann war. Und das, was Karl Popper soeben gesagt hat, ist für uns die größte Selbstverständlichkeit. B ist nicht Non-A, sondern B ist A plus B. Und C ist A + B + C. Und wenn das Unterste wegfällt, ist das Oberste auch beim Teufel. Und das ist die große Sünde des Reduktionismus. Die Sünde, zu sagen: Der Mensch ist eigentlich *nichts anderes* als ein Säugetier. Er ist selbstverständlich ein Säugetier, aber zu sagen: Er ist eigentlich nichts anderes, ist ganz falsch.

K: Das, was Huxley »nothing else buttery« nennt.

L: »Nothing else buttery«, ja. Das wurde auch doppelt erfunden. Im Gelehrtenstreit konnte Huxley dann nachweisen, daß er die Priorität hat.

K: Auf deutsch heißt das »Nichts-anderes-Alserei«. Der Mensch ist eine physikalische Angelegenheit, aber nicht nur eine physikalische Angelegenheit, und er ist vor allem nicht »nichts anderes als« eine physikalische Angelegenheit.

L: »Nothing else but« heißt *eigentlich.* Und die Sünde steckt im »eigentlich«, denn gerade »eigentlich«, also hinsichtlich dessen, was ihm allein *zu eigen* ist, ist er ganz was anderes als ein Säugetier.

K: An der Stelle noch einmal zurück zum Leib-Seele-Problem, zum Ich-Problem, zum Bewußtseins-Problem. Für Sie, Herr Professor Lorenz, gibt es hier eine Kluft. Sie nennen das einen »vertikalen Hiatus«, eine Spaltung der Richtung oben-unten, eine unüberbrückbare Andersartigkeit des Ich-Bewußtseins von der Welt, der Innenseite und der Außenseite der Welt.

L: Für uns unüberbrückbar. Zu sagen: Die Seele gibt es nicht oder sie sei auch materiell erklärbar, ist der größte Unsinn, den man überhaupt sagen kann. Das können wir nicht erklären, und mein verstorbener Freund Gustav Kramer hat das so wunderbar ausgedrückt, indem er gesagt hat: »Angenommen, wir hätten im utopischen Enderfolg der Forschung alle seelischen Vorgänge bis ins kleinste beschrieben und könnten nachweisen, daß sie Punkt für Punkt mit physiologischen Vorgängen übereinstimmen, so wäre damit das Leib-Seele-Problem keineswegs gelöst, sondern wir wären höchstens zu der Aussage berechtigt, daß der psychophysische Parallelismus in der Tat sehr parallel sei.« Das ist die wunderbare Formulierung der Unlösbarkeit. Und schau, Unlösbarkeiten wundern mich nicht. Ich wundere mich nicht darüber, wie wenig ich verstehe, sondern ich wundere mich darüber, daß in meinem etwas verbesserten anthropoiden Gehirn sich solche Probleme immerhin abbilden lassen. Ich wundere mich, wie gesagt, nicht darüber, daß das Elektron einmal eine Welle, einmal ein Korpuskel ist und daß der Karli Popper einmal eine Seele, einmal ein Körper ist. Ich wundere mich, daß ich mich darüber wundere.

P: Ich glaube, daß Herr Kreuzer auf folgendes anspielt: Du sagst, das Bewußte ist nicht immer höher, sondern das Bewußte ist zum Beispiel das Zahnweh. Das Zahnweh ist sehr bewußt, aber ist keine höhere geistige Leistung. Es kann so bewußt sein, daß es mein Bewußtsein vollkommen ausfüllt, und es ist dennoch keine höhere geistige Leistung. In dem Sinne kann auch das ganz niedrige Zahnweh mein Bewußtsein vollkommen in Anspruch nehmen.

L: Ja, völlig richtig. »Und einzig in der engen Höhle des Backenzahnes weilt die Seele«, sagt Wilhelm Busch.

K: Wie verhält sich das nun mit dem hohen Ich-Bewußtsein, das die Sprache voraussetzt. Hier liegt doch die Grenze horizontal.

P: In der Sprache, da kommt das.

L: Mit der Sprache kommt eine Grenze, und das ist natürlich ein Rückkoppelungskreis. Weil das Höhere Einfluß auf das Tiefere hat. Aber deshalb ist die Sprache immer noch etwas Natürliches. Noch sehr viele gute Denker haften noch am Glauben, daß etwas Unerklärliches ipso facto außernatürlich sein müßte. Insoferne bin ich Monist, wenn du so willst. Trotz Einsehens meiner Uneinsichtigkeit des Leib-Seele-Problems. Aber die Vorstellung, daß alles, was mein armes Hirn nicht versteht, außerhalb der Natur stehen müsse, wie du zum Beispiel beim Erwin Chargaff in »Unerklärliches Geheimnis« subkutan liest, kann ich nicht teilen.

P: Und hier kommen wir noch zu einem wichtigen Thema, zur Bedeutung der Kritik. Durch die Sprache machen wir die Theorie *kritisierbar.* Und das ist das Kolossale. Du hast vollkommen recht, ich bin ganz einverstanden mit dir, daß es zwei große Abschnitte in der Evolution gibt: das Leben und den Menschen. Und der Mensch – das ist vor allem die Sprache. Was ist es, das die Kulturentwicklung ermöglicht? Die Kritik. Durch die Sprache ist eine Kritik möglich, und durch die Kritik haben wir dann die Kultur entwickelt.

L: Durch die Sprache ist eine Gemeinsamkeit, eine vorher nie dagewesene Gemeinsamkeit des Wissens und damit des Wollens entstanden.

P: Solange wir nicht unsere Theorien aus uns herausgestellt haben, solange waren wir identisch mit unseren Theorien, und daher konnten wir sie nicht *kritisieren.* Der Gockel kann sein Ich nicht von seinen Erwartungen, nicht von seinen Theorien unterscheiden.

L: Der Gockel bringt jeden um, der ihn kritisieren will – und das tun wir nicht.

P: Der Gockel kann seine Theorien nicht kritisieren. Wir können zum Beispiel darüber reden, ob wir Egoisten sind oder nicht. Die Sprache erlaubt es uns, einen Satz außerhalb von uns zu sehen und zu fragen: Ist dieser Satz richtig? Ist er wahr? Und damit fängt eigentlich erst der Satz an, ein Satz zu sein: mit der Möglichkeit der Unwahrheit des Satzes, mit dem Wahrheitsproblem. Ich habe übrigens diesen drei Bühlerschen Stufen eine vierte hinzugesetzt, nämlich die *argumentative* Funktion der Sprache. Wir können darüber sprechen, ob der Satz wahr ist oder nicht. Das ist dann eine eigene...

L: Eine höhere Kategorie im Sinn von Nicolai Hartmanns Schichtenbau.

K: Ist das jene vierte Stufe, die dann erst eigentlich den Menschen macht? Diese vierte Stufe der Sprachentwicklung bringt doch jene Rückkoppelung zwischen Welt 3, zwischen den Produkten unserer Kultur und unserem Gehirn. Und dort entsteht eigentlich jenes hohe, besondere Ich-Bewußtsein, von dem wir reden.

L: Ich kann über das Ich-Bewußtsein nicht reden, weil ich von meinem Ich immer überzeugt war, wahrscheinlich von einem sehr primitiven Gockel-Ich-Bewußtsein her. Mir ist es niemals ganz verstandlich gewesen, wie einer Identitätssuche betreibt. Das ist mir nie, phänomenologisch, persönlich nie verständlich gewesen, aber das gibt es, kann ich nur sagen.

P: Du hast aber in deinem Buch – ich hab' das angemerkt – von Identitätssuche geschrieben.

L: Wenn ich ein Sinken in bezug auf meine eigene wissenschaftliche Leistung bemerke und mir diese abgeschmackt und überhaupt nicht veröffentlichungswürdig erscheint, dann, was regelmäßig beim Abschluß eines größeren Manuskriptes passiert – der Fall entsetzt mich gerade – dann lese ich die Schriften meiner erbitterten Meinungsgegner.

P: Das kenne ich nicht.

L: Das kennst du nicht: Weil dir das Gockel-Ich-Bewußtsein fehlt! Weil du kein Gockel bist und ich einer bin!

K: Wir haben zuerst im Gespräch erwähnt, daß das Bewußtsein dieser Art vom Ich mit dem Lehren zu tun hat. Daß es einem beim Lehren bewußt wird.

L: Das höhere Ich-Bewußtsein hat natürlich mit der menschlichen Gesellschaft zu tun. Das höhere Ich-Bewußtsein hängt damit zusammen, daß ich ein nützliches Glied einer Sozietät bin. Und das ist es, weswegen ich Biosoziologe bin. Es ist selbstverständlich eine der tiefsten Befriedigungen, zu merken, daß man verstanden wird, und zwar besonders von jungen Leuten. Das ist mir eine besondere Befriedigung, ein inneres Glücksgefühl. Wenn ich merke, daß die aufmerksam zuhören und sogar verstehen, was ich meine.

P: (während er Lorenz' Hund krault): Es tut einem zum Beispiel leid, daß man kaum in diesem Verhältnis zu einem Hund stehen kann. Daß man dem Hund eine schöne Theorie nicht erklären kann.

L: Das macht mir weniger aus. Das erwarte ich vom Hund nicht.

Nichts ist schon dagewesen

K: Wenn Sie Ben Akiba widersprechen: Nicht »Alles ist schon dagewesen«, sondern: Nichts ist schon dagewesen; wenn also die Welt offen ist, wenn daher auch die Wissenschaft offen ist, dann müßte man doch auch annehmen, daß sie Stufen der Entwicklung erreichen kann, die wir uns jetzt noch nicht vorstellen können.

L: Ich lebe jetzt in meinem letzten Buch, das heißt »Der Abbau des Menschlichen«. Es gibt Gefahren, die dieser Weiterentwicklung im Wege stehen. Ich habe den ganzen ersten Teil meines Buches der Unbestimmtheit des Weltgeschehens, der Unvoraussagbarkeit des Weltgeschehens gewidmet, weil es so ungeheuer naheliegt, zu glauben, es müsse nach oben gehen. Der praktische Mensch kennt die Entwicklung nur vom Samenkorn zum Getreide, vom Ei zum Hühnchen, und wenn man ihm einen schönen Stammbaum von der Amöbe bis zum Menschen vormacht, liegt es zwingend nahe, zu glauben, die innere, bessere Zukunft sei determiniert. Und daher muß man es dem Menschen unter die Nase reiben, daß er von jedem erreichten Niveau der Evolution nach oben, aber auch nach unten gehen kann und daß nirgends geschrieben steht, daß der Mensch nicht jetzt auf dem Gipfelpunkt seiner Entwicklung ist und nun im Begriff ist, zu vermassen, daß Erkenntnisse und Fortschritte in der Wissenschaft in der Vermassung steckenbleiben und alles in Richtung auf ein schauerliches arbeitsteiliges Termitensystem zugeht.

K: Ist diese eindrucksvolle Widerlegung eines naiven Optimismus Grund zum Pessimismus?

P: Nein. Im Gegenteil. Im Gegenteil, es ist eine Aufforderung, daß man die Möglichkeiten sieht und die Chancen nützt. Das ist es. Kein Grund zum Pessimismus. Ich sehe die größte Gefahr eigentlich im Pessimismus, das heißt in dem dauernden Versuch, den jungen Menschen zu sagen, daß sie in einer schlechten Welt leben. Das sehe ich als die größte Gefahr unserer Zeit, größer noch als die Atombomben. Daß man den Leuten suggeriert, sie leben in einer schlechten Welt, einer verlogenen Welt und ich weiß nicht, was. Wir leben, historisch gesehen (das ist meine Meinung), in der besten Welt, die es bisher gegeben hat. Natürlich ist es eine schlechte Welt, weil es eine bessere gibt und weil das Leben uns anspornt, nach einer besseren Welt zu suchen. Und diese Suche nach der besseren Welt müssen wir fortsetzen. Aber das bedeutet nicht, daß unsere Welt schlecht ist. In Wirklichkeit ist nicht nur die Welt schön, sondern die jungen Leute haben heute die Möglichkeit, diese schöne Welt zu sehen. In einer Weise, die sie früher nie gehabt haben. Das ist ungeheuer wichtig.

L: Man ist als Arzt oft verpflichtet, zu warnen. Das heißt nicht, daß man pessimistisch ist. Wenn man alle Krankheitsmöglichkeiten sieht und darauf aufmerksam macht, so heißt das nicht, daß man pessimistisch ist. Ich gelte als Kulturpessimist. Ja, wenn ich das wäre, würde ich ja nur mit meinen Fischerln und meinen Gänsen spielen und mich nicht mit Menschheitsfragen beschäftigen. Eine der Hauptgefahren ist, wie Karl Popper es richtig sagt, die Sinnentleerung der Welt für die Jugendlichen. Was auch Viktor Frankl sehr richtig sieht und sehr richtig bekämpft, ist der Sinnverlust. Ich frage mich immer, wie man dem entgegentritt, und die wichtigste Gegenmaßnahme, die ich kenne, ist, junge Leute mit der Schönheit der Natur bekanntzumachen. Ein Mensch, der die Schönheit eines Frühlingswaldes, die Schönheit von Blumen, die herrliche Komplikation irgendeines Tierstammes genau kennt, kann unmöglich an dem Sinngehalt der Welt zweifeln. Die Möglichkeit zur Höherentwicklung, zu ungeahnter, zu nie dagewesener Höherentwicklung ist ebenso offen wie die Möglichkeit, daß die Menschheit sich zu einer Termitengemeinschaft schlimmster Art entwickelt.

K: Nichts ist schon dagewesen.

L: Nichts ist schon dagewesen, *und alles ist möglich!*

K: Ich danke Ihnen, meine Herren.

Anmerkung

Dieses Gespräch, an dem Franz Kreuzer als Moderator teilnahm, fand am 21. Februar 1983 im Haus von Konrad Lorenz in Altenberg bei Wien statt.

Teil I

Bewußtsein und menschliches Selbstbewußtsein

1. Wie kam das Bewußtsein in die biologische Welt?

Ein Dialog mit John C. Eccles

20. September 1974, 17.15 Uhr

Eccles (E): Wir kommen zur Diskussion der sehr kontroversen Frage: Wie kam das Bewußtsein in die biologische Welt? Ich glaube, für den Anfang würden die meisten dem zustimmen, daß sich Tiere von Pflanzen oder, sollen wir sagen, höhere Tiere von Pflanzen darin unterscheiden, daß sie ein Nervensystem besitzen, das einen höchst spezialisierten Teil des Organismus darstellt, der damit befaßt ist, Information zu sammeln und auf sie zu reagieren. Dies ermöglicht Tieren eine Leistung, die ganz verschieden von derjenigen der Pflanzen ist, die im wesentlichen Organismen sind, denen eine mehr passive Rolle in ihrer ganzen Existenz zukommt, die seßhaft sind und die in der Regel keine anderen Reaktionen erkennen lassen, als Wachstum und Turgor (osmotischer Druck). Wenn wir die gesamte biologische Evolutionsfolge von Tierarten und Verhaltensweisen überblicken, dann kann man, wenn man möchte, alle Arten zweckhafter Aktionen in primitiven Organismen erkennen, sogar bei Protozoen wie Amöben oder Paramaecium. Untersucht man die höhere tierische Stufe, den vielzelligen Organismus, so kann man wie bei den Coelenteraten, ein primitives Nervensystem beobachten, das geeignete Reflexreaktionen als Antwort auf Reize entwickelt. So geht es in der ganzen Geschichte der Wirbellosen weiter, bis zu ziemlich komplexen Formen mit komplexen Reaktionen, wie zum Beispiel bei den höheren Insekten. Uns allen ist die Fähigkeit der Biene vertraut, ihre Umgebung zu erlernen, so daß sie, wenn ihr Bienenstock an einen anderen Platz gestellt wird, ein paar Mal im Kreis herumfliegen und den Weg von ihren Flügen nach Hause erlernen kann. Das ist eine Lernantwort. Und natürlich kennen wir auch die Information, die symbolisch durch den Tanz der Bienen vermittelt wird. Schließlich auf der Spitze des Wirbellosen-Baumes befinden sich die noch höher entwickelten Nervensysteme der höheren Mollusken. Der Oktopus zum Beispiel wurde im Detail durch J. Z. Young untersucht, der gezeigt hat, daß er ein hochentwickeltes Gehirn mit sehr komplexen Antworten auf Signale und der Fähigkeit zu lernen besitzt. Dies ist nun der Höhepunkt der Geschichte der Wirbellosen, und ich denke, wir sollten nun die Frage stellen: Gibt es einen Anhalt dafür, daß Wirbellose über eine Art von Antworten in ihrem Gehirn verfügen, die als Vermittler von bewußten Wahrnehmungen eingestuft werden könnten?

Popper (P): Die Frage, wie das Bewußtsein ins Leben trat, ist natürlich unglaublich schwierig, denn es gibt fast überhaupt keine Hinweise. Ebensowenig dafür, wie das Leben aufkam. Das ist eine ganz ähnliche Situation, und ich glaube, man kann vielleicht am ehesten sagen, daß es Grade des Lebens und Grade des Bewußtseins geben muß, wenn das evolutionäre Geschehen auf das Leben und das Bewußtsein paßt. Wenn wir uns nach Hinweisen für Grade des Lebens und des Bewußtseins umsehen, dann, meine ich, findet man doch ausreichende Anhaltspunkte für beides; aber ich fürchte, das ist eine zu schwierige Frage, um darauf jetzt weiter einzugehen.

Ich möchte jedoch erwähnen, daß wir auf der Grundlage der Selbstbeobachtung herausfinden können, daß wir manchmal an der Grenze des Nicht-Bewußtseins stehen. Und dann ist da noch die äußerst wichtige Tatsache, daß wir ganz normal einen Bewußtseinsausfall im Schlaf haben; und im Tiefschlaf kommt es zu einem ziemlich beträchtlichen Bewußtseins-Ausfall. Solche Anhaltspunkte sind praktisch alles, was wir für die Tatsache der Bewußtseinsgrade haben und demnach auch alles an Hinweisen über die mögliche Emergenz des Bewußtseins.

Einige finden die Idee der Emergenz des Bewußtseins unglaubwürdig und unverständlich. Es ist ein Wunder, aber es ist kein viel größeres Wunder, als wenn wir am Morgen aufwachen und ein volles Selbstbewußtsein beinahe aus dem Nichts wiedererschaffen. Dagegen könnte man einwenden, daß der Vorgang des Aufwachens darin besteht, eine Verbindung innerhalb unseres Gehirns mit den Erinnerungen vorangegangener Zeiträume herzustellen; und das sei verständlicher als die Schaffung eines Bewußtseins aus dem Nichts – jedenfalls aus nichts, das dem Gedächtnis gleichkommt. Hier jedoch können wir den Fall des neugeborenen Kindes anführen. Obwohl das neugeborene Kind wahrscheinlich nichts dergleichen hat, was wir gewöhnlich Gedächtnis nennen, hat es natürlich etwas wie Wissen oder Information oder Erwartungen, und es muß ein Bewußtsein aus dem zusammensetzen, was bestimmt kein Bewußtsein ist. Obwohl diese Wiedererlangung oder Wiedererzeugung von Bewußtsein täglich geschieht, halte ich es für ebenso wunderbar wie das erste Auftreten des Bewußtseins und auch für ebenso schwer verständlich – wenn wir es *wirklich* verstehen wollen.

Wie entsteht Bewußtsein? Ich glaube, die beste Antwort, die wir geben können und für die einiges, wenn auch nicht allzu viel, spricht, lautet: »gradweise«. Ich würde sagen, daß etwas wie bewußte Wahrheit – nicht Selbstbewußtsein, vielmehr etwas, das unserer eigenen wachen Bewußtheit auf einer niedereren Stufe gleicht, sagen wir, der wachen Bewußtheit, die wir einem Kind zuschreiben, bevor es zu sprechen gelernt hat – wahrscheinlich nur Tieren mit einem Zentralnervensystem zugesprochen werden kann. Doch etwas, das dem Bewußtsein in mancher Hinsicht ähnelt, kann man wahrscheinlich einer früheren Evolutionsstufe zuschreiben. Natürlich ist es höchst unwahrscheinlich, daß wir jemals Beweise für oder gegen diese Vermutung erhalten werden, und selbst wenn wir einen Beweis erhielten, würde auch er offensichtlich reine Vermutung sein. Ich bin deiner Meinung, Jack, daß der Beweis dafür, daß andere Leute Bewußtsein haben, ungleich zwingender ist als der Beweis, den wir dafür haben, daß Tiere Bewußtsein haben; aber ich glaube doch, daß die Evolutions-Hypothese uns irgendwie dazu zwingt, Tieren niedrigere Bewußtseinsstufen zuzuschreiben. Man könnte meine Vermutung als teils auf Beweisen und teils auf Intuition beruhend nennen. Die intuitive Grundlage ist schwer zu erklären, aber die beweismäßige Grundlage besteht nicht nur aus dem, was ich gerade erwähnt habe – einschließlich dem Kind, bevor es spricht –, sondern auch aus dem Beweis, der sich aus der niederen Hemisphäre (subdominanten Hemisphäre) und ihren Funktionen ergibt. Das heißt, ich bin deiner Meinung, daß die subdominante Hemisphäre als etwas charakterisiert werden kann, das einem gut ausgebildeten Tiergehirn gleicht. Ich möchte sagen, sie ist immer noch insoweit ein Tierhirn – oder einem Tierhirn verwandt –, als sie vom vollen Selbstbewußtsein abgeschnitten ist. Aber ich glaube, daß die Leistungen dieser subdominanten Hemisphäre (auch wenn sie dem Tierhirn vergleichbar ist) so hoch sind, daß wir ihr nicht nur Gedächtnis – das eine Art Voraussetzung für Bewußtsein ist – zuschreiben können, sondern sogar ein gewisses Maß an Kreativität. Das heißt, auch die Fähigkeit, ziemlich abstrakte Probleme zu lösen. Nimm zum Beispiel den Fall des Ordnens von Bildergeschichten, den du in Kapitel E5 beschrieben hast. Das Ordnen der Bildergeschichten hat mich fast davon überzeugt, daß wir Sperrys Vermutung über die subdominante Hemisphäre akzeptieren müssen.

Nach all dem scheint es mir zumindest möglich, Tieren mit einem gut ausgebildeten Zentralnervensystem etwas wie Bewußtsein zuzuschreiben. Aber man muß unbedingt beachten, daß wir zwar gute Gründe dafür haben, ihnen einen Zeitsinn zuzuschreiben, daß sie sich aber der Zeit wahrscheinlich nicht voll bewußt sind: Sie haben nicht einmal Ansätze zu einer Theorie des regelmäßigen Zeitablaufs (daß also heute auf gestern folgt und morgen auf heute). Volles Bewußtsein hängt von einer abstrakten Theorie ab, die sprachlich formuliert ist. Es wäre übrigens interessant, die subdominante Hemisphäre auf ein Verständnis des Zeitablaufs in diesem Sinne zu untersuchen. Die Montage des Comic-strips hat erwiesen, daß die subdominante Hemisphäre Bilder nach einer Zeitabfolge ordnen kann, aber das heißt noch nicht, daß die subdominante Hemisphäre ein Bewußtsein des Unterschieds zwischen gestern, heute und morgen hat, und es wäre höchst interessant herauszufinden, ob sie es hat.

E: Der Gegenstand unseres Gesprächs hat sich zu höheren Tierhirnen weiterbewegt, ihrer Leistung und der Möglichkeit, daß es etwas wie Aufmerksamkeit gibt, ein Bewußtsein, das mit einigen der Aktivitäten, die in den Gehirnen dieser Tiere vor sich gehen, verknüpft ist; und über die höheren Tiere möchte ich den ganzen Weg bis zu den anthropoiden Affen hinaufgehen. Nun würde ich sagen, daß wir über keine geeigneten Tests dafür verfügen. Ich möchte mich darauf nicht festlegen, daß ich den Hinweis auf etwas, das die Bezeichnung Bewußtsein verdienen könnte, abstreite, weil es etwas von den gleichen Eigenschaften oder Erfahrungen besitzt, wie sie bei uns vorkommen, wenn wir selbstbewußt sind. Der selbstbewußte Geist ist etwas, von dem wir wissen. Wir müssen ihn nicht testen. Wir erfahren ihn, und wir können über ihn zu anderen sprechen und lernen bald durch sprachliche und andere Kommunikationsformen, daß andere Menschen diese gleiche innere Erleuchtung oder diese Selbstbewußtheit, die wir haben, besitzen, und dies spielt sich fortgesetzt während unseres wachen Tages ab und wird während des Schlafs und bei anderen Gelegenheiten von Bewußtlosigkeit unterbrochen und wieder aufgenommen. Daß dies eine universelle menschliche Erfahrung ist, wird durch Kommunikationen auf höheren Stufen der symbolischen Darstellung gegenwärtig. Dies führt uns dazu zu fragen, was nach unserer Vorstellung einem Tier während seines wachen Lebens begegnen kann. Wir nehmen ein Haustier oder einen anthropoiden Affen. Dann meine ich, müssen wir sehr vorsichtig sein, weil wir beginnen, die Situation zu anthropomorphisieren und zu denken, daß sie uns mehr gleichen, als es tatsächlich der Fall ist. Karl machte vorher eine sehr gute Bemerkung, nämlich daß sie keinen richtigen Zeitsinn besitzen, daß sie in der Gegenwart leben. Natürlich werden ihre Aktionen durch vergangene Geschehnisse modifiziert. Sie lernen aus der Erfahrung. Sie erkunden und lernen fortgesetzt und lassen eine große Zahl zweckhafter Tätigkeiten erkennen. Dem stimme ich gerne zu, aber ich bin nicht sicher, daß dies als ein zuverlässiger Test dafür gewertet werden sollte, daß sie ein gewisses Bewußtsein besitzen. Ich denke, im besten Fall ist es nur ein Anzeichen dafür. Das ist es, wo ich es einordnen würde. Wenn wir an ihre Intelligenz denken, ihre Absichten, ihr Gedächtnis, ihre Fähigkeit zu lernen und all die eindrucksvollen Tätigkeiten der Tiere, die Mutter mit dem Jungen, die Paarung und die Organisation von Tieren in Herden usw., müssen wir sagen, daß sie eine Art soziales Leben haben. Wir können zustimmen, daß uns all dies dahingehend beeinflußt anzunehmen, daß sie eine Art Bewußtsein besitzen. Man kann auch daran denken, daß sie Schmerz zu empfinden scheinen, wenn sie verletzt werden, und dieser, so denken wir, ist wie der Schmerz, den wir erleiden, und sie lassen Freude und Vorfreude erkennen, wie zum Beispiel ein Hund, der mit seinem Herrn spazierengeht, usw. Mir ist dies alles bewußt.

Ich muß hier betonen, daß es bei weitem nicht gewiß ist, daß sie Erfahrungen, die genau den unseren gleichen, machen, so schön es auch wäre, dies zu glauben. Nimm zum Beispiel die Reaktionen auf Schmerz, was das geläufigste Beispiel ist. Man kann ein dekortiziertes Tier haben, dessen gesamte Großhirnhemisphären entfernt worden sind, und es wird immer noch auf Schmerz reagieren und Wut und Angst zeigen, also die ganze Skala der grundlegenden ablehnenden Reaktionen. Man muß nicht, und auch wir müssen nicht, im Besitz der höheren Ebenen der Großhirnrinde sein, um auf Verletzungen reagieren zu können. Dies kann alles geschehen, wenn man bewußtlos ist.

Ich würde eher meinen, daß wir die Möglichkeit von Bewußtsein bei Tieren aus subtileren Dingen ableiten müssen, wie ihren Tätigkeiten im normalen Leben, aus ihrer Beziehung zueinander und zu menschlichen Wesen usw. Dennoch gibt es auf dieser Stufe bestimmte Dinge, mit denen wir vorsichtig sein müssen. Die Bemerkung, die ich über Tiere machen wollte, ist, daß es hübsch ist zu sehen, wie sie sich als lebende Wesen in Gesellschaft miteinander und mit anderen Tierarten usw. verhalten, doch eine der Fragen, die ich stelle, ist: Wie sorgen sie für ihre

Kranken und Toten? Professor Washburn von Berkeley hat den Fall eines Affenrudels beschrieben, das im Wald herumkletterte und -sprang, während die kranken Affen, einer oder zwei von ihnen, die mit dem Rudel nicht Schritt halten konnten, sich alle Mühe gaben, nicht zu fallen, und wie am Ende das Rudel weiterlief und sie hinter sich ließ, um sie sterben zu lassen. Es nimmt keinerlei Notiz von ihnen. Beim Affen scheint daher keine Empfindung von Mitleid vorhanden zu sein. Es ist sogar anzuzweifeln, daß Jane Goodall soviel dieser Art bei den Schimpansen beschrieben hat. Ich spreche natürlich auf keiner Ebene von der Mutter-Kind-Zuneigung. Das ist etwas, das instinktiv und angeboren ist und bei sehr nieder organisierten Tieren vorkommen kann. Ich spreche über die Anteilnahme, die Tiere für die Kranken und für die Toten haben. Lehnen sie tatsächlich ihre Toten nur ab, oder beginnen sie, davon Kenntnis zu nehmen, daß dieses tote Tier wie sie selbst ist, und daß sie auch sterben könnten? Ich habe in keinem der aufgezeichneten Fälle von Tieren in der Wildnis einen Anhalt dafür gesehen. Es ist natürlich allgemein geltende Ansicht der Ethologen, daß man keine anekdotischen Daten von domestizierten Tieren verwenden sollte. Wegen ihrer imitativen Fähigkeit ist man niemals sicher, wie stark sie in ihrer Beziehung zu, sagen wir, einem toten Tier oder einem toten Herrn nachahmen, ohne zu verstehen. Diese ganze Frage ist sehr wichtig. Ich wage anzunehmen, daß Tiere, wenn sie Bewußtsein besitzen, dennoch kein Selbstbewußtsein, nicht einmal auf einer ganz bescheidenen Stufe, haben.

Das führt mich zu dem wichtigsten aller dieser Evolutionsvorgänge. Wie kam das Selbstbewußtsein zum Menschen? Ich denke, das wird ein späteres Gesprächsthema sein; doch zu diesem Zeitpunkt ist es für mich wichtig, diese Frage des tierischen Bewußtseins zu untersuchen.

Ich will damit sagen, daß man, wenn man es sich schwermachen möchte, sehr gut ein Reduktionist, Identitätstheoretiker oder was immer man will, sein könnte, der sagt, daß alle Leistungen von Tieren aller Art, die man sich nur vorstellen kann, einfach die Leistung ihrer neuralen Maschinerie darstellt und daß keine Notwendigkeit gegeben ist, dem etwas zu überlagern, das ein Ergebnis der Hirnaktion ist. So meine ich, was Tiere anbelangt, könnten wir Parallelisten werden, indem wir feststellen, daß ihre bewußten Wahrnehmungen ein Ergebnis der neuralen Aktionen darstellen, die aber nicht zurückwirken und irgendwelche Veränderungen in den Operationen der neuralen Maschinerie verursachen können. Hier muß eine Frage behandelt werden, und ich glaube, Karl, du würdest sie gerne aufgreifen: Lassen Tiere in irgendeiner Weise erkennen, daß ihre bewußten Wahrnehmungen zurückwirken und ihr Verhalten verändern?

P: Ich gebe gerne zu, daß es überhaupt keinen Beweis dafür gibt, daß Tiere Erlebnisse wie wir haben, außer der Evolutions-Hypothese und auch der Bewußtseinsstufen, die wir bei uns selbst finden. Es gibt also keinen direkten Beweis, und ich würde deshalb das Problem des Bewußtseins bei Tieren in dem Sinne als ein metaphysisches Problem bezeichnen, als jede Hypothese, jede Vermutung darüber nicht falsifizierbar ist, jedenfalls derzeit nicht. Und eben weil sie nicht falsifizierbar oder prüfbar ist, ist sie metaphysisch.

Doch metaphysische Hypothesen sind zumindest auf zweierlei Art für die Wissenschaft wichtig. Erstens brauchen wir metaphysische Hypothesen für ein allgemeines Weltbild. Zweitens werden wir beim praktischen Vorbereiten unseres Forschens von dem geleitet, was ich »metaphysische Forschungsprogramme« genannt habe.

Ich würde also gleich anfangs zugeben, daß die Theorie, derzufolge Tiere Bewußtsein haben, nicht prüfbar und somit metaphysisch ist (in meiner Terminologie) und daß es sicher nicht unvernünftig ist, wenn jemand diese Theorie ablehnt. Ich glaube allerdings doch, daß es der Mühe wert ist zu überlegen, ob irgendeine andere Auffassung vom tierischen Bewußtsein besser in unser allgemeines Schema oder unsere Weltauffassung paßt. Was das *Selbst*-Bewußtsein des Menschen betrifft, so halte ich für die gemäßeste metaphysische Hypothese die, daß es nur zusammen mit Welt 3 entsteht: Meine Vorstellung ist jedenfalls die, daß es zusammen mit Welt 3 und in Wechselwirkung mit Welt 3 entsteht. Mir scheint, daß dem Bewußtsein oder dem sich seiner selbst bewußten Geist eine eindeutige biologische Funktion zukommt, nämlich die, Welt 3 aufzubauen, zu verstehen und unser Ich in Welt 3 festzumachen.

Ich glaube auch, daß man die möglichen Funktionen der niederen Bewußtseinsstufen, sofern sie bei Tieren vorkommen, in Betracht ziehen muß und daß sie festumrissene Aufgaben haben. Sie machen bestimmte Interpretationen der Wahrnehmungen möglich, die nicht durch das Gehirn allein geleistet werden können. Das heißt, das Gehirn kann dem tierischen Bewußtsein eine unbestimmte oder unklare Wahrnehmung liefern, und das Tier kann dann, genau wie wir das tun, mit deren verschiedenen Deutungen experimentieren, indem verschiedene Interpretationen dieser zunächst keineswegs unzweideutigen Wahrnehmung ausprobiert werden. Das wäre eine mögliche Funktion der niedereren Bewußtseinsstufen. Mit anderen Worten, ich glaube, wir haben allen Grund anzunehmen, daß Tiere Wahrnehmungen haben. Und wir können aus unserer eigenen Erfahrung sehen, daß der Wahrnehmungsprozeß nur teilweise in dem dazugehörigen Sinnesorgan stattfindet: daß er teilweise im Bewußtsein abläuft. (Ich will damit nicht sagen, daß dazu ein Bewußtsein seiner selbst nötig ist.) Ich glaube auch, daß es noch andere Funktionen gibt, die wir dem Bewußtsein zuschreiben können. Du sagst, daß alle Schmerzsymptome ohne Bewußtsein entstehen können, und ich akzeptiere, was du mir darüber erzählt hast. Aber ich bin mir über diesen Punkt nicht ganz im klaren. Ich möchte dich fragen, ob Menschen, die nicht bei Bewußtsein sind, Schmerzsymptome zeigen. Ich glaube, das wäre ein sehr wichtiges Beweisstück. Vielleicht kannst du darüber etwas sagen.

E: Im Hinblick auf menschliche Wesen und ihre Schmerzsymptome ist es natürlich gut bekannt, daß die Person, wenn die Anästhesie bei einer Operation ein wenig zu flach wird, reagieren und schreien und sich wehren wird, doch wenn sie aus der Narkose erwacht, hat sie keine Erinnerung daran, und daher könnte man argumentieren, daß sie den Schmerz überhaupt nie gefühlt hat. Sie reagierte ohne Empfindung; das ist die übliche Interpretation. Andererseits konnte man argumentieren, daß sie ihn gefühlt und reagiert hat, die Erinnerung daran aber verloren hat. Wir stehen diesem Problem immer gegenüber, wenn wir diese Frage bezüglich menschlicher Wesen beantworten wollen. Wenn sie auf einen Schmerz reagieren und dann später berichten, daß sie ihn nicht empfinden, könnte man immer argumentieren, daß sie den Schmerz empfunden haben, aber sich nicht daran erinnern. So kann ich diese Frage nicht mit Sicherheit beantworten.

P: Ich finde das sehr wichtig und interessant. Ich glaube nämlich, daß man tatsächlich sagen kann, daß das Bewußtsein aufhört zu existieren, wenn das Gedächtnis so unterbrochen wird, daß es oft und nachhaltig genug in kurze Abschnitte zerlegt wird. Wenn das Gedächtnis unterbrochen wird, gibt es vielleicht zuerst Zwischenzeiten von Bewußtheit, doch wenn die Atomisierung weiterginge, gäbe es überhaupt kein Bewußtsein mehr. Es wird wahrscheinlich auch zeitweise Stadien von sehr niederem Bewußtseinsgrad geben, die an Bewußtlosigkeit grenzen können. Man hat darauf hingewiesen, daß einige oder gar alle Narkosemittel so wirken, daß sie das Bewußtsein fast atomisieren oder seine zeitliche Kohärenz unterbrechen. Ein wichtiger Punkt wäre hier, ob ein Mensch immer noch Fragen beantworten könnte, wenn die Betäubung etwas weniger tief wäre, danach aber den Zwischenfall völlig vergessen würde. Es wäre ganz interessant, darüber etwas zu wissen. Es würde ein Zwischenstadium darstellen: ein Zwischenstadium, doch nur auf einer geringfügig höheren Stufe als vollständige Bewußtlosigkeit.*

Ich glaube, der Umstand, daß wir einige Beweise in dieser Richtung haben, zeigt, wie wir mit Hilfe unserer metaphysischen Hypothese so etwas wie einem wirklichen Beweis immer näherkommen könnten – einem Beweis, der uns derzeit nicht erreichbar ist. Der Beweis, den wir erreichen könnten, wäre ein Analogie-Beweis, dennoch können wir einen Analogie-Beweis für anderes Bewußtsein akzeptieren, ohne uns zu sehr auf das »Problem des Fremd-Psychischen«, wie es manche Philosophen nennen, einzulassen. Bei Tieren kann es ähnlich sein.

Du erwähntest zuvor die Frage des Mitleids. Auch hier gibt es keinen wirklichen Beweis; aber als Kind hatte ich einen großen Hund, der alle Anzeichen von Mitleid zeigte, wenn ich krank war. Nun kannst du natürlich

---

* Ähnliches kommt vor, wenn vor allem Kinder im Schlaf Fragen beantworten und sich unterhalten.

sagen, daß das nur eine Art Nachahmung war, doch tatsächlich zeigte er viel mehr Mitleid als meine Verwandten; wen ahmte er also nach? Natürlich ist das alles noch lange kein wirklicher Beweis – darüber bin ich mir vollkommen klar. Aber es sind Hinweise, und mehr können wir gegenwärtig nicht bekommen. Und ich fürchte, mehr als Hinweise werden wir nicht erhalten, bevor wir nicht sehr viel mehr wissen. Ich möchte sagen, es ist denkbar, daß wir unser Wissen über das tierische Bewußtsein vermehren könnten, wenn wir mehr über die Beziehung zwischen menschlichem Bewußtsein und menschlichem Gehirn wüßten, d. h. mehr über das Gehirn-Geist-Problem. Sowie wir mehr darüber lernen, könnten wir, durch Analogie-Schlüsse, mehr Informationen über die Möglichkeit tierischen Bewußtseins gewinnen. Sobald wir einmal eine Theorie über die Gehirn-Geist-Verbindung haben, könnte sie uns vielleicht zu einer Theorie der Verbindung auf den niederen Bewußtseinsstufen weiterführen. Und das wiederum könnte vielleicht weiter zu einer Theorie vom tierischen Bewußtsein führen.

Ich gebe allerdings zu, daß die Frage im Augenblick noch metaphysisch ist; aber ich meine, daß die befriedigendere metaphysische Hypothese, insbesondere angesichts des Evolutions-Geschehens, die ist, daß Tiere eine Art Bewußtheit haben, die auf Erinnerung beruht. Sie beruht nicht auf abstrakten Theorien. Diese führen zum menschlichen Bewußtsein des Ich, das sich, wie ich meine, zusammen mit der Evolution von Welt 3 entfaltet.

E: Laß mich unseren Weg ein wenig zurückverfolgen. Zu Beginn durchlief ich die gesamte Wirbellosen-Reihe bis zum Oktopus hinauf, der die komplexesten Hirnstrukturen besitzt. Ich hätte die Frage dort stellen sollen. Ich denke, daß wir unschlüssig gewesen wären, irgend etwas mit bewußter Erfahrung Vergleichbares auf der Stufe der Wirbellosen anzusetzen, sogar bei den Mollusken oder den Insekten. Wir behandeln sie sicherlich nicht, als ob sie Schmerz erleiden könnten oder in irgendeiner Weise uns darin glichen, daß sie neben ihren normalen Reaktionen eine bewußte Aufnahmefähigkeit besäßen.

Nun gehen wir zu den Wirbeltieren weiter, und wir kommen in einem ersten Schritt zu den Fischen. Wenn man ihre Gehirne ansieht, so erkennt man, daß sie tatsächlich hinsichtlich der Hirnebenen, die wir mit Bewußtsein auf den höheren Stufen der Wirbeltiere verbinden würden, sehr primitiv sind. Wir wissen aus Experimenten am Menschen, daß der Schmerz nur dann zustandekommt, wenn die Impulse von den Sinnesorganen zu den höheren Ebenen der Großhirnrinde oder wenigstens bis zum Thalamus aufsteigen. Nun entwickelten sich aber in der Evolutionsgeschichte derartige Gehirnebenen nicht beim Fisch, bei dem das Vorderhirn das Geruchshirn ist. Man könnte sich fragen, ob es irgendeinen Teil des Gehirns gibt, in dem eine Leistung stattfinden könnte, die bewußtes Gewahrsein zu erwecken vermag. Wie du weißt, ist die dem gesunden Menschenverstand entsprechende Haltung die, Fische so zu behandeln, als ob sie überhaupt kein Bewußtsein besäßen! Dies zieht sich durch die Amphibien fort, wo ein Frosch oder irgendeine Kröte wieder als interessante Lebewesen betrachtet werden können, die aber nicht mehr Selbstempfinden oder bewußte Wahrnehmungen besitzen als der Fisch.

Ich denke, es ist wirklich erst der Fall, wenn wir zu den Säugetieren und den Vögeln hinaufkommen, daß wir eine Empfindung haben, daß es hier ein Bewußtsein auf gewissen Stufen ihrer Wahrnehmung gibt. Dies trifft natürlich besonders dann zu, wenn wir zu den höheren Säugetieren, der Katze und dem Hund, diesen großen Gefährten des

Menschen, kommen. Aber es gibt viele Säugetiere mit größeren und komplizierteren Gehirnen. Die Elefanten zum Beispiel besitzen offensichtlich eine hohe Intelligenz, und es gibt Anzeichen dafür, daß sie für ihre Toten sorgen, obwohl dies imitativ sein kann. Es gibt anekdotische Hinweise dafür, daß, wenn ein Elefant stirbt, andere Elefanten den Kadaver mit Blättern bedecken und sogar für die Elefantenknochen sorgen. Und die Delphine, diese sehr interessanten Tiere, besitzen ein Gehirn, das mindestens so groß ist wie das des Menschen, und zeigen, soweit sie untersucht worden sind, offensichtlich Gefühle füreinander. Der Mutter, die ein Junges gebiert, wird geholfen. Dies könnten gewöhnliche instinktive tierische Aktionen sein, aber es macht Spaß, in ihre Aktionen eine Art menschlicher Eigenschaften hineinzulesen, weil sie solch große Gehirne haben und sie ganz klar sehr komplizierte Leistungen besitzen. Wenn sich auch tatsächlich, wenn man ihre Gehirne anatomisch untersucht, wie Jansen aus Oslo es getan hat, herausstellt, daß ein großer Teil ihrer Großhirnhemisphären für die akustische Lokalisation da ist. Die sehr großen Hörrinden stehen offensichtlich in Beziehung zur Bestimmung ihrer Position anhand von akustischen Wellen im Wasser, Reflexionen von Felsen usw. Dies vermittelt anscheinend eine Orientierung in der Umgebung, die offensichtlich sehr wichtig für sie ist, und wahrscheinlich erhalten sie auch Signale von Fischen, die sie jagen. Dieses akustische Sinnesempfinden kann sich auf einem derartig komplexen und subtilen Niveau abspielen, daß es einen großen Teil ihrer Großhirnrinde benötigt. Wir sind nicht sicher, wieviel Großhirnrinde ihnen übrigbleibt, um, wie die menschliche Großhirnrinde für Sprache und andere subtile Ausdrücke, die zu höheren Nervenaktivitäten in Beziehung stehen, zu funktionieren.

Schließlich kommen wir natürlich zu den anthropoiden Affen, die kleinere Gehirne als Elefanten und Delphine besitzen, von nur etwa 500 ccm, und wir verfügen natürlich über alle die Beispiele der Bemühungen, sie in sprachlicher Leistung zu trainieren, aber das ist eine andere Geschichte. Ich will dies für den Augenblick beiseite lassen. Der Anhalt dafür, daß sie Werkzeughersteller sind und eine primitive Welt 3 konstruieren können, ist, so meine ich, sehr dubios. Ich würde sagen, daß sie in dieser Hinsicht nicht besser sind als andere Reihen niederer Säugetiere oder sogar die Vögel. Nachdem Karl seine Meinung dazu geäußert hat, würde ich gerne die Frage nach Evolution und Bewußtsein und besonders Selbstbewußtsein stellen. Wie kam das Bewußtsein zum Menschen? Das, so meine ich, ist die letzte Frage, der wir uns zuwenden müssen, und wir können darüber sprechen.

P: Ich stimme vollkommen zu, daß die Sorge um die Toten ein immens wichtiger Punkt in der Geschichte der Evolution des Bewußtseins ist, und ich stimme auch zu, daß wir aus ganz klaren Gründen die Sorge um die Toten als einen der hauptsächlichen Hinweise auf ein höheres Selbstbewußtsein ansehen können. Das heißt, das wache Bewußtsein des Ich geht sozusagen Hand in Hand mit der Vorstellung, daß ich – mein Ich – sterben werde; und in diesem Lichte können wir die Idee der Sorge um die Toten besser verstehen. Was die Existenz niederer Bewußtseinsformen angeht, so haben wir wohl für ihr Bestehen einige Anhaltspunkte durch uns selbst. Und zu unserer Ausgangs-Frage – wie Bewußtsein ins Leben trat – möchte ich einige metaphysische Annahmen formulieren.

Ich möchte sagen, daß die ersten Ansätze oder ein sehr frühes Zwischenstadium des Bewußtseins in Wirklichkeit eine Neugier-Empfindung, ein Gefühl oder ein Wunsch, zu erkennen, sein können. Diese Hypothese wird durch die ungeheure Bedeutung, die der intellektuelle Aspekt unseres Bewußtseins für die gesamte Evolution des Bewußtseins und besonders des höheren Bewußtseins hat, nahegelegt. Seltsamerweise ist es unter evolutionärem Gesichtspunkt kaum von Vorteil, sich bestimmte Arten von Schmerz bewußt zu machen. Oder wenn Schmerz auch insoweit von Vorteil ist, als er eine Warnung darstellt, ist es doch kaum von biologischem Vorteil, bewußt Zahnschmerzen zu haben; das war eher ein biologischer Nachteil, wenigstens bis zur »Erfindung« der Zahnärzte. Vor der Erfindung der Zahnärzte, die sicherlich eine Angelegenheit von Welt 3 war, lag gewiß kein Vorteil darin, bewußt Zahnschmerzen zu haben. Andererseits ist die Erfindung von Zahnärzten eine Folge der Zahnschmerzen.

Ich wollte zwei Hypothesen formulieren, die eng zusammenhängen und die beide etwas kühn sind. Die erste habe ich bereits erwähnt – daß Neugier der Anfang des Bewußtseins ist. Die zweite ist, daß im Evolutionsgeschehen junge Tiere vor den alten Tieren zu Bewußtsein kommen. Das heißt, Bewußtsein ist wohl mit der Erkundungs-Phase in der Evolution der Tiere verbunden. Wenn Tiere Bewußtsein haben, wie wir meiner Meinung nach annehmen sollten, dann ist es sehr gut möglich, daß Tiere dieses Bewußtsein verlieren, wenn sie älter werden, und daß sie immer mehr wie Automaten werden. Man hat tatsächlich so etwas wie einen unmittelbaren Eindruck, daß alte Tiere immer weniger bewußt werden. Das fällt besonders auf, wenn man es mit dem Verhalten junger Tiere vergleicht, das viel mehr Anzeichen von Bewußtsein zeigt. Die spezifische Evolution des Bewußtseins beim Menschen kann danach mit der verzögerten Reife und dem etwas verzögerten Altern beim Menschen – oder wenigstens bei manchen Menschen – zusammenhängen. Meine beiden Hypothesen sind natürlich metaphyisch. Was hältst du von diesem Vorschlag, Jack?

E: Ich stimme zu, so möchte ich es ausdrücken, möchte aber diesen Vorschlag aufgreifen und ihn nur für den Ursprung des Selbstbewußtseins des Menschen verwenden, der, wie ich denke, von höchstem Interesse ist. Das andere ist unsicherer. Die Fragen, die mich interessieren, sind: Wie kam Selbstbewußtsein zu primitiven Hominiden? Was waren eigentlich die Bedingungen, die Situationen, die den Anlaß dafür gaben? Wir können sagen, daß diese Hominiden exploratorischer als ihre Vorfahren waren. Sie waren imaginativer. Sie stiegen auf eine unglaubliche Weise zu neuen Kommunikationsstufen mit ihrer Umgebung auf. Ohne Zweifel waren die Neugierde und der Drang, zu erforschen, groß bei ihnen. Dies, so denke ich, könnte eines der auslösenden Momente für das schrittweise Beginnen des Selbstbewußtseins gewesen sein. Mein eigener Glaube ist, daß der wichtigste Faktor dabei der Beginn sprachlicher Kommunikation auf einem hochentwickelten Niveau war. Das war es, was die primitiven Hominiden emporhob.

P: Natürlich, doch meine metaphysische Vermutung war für das vormenschliche Stadium gedacht, für die Anfänge des Bewußtseins. Als metaphysische Vermutung habe ich Bewußtsein höheren Tieren zugeschrieben, und mein Vorschlag war, daß die Funktion des Bewußtseins auf einen Neugier-Zustand über die Sinnen-Reize hinaus, die ihn hervorgebracht haben, auszudehnen sei – zu einer ständigen Neugier, die zur Erkundung führt. Was ich meine, ist nicht bloß, daß etwas, das im Bereich unserer Sinneswahrnehmung geschieht, uns erregen könnte, sondern daß es vielmehr zu einer Neugier führen könnte, die wiederum zu Forschungstätigkeit führt: zu aktiver Erforschung. Nun muß das Neugier-Gefühl bei Tieren natürlich nicht unbedingt etwas mit Forschungstätigkeit zu tun haben. Ob das der Fall ist, ist eine unprüfbare, eine metaphysische Hypothese. Doch wenn man das Verhalten junger Tiere beobachtet, wie sie beim Spielen weitgehend unbewußt sind – das ist einer der bezauberndsten Züge an ihnen –, wenn in ihrem Spiel das, was man als Neugierde deutet, geweckt ist, dann hat man das Gefühl, daß das Spiel bewußt ist. Es ist ein bißchen mehr als unbewußtes Spiel dabei. Es ist ein Übergang vom Spiel zu etwas Ernsterem, und das war es, was mich zu meiner metaphysischen Hypothese anregte. Auf der Ebene des Menschen muß die Hypothese nicht einmal metaphysisch sein, insofern sie hier vielleicht einige Beweiskraft hat.

Ich möchte meinem Vorschlag, daß nämlich junge Tiere bewußter sind als alte, noch etwas hinzufügen: Ich will mich nur auf eine Vermutung beziehen, von der ich glaube, daß sie prüfbar ist, und über die oft gesprochen worden ist: daß nämlich die Zeit um so schneller vergeht, je älter wir werden. Man könnte es so ausdrücken: Je älter wir werden, desto weniger können wir in einer gegebenen Zeitspanne tun. Gemessen daran, was wir in einer Zeitspanne tun, scheint die gegebene Zeitspanne schneller zu verstreichen. Ich glaube, wir können durchaus kleinen Kindern eine extrem langsam vergehende Zeit zuschreiben; das heißt, für ein Kind (ich kann mich selbst daran erinnern) kann ein Tag in jeder Hinsicht einen ungeheuer langen Zeitraum darstellen. Zunächst einmal ist er als Einheit sehr viel wirklicher als für Erwachsene; und zweitens erlebt ein Kind so viel während eines Tages, daß es sich außerordentlich schwer tut, sich seine Erlebnisse anzueignen. Wenn das stimmt, könnte es ein winziges Beweismittel für meine allgemeine metaphysische Hypothese sein, daß junge Tiere bewußter als alte sind. Mit bewußt meine ich natürlich bewußt auf eine vom Menschen ganz verschiedene Art. Ich bin ganz deiner Ansicht, Jack, daß das, was wir das volle Bewußtsein unserer selbst nennen, Tieren nicht zugeschrieben werden kann. Es gibt übrigens auch Gründe für die Annahme, daß Selbstbewußtsein nichts Einfaches ist. Es ist etwas höchst Komplexes und entsteht verhältnismäßig spät im Leben eines Kindes; also vielleicht erst nach einem Jahr. Es gibt also einen ungeheuren Zeitraum, den wir als Vorläufer des Bewußtseins ansehen müssen und in dem wir einen niedereren Bewußtseinsgrad annehmen können. Das ist, unter dem Gesichtspunkt der Erfahrung, eine fast notwendige Annahme, so daß man zwangsläufig feststellen muß, daß es eine Form von Bewußtsein gibt, die sich vom Ich- oder Selbst-Bewußtsein unterscheidet. Das läßt sich dann leicht auf Tiere anwenden. Kein volles Selbstbewußtsein: Darin sind wir uns einig; aber es macht keine Schwierigkeit, Tieren eine nicht-selbstbewußte Bewußtheit zuzuschreiben. Das ist wenigstens meine Meinung.

E: Wenn wir zu der Frage des Selbstbewußtseins weitergehen, müssen wir als ein wichtiges Zeichen oder einen Test dafür nehmen, wie das Bewußtsein nicht zu den Menschen insgesamt kam, sondern zu jedem einzelnen Menschen während seines eigenen Lebens vom Säuglingsalter an. In einer Weise besteht eine Parallele zwischen diesen beiden. Beide stehen sie insofern miteinander in Beziehung, als sie beide durch Welt 3 kommen. Ich finde, daß dies eine unserer Hauptdiskussionen über Welt 3 und Bewußtsein sein muß. Außerdem glaube ich, daß wir in der Lage sein werden, etwas viel Wichtigeres über dieses Problem des Selbstbewußtseins auszusagen, wenn wir es auf dieser Stufe betrachten. Vielleicht können wir dann einen Blick zurück zu den Tieren werfen, die diese unglaubliche Erfahrung nicht besitzen, in einer Welt 3 zu leben, in einer Welt 3 heranzuwachsen und sie sich zu assimilieren. Im Gegensatz dazu leben menschliche Wesen in dieser anderen Dimension, die durch Welt 2 und Welt 3 in Wechselwirkung vermittelt wird. Das ist, wie ich meine, die wirklich wichtige Position.

P: Ich glaube nicht, daß wir uns ganz einig sind. Mein Eindruck ist, daß für mich die metaphysische Hypothese des tierischen Bewußtseins wichtiger ist als für dich, Jack, weil du wahrscheinlich metaphysische Hypothesen nicht so gern magst und besonders nicht diese hier. Aber zwischen uns scheint gar keine Meinungsverschiedenheit zu bestehen, was den spezifisch menschlichen Charakter des Bewußtseins des Ich anbelangt, wenn wir einmal von dem Fall absehen, daß sich Elefanten um ihre Toten kümmern.

Anmerkung

Karl R. Popper und John C. Eccles haben zwischen dem 20. und dem 30. September 1974 insgesamt zwölf Dialoge in der Villa Serbelloni am Comer See geführt.

2. Das menschliche Selbstbewußtsein

Ich halte das Problem der Emergenz des Bewußtseins in Tieren, das Problem, das Bewußtsein zu verstehen und eventuell auf die Physiologie zu reduzieren, für höchstwahrscheinlich unlösbar; und ähnlich denke ich hinsichtlich des weiteren Problems der Emergenz des spezifisch menschlichen Selbstbewußtseins, das heißt, des Leib-Seele-Problems. Dennoch glaube ich, daß wir zumindest ein kleines bißchen Licht auf das Problem des menschlichen Selbst werfen können.

Ich bin in vieler Hinsicht ein kartesischer Dualist, auch wenn ich es vorziehe, mich als einen Pluralisten zu beschreiben; und natürlich glaube ich an keine der beiden »Substanzen« von Descartes. Materie ist, wie wir gesehen haben, keine letzte »Substanz« mit der wesentlichen Eigenschaft der Ausdehnung, sondern besteht aus komplexen Strukturen, über deren Zusammensetzung wir eine Menge wissen, einschließlich einer (teilweisen) Erklärung ihrer »Ausdehnung«: Sie »nimmt Raum ein« (oder »ist ausgedehnt«) wegen der elektrischen Abstoßung zwischen den Teilchen.

Meine erste These ist, daß das menschliche Selbstbewußtsein bei all seiner scheinbar unreduzierbaren Einheit hochkomplex ist und daß es vielleicht zu einem Teil erklärt werden kann.

In einer Reihe von Vorlesungen, die ich im Mai 1969 an der Emory University gehalten habe (wie schon einige Jahre vorher in Vorlesungen an der London School of Economics), vertrat ich die Auffassung, daß das höhere menschliche Bewußtsein, beziehungsweise das Bewußtsein eines Selbst, bei den Tieren fehlt. Ich habe weiterhin die Auffassung vertreten, daß Descartes' Vermutung, nach der die menschliche Seele in der Zirbeldrüse lokalisiert ist, nicht so absurd zu sein braucht, wie sie häufig dargestellt wird, und daß angesichts der Resultate, die Sperry mit geteilten Gehirnhemisphären gewonnen hat, die Lokalisierung im Sprachzentrum gesucht werden könnte, in der linken Hemisphäre des Gehirns. Wie mir Eccles kürzlich mitgeteilt hat, wird diese Vermutung durch Sperrys spätere Experimente (die mir zu jener Zeit nicht bekannt waren) in gewissem Maße gestützt: Danach kann das rechte Gehirn als das eines sehr klugen Tieres beschrieben werden, während nur das linke Gehirn spezifisch menschlich zu sein scheint und seiner selbst bewußt.

Ich hatte meine Vermutung auf die Rolle gestützt, die ich der Entwicklung einer spezifisch menschlichen Sprache zuschreibe.

Jede Tiersprache – wenn nicht gar jedes Tierverhalten – hat, wie Karl Bühler hervorgehoben hat, eine *expressive* (oder symptomatische) und eine *kommunikative* (oder signalisierende) Funktion. Die menschliche Sprache andererseits hat daneben einige weitere Funktionen, die charakteristisch sind und sie zu einer »Sprache« im engeren und wichtigeren Sinn des Wortes machen. Bühler machte auf die grundlegende *deskriptive* Funktion der menschlichen Sprache aufmerksam, und ich habe später hervorgehoben, daß es weitere Funktionen gibt (etwa die präskriptive, beratende usw.), deren wichtigste und charakteristischste für den Menschen die *argumentative* Funktion ist. (Professor Alf Ross hebt hervor, daß dem noch viele weitere Funktionen hinzugefügt werden können, zum Beispiel die des Befehlens, Bittens oder Versprechens.)

Ich glaube nicht (und habe nie geglaubt), daß irgendwelche dieser Funktionen auf irgendwelche anderen reduzierbar sind, am wenigsten die beiden höheren Funktionen (Beschreibung und Argument) auf die beiden unteren (Ausdruck und Kommunikation). Diese sind übrigens immer und in allen Fällen beteiligt, welches vielleicht der Grund ist, warum viele Philosophen sie fälschlich für Eigenschaften halten, die für die menschliche Sprache charakteristisch sind.

Meine These ist, daß mit den höheren Funktionen der menschlichen Sprache eine neue Welt entsteht: die Welt der Produkte des menschlichen Geistes. Ich habe diese Welt »Welt 3« genannt (einem Vorschlag von Sir John Eccles folgend: ursprünglich nannte ich sie »dritte Welt«). So nenne ich »Welt 1« die Welt der physikalischen Materie, Kraftfelder usw.; »Welt 2« die Welt der bewußten und vielleicht auch unterbewußten Erfahrungen; und »Welt 3« insbesondere die Welt der gesprochenen (geschriebenen oder gedruckten) Sprache, wie Geschichten erzählen, Mythen erfinden, Theorien, theoretische Probleme, Fehler und Argumente. (Die Welten der Kunstprodukte und sozialen Institutionen können entweder unter »Welt 3« eingeordnet oder »Welt 4« und »Welt 5« genannt werden: Das ist eine bloße Geschmacksfrage.)

Ich führe die Begriffe »Welt 1«, »Welt 2«, »Welt 3« ein, um die (begrenzte) *Autonomie* dieser Bereiche zu betonen. Die meisten Materialisten, Physikalisten oder Reduktionisten behaupten, daß von diesen drei Welten nur Welt 1 wirklich existiert und daß sie deshalb autonom ist. Sie ersetzen Welt 2 durch Verhalten und Welt 3 insbesondere durch verbales Verhalten. (Dies ist, worauf ich oben hingewiesen habe, eine jener allzu einfachen Lösungen des Leib-Seele-Problems, nämlich die Existenz des menschlichen Geistes und des menschlichen Selbstbewußtseins zu leugnen – jener Dinge, die ich zu den bemerkenswertesten und erstaunlichsten im Universum zähle; der andere ebenso einfache Ausweg ist Berkeleys und Machs Immaterialismus: die These, daß nur Empfindungen existieren und daß die Materie nichts ist als eine »Konstruktion« aus Empfindungen.)

3. Die Welten 1, 2 und 3

Ob die Biologie auf die Physik reduzierbar ist oder nicht – es zeigt sich, daß alle physikalischen und chemischen Gesetze für lebende Wesen – Pflanzen und Tiere und sogar Viren – bindend sind. Lebende Wesen sind materielle Körper. Wie alle materiellen Körper sind sie Prozesse; und wie einige andere materielle Körper (z. B. Wolken) sind sie offene Systeme von Molekülen: Systeme, die einige ihrer Bestandteile mit ihrer Umwelt austauschen. Sie gehören dem *Universum physikalischer Gegenstände* an, oder Zuständen physikalischer Dinge, oder physikalischen Zuständen.

Die Gegenstände der physikalischen Welt – Prozesse, Kräfte, Kraftfelder – stehen miteinander und somit auch mit materiellen Körpern in Wechselwirkung. Deshalb halten wir sie für wirklich (in dem Sinne, wie es weiter vorne gesagt wurde), auch wenn ihre Wirklichkeit nur eine vermutete bleibt.

Ich vermute, daß es neben den physikalischen Gegenständen und Zuständen noch *psychische Zustände* gibt und daß diese Zustände wirklich sind, da sie ja mit unseren Körpern in Wechselwirkung stehen.

Zahnschmerzen sind ein gutes Beispiel für einen Zustand, der *sowohl* psychisch *als auch* physikalisch oder physisch ist. Wenn man starke Zahnschmerzen hat, ist das ein dringender Grund, zum Zahnarzt zu gehen, was wiederum gewisse Aktivitäten und physische Bewegungen des Körpers einschließt. Die Karies im Zahn – ein materieller, physiko-chemischer Vorgang – führt somit zu physischen Wirkungen; das aber hängt mit den Schmerzempfindungen und mit dem Wissen um bestehende Institutionen wie Zahnarztpraxen zusammen. (Solange man keine Schmerzen hat, bemerkt man die Karies nicht und geht nicht zum Zahnarzt; oder man wird aus anderen Gründen aufmerksam und geht, ohne auf die Schmerzen zu warten, zum Zahnarzt. In beiden Fällen werden durch das Dazwischentreten psychischer Zustände – durch etwas wie Vermutung oder Wissen – die Handlungen und die Bewegungen des Körpers verständlich.)

Es gibt andere psychische Zustände, die menschliche Handlungen verständlich machen. Ein Bergsteiger klettert weiter, »indem er seinen Körper zwingt, weiterzumachen«, auch wenn sein Körper erschöpft ist: Wir sprechen dann von seinem Ehrgeiz, seinem Wunsch, den Gipfel zu erreichen und von seinem Entschluß als von psychischen »Zuständen«, die ihn seinen Aufstieg fortsetzen lassen. Oder ein Autofahrer tritt auf die Bremse, weil er sieht, daß die Verkehrsampel gerade auf Rot schaltet: Seine Kenntnis der Straßenverkehrsordnung läßt ihn so reagieren.

Das alles ist ganz offenkundig, ja trivial. Dennoch ist die Wirklichkeit psychischer Zustände von manchen Philosophen bestritten worden. Andere geben zwar die Wirklichkeit psychischer Zustände zu, bestreiten aber deren Wechselbeziehung mit der Welt der physischen Zustände; eine Auffassung, die nach meiner Ansicht so unannehmbar ist wie die Ablehnung der Wirklichkeit psychischer Zustände.

Die Frage, ob es physische und psychische Zustände gibt und ob sie durch Wechselwirkung oder durch etwas anderes miteinander in Beziehung stehen, ist als das Leib-Seele-Problem oder als das psychophysische Problem bekannt.

Eine der denkbaren Lösungen dieses Problems ist die Theorie des Interaktionismus, nach der psychische und physische Zustände aufeinander einwirken. Diese Theorie führt, genauer, zur Beschreibung des Leib-Seele-Problems als des Problems von Gehirn und Bewußtsein, da ja behauptet wird, die Wechselwirkung müsse im Gehirn lokalisiert sein; und das hat einige Anhänger dieser Theorie der Wechselwirkung (namentlich Eccles) dazu geführt, das Leib-Seele-Problem so detailliert wie möglich als das Problem einer »Liaison« von Gehirn und Bewußtsein (»Die Gehirn-Bewußtsein-Liaison«) zu beschreiben.

Man könnte sagen, die Übernahme der Theorie der Wechselwirkung stelle eine Lösung des Problems von Gehirn und Bewußtsein dar. Natürlich müßte eine derartige Lösung durch eine kritische Diskussion alternativer Ansichten sowie der verschiedenen Kritiken der Theorie der Wechselwirkung untermauert werden. Die Theorie der Wechselwirkung kann als eine Art Forschungsprogramm bezeichnet werden. Sie wirft viele Einzelfragen auf, und die Antworten darauf erfordern viele detaillierte Theorien.

Es heißt manchmal, daß die Aufgabe der Lösung des Problems von Gehirn und Bewußtsein darin besteht, die Wechselwirkung zwischen so verschiedenen Dingen wie physischen Zuständen oder Vorgängen und psychischen Zuständen oder Vorgängen verständlich zu machen.

Ich meine auch, daß es die Hauptaufgabe der Wissenschaft ist, unser Verständnis zu vervollständigen. Aber ich glaube auch, daß ein vollständiges Verständnis und ein vollständiges Wissen wahrscheinlich nie zu erreichen sind. Außerdem kann das Verständnis trügerisch sein: Jahrhundertelang hatten wir scheinbar ein vollkommenes Verständnis von der Arbeitsweise des Uhrwerkmechanismus, in dem die Zähne der Zahnräder sich gegenseitig antreiben. Doch das erwies sich als ein sehr oberflächliches Verständnis, und der Stoß, den ein physikalischer Körper einem anderen erteilt, mußte durch die Abstoßung zwischen den negativ geladenen Elektronenhüllen ihrer Atome erklärt werden. Doch diese Erklärung und dieses Verständnis sind ebenfalls oberflächlich, wie es die Tatsache der Adhäsion und Kohäsion belegt. Ein letztes Verständnis ist also nicht leicht zu gewinnen, nicht einmal in den anscheinend elementarsten Bereichen der physikalischen Wissenschaft. Und wenn man zur Wechselwirkung von Licht und Materie übergeht, betritt man einen Forschungsbereich, von dem einer der größten Pioniere auf diesem Gebiet, Niels Bohr, so verwirrt war, daß er erklärte, bei der Quantentheorie müßten wir die Hoffnung, sie zu verstehen, aufgeben. Auch wenn es so aussieht, als müßte man das Ideal eines *vollständigen* Verständnisses aufgeben, so kann eine eingehende Beschreibung doch zu einem *teilweisen* Verständnis führen.

Ein Verständnis, wie wir es beim mechanischen Stoß einst irrtümlich zu haben glaubten, ist also nicht einmal in der Physik zu erlangen. Und wir können es schwerlich für die Wechselwirkung von Gehirn und Bewußtsein erwarten, selbst wenn uns eine genauere Kenntnis der Funktionsweise des Gehirns vielleicht jenes Teilverständnis bringen könnte, wie es in der Wissenschaft, so scheint es, erreichbar ist.

Ich habe in diesem Abschnitt von physischen und von psychischen Zuständen gesprochen. Ich glaube allerdings, daß die Probleme, mit denen wir es zu tun haben, beträchtlich klarer gemacht werden können, wenn wir eine *Dreiteilung* einführen. Da gibt es zunächst die physische Welt – das Universum physischer Gegenstände –, auf die ich zu Beginn dieses Abschnitts hinwies; ich möchte sie »Welt 1« nennen. Zweitens gibt es die Welt psychischer Zustände, einschließlich der Bewußtseinszustände, der psychischen Dispositionen und unbewußten Zustände; diese will ich »Welt 2« nennen. Doch es gibt noch eine *dritte* Welt, die Welt der Inhalte des Denkens und der Erzeugnisse des menschlichen Geistes; diese will ich »Welt 3« nennen; sie wird in den nächsten Abschnitten behandelt.

Die Wirklichkeit der Welt 3

Ich glaube, daß man ein besseres Verständnis durch die Untersuchung der Rolle, die Welt 3 spielt, erreichen kann.

Mit Welt 3 meine ich die Welt der Erzeugnisse des menschlichen Geistes, wie Erzählungen, erklärende Mythen, Werkzeuge, wissenschaftliche Theorien (wahre wie falsche), wissenschaftliche Probleme, soziale Einrichtungen und Kunstwerke. Die Gegenstände der Welt 3 sind von uns selbst geschaffen, obwohl sie nicht immer Ergebnisse planvollen Schaffens einzelner Menschen sind.

Viele Gegenstände der Welt 3 existieren in der Form materieller Körper und gehören in gewisser Hinsicht sowohl zu Welt 1 wie zu Welt 3. Beispiele sind Skulpturen, Gemälde und Bücher wissenschaftlicher oder literarischer Art. Ein Buch ist ein physisches Ding und gehört daher zu Welt 1; was es aber zu einem bedeutsamen Erzeugnis menschlichen Denkens macht, ist sein *Inhalt:* das, was in den verschiedenen Auflagen und Ausgaben unverändert bleibt. Dieser Gehalt gehört zu Welt 3.

Eine meiner Hauptthesen ist, daß Gegenstände der Welt 3 wirklich sein können: nicht nur in ihren Materialisationen oder Verkörperungen von Welt 1, sondern auch unter dem Gesichtspunkt von Welt 3. Als Gegenstände der Welt 3 können sie Menschen dazu veranlassen, andere Dinge der Welt 3 zu schaffen und dadurch auf Welt 1 einzuwirken; und die Wechselwirkung mit Welt 1 – selbst die indirekte Wechselwirkung – halte ich für ein entscheidendes Argument dafür, ein Ding wirklich zu nennen.

So kann ein Bildhauer durch ein neues Werk andere Bildhauer zu dessen Nachahmung oder zur Schaffung ähnlicher Figuren anregen. Sein Werk – nicht so sehr als materielles Gebilde, sondern als neugeschaffene Form – kann sie, durch ihre der Welt 2 zugehörenden Erlebnisse und indirekt durch den neuen Gegenstand der Welt 1, beeinflussen.

Ein Gegner der Auffassung, daß Gegenstände der Welt 3 wirklich sind, könnte auf diese Analyse erwidern, daß alles hier Genannte Gegenstände der Welt 1 sind. Jemand formt einen solchen Gegenstand und regt dadurch andere dazu an, ihn nachzuahmen: Mehr ist nicht dran.

Ich will versuchen, mit einem anderen und vielleicht überzeugenderen Beispiel zu antworten: mit der Schaffung einer wissenschaftlichen Theorie, mit ihrer kritischen Diskussion, ihrer versuchsweisen Annahme und ihrer Anwendung, durch die das Aussehen der Erde und somit der Welt 1 verwandelt werden kann.

Der produktive Wissenschaftler beginnt gewöhnlich mit einem *Problem*. Er versucht, das Problem zu verstehen. Das ist meist eine langwierige intellektuelle Arbeit – ein Versuch der Welt 2, einen Gegenstand der Welt 3 zu erfassen. Dabei kann er durchaus Bücher benutzen (oder andere wissenschaftliche Hilfsmittel in Gestalt materieller Dinge der Welt 1). Doch sein *Problem* stellt sich nicht in diesen Büchern dar; vielmehr wird er es durch eine Schwierigkeit in den behaupteten *Theorien* entdecken. Darin kann eine schöpferische Anstrengung liegen: die Anstrengung, die abstrakte Problemsituation zu erfassen, vielleicht besser, als es zuvor geschah. Dann kommt er zu seiner Lösung, seiner neuen Theorie. Diese kann auf vielerlei Weise in sprachliche Form gebracht werden. Eine davon wählt er. Dann untersucht er seine Theorie kritisch; und als Ergebnis der Untersuchung ändert er sie vielleicht erheblich. Dann wird sie publiziert und von anderen unter logischen Gesichtspunkten untersucht, vielleicht auch anhand neuer Experimente, die zu ihrer Überprüfung unternommen werden. Vielleicht wird die Theorie verworfen, wenn sie den Test nicht besteht. Und erst nach all diesen intensiven intellektuellen Bemühungen entdeckt vielleicht jemand eine weitreichende technische Anwendungsmöglichkeit, die auf Welt 1 einwirkt.

Dagegen kann immer noch eingewendet werden, ich hätte bloß ein bestimmtes Verhalten von Leuten beschrieben mitsamt deren Benutzung von Büchern etc., ferner ihr soziales und berufliches Verhalten mitsamt ihrem üblichen Aufsatzschreiben. Ich hätte, so könnte ein Behaviorist einwenden, keinerlei Gründe dafür geliefert, Theorien als etwas Eigenständiges anzunehmen, unabhängig von den Menschen, deren verbales Verhalten von Bedeutung sein mag.

Mein Standpunkt ist dagegen der, daß wir niemals das Verhalten von Wissenschaftlern verstehen werden, wenn wir Probleme und Theorien nicht als Gegenstände von Untersuchungen und von Kritik zulassen.

Natürlich sind Theorien Produkte menschlichen Denkens (oder, wenn man will, menschlichen Verhaltens – ich möchte nicht um Worte streiten). Dennoch haben sie einen gewissen Grad an *Autonomie:* Sie können objektive Konsequenzen haben, an die bis dahin niemand gedacht hat und die *entdeckt* werden können, entdeckt im gleichen Sinne, in dem eine existierende, aber bisher unbekannte Pflanze oder ein unbekanntes Lebewesen entdeckt werden kann. Man kann sagen, daß Welt 3 nur zu Anfang Menschenwerk ist und daß Theorien, wenn sie einmal da sind, ein Eigenleben zu führen beginnen: Sie schaffen unvorhergesehene Konsequenzen, sie schaffen neue Probleme.

Mein Standardbeispiel stammt aus der Arithmetik. Ein Zahlensystem könnte man eher eine Konstruktion oder Erfindung der Menschen als deren Entdeckung nennen. Doch der Unterschied zwischen geraden und ungeraden Zahlen oder teilbaren und Primzahlen ist eine Entdeckung. Diese bestimmten Zahlengruppen sind, als (unbeabsichtigte) Konsequenzen beim Aufbau des Systems, mit der Existenz des Zahlensystems objektiv vorhanden; und ihre Eigenschaften können entdeckt werden.

Es gibt Behavioristen, die glauben, die Wahrheit von »$2 \times 2 = 4$« müsse durch Konvention erklärt werden: daß diese Gleichung nur wahr ist, weil wir sie in der Schule gelernt haben. So ist es aber nicht: Sie ist eine Konsequenz unseres Zahlensystems und in alle Sprachen, sofern sie nicht zu arm sind, übersetzbar. Es ist eine Wahrheit, die gegenüber der Konvention und Übersetzung invariant ist.

Die Situation ist bei jeder wissenschaftlichen Theorie ähnlich. Eine solche enthält objektiv eine riesige Menge bedeutsamer Konsequenzen, ob sie nun bisher entdeckt wurden oder nicht. Man kann sogar zeigen, daß in einer bestimmten Zeit nur ein Bruchteil davon entdeckt werden kann. Es ist die objektive Aufgabe des Wissenschaftlers – eine objektive Aufgabe der Welt 3, die sein »sprachliches Verhalten« *als* »Wissenschaftler« lenkt –, die wichtigen logischen Konsequenzen der neuen Theorie zu entdecken und sie im Lichte vorhandener Theorien zu diskutieren.

Auf diese Weise werden Probleme eher entdeckt als erfunden, obwohl sich manche Probleme – nicht immer die interessantesten – als Erfindungen bezeichnen lassen. Beispiele sind: das euklidische Problem, ob es eine größte Primzahl gibt; das entsprechende Problem für Zwillingsprimzahlen; ob Goldbachs Theorem, wonach jede gerade Zahl größer als 2 die Summe von zwei Primzahlen ist, richtig ist; das Drei-Körper-Problem (und das *n*-Körper-Problem) der Newtonschen Dynamik; und viele andere.

Es ist ein verhängnisvoller Fehler zu glauben, es könne eine adäquate Theorie – eine psychologische, eine behavioristische, eine soziologische oder eine historische – vom Verhalten der Wissenschaftler geben, die nicht dem wissenschaftlichen Status von Welt 3 voll Rechnung trüge. Das ist ein wichtiger Punkt, über den sich viele nicht im klaren sind.

Ich halte diese Überlegungen für entscheidend. Sie begründen die Objektivität von Welt 3 und deren (partielle) Autonomie. Und da der Einfluß wissenschaftlicher Theorien auf Welt 1 offenkundig ist, begründen sie auch die Wirklichkeit der Gegenstände von Welt 3.

Unkörperliche Gegenstände der Welt 3

Viele Gegenstände der Welt 3, wie Bücher, neue Arzneimittel, Computer oder Flugzeuge, sind als Gegenstände der Welt 1 materialisiert oder in Gegenständen der Welt 1 verkörpert: Sie sind materielle Artefakte und gehören sowohl Welt 3 als auch Welt 1 an. Die meisten Kunstwerke gehören dazu. Einige Gegenstände der Welt 3 existieren nur in verschlüsselter Form, etwa musikalische Partituren (die vielleicht niemals in einer Aufführung gespielt werden) oder Schallplattenaufnahmen. Andere – Gedichte etwa und Theorien – können auch als Gegenstände von Welt 2 existieren, als Erinnerungen, vermutlich auch als Gedächtnisspuren in menschlichen Gehirnen (Welt 1) verschlüsselt und mit ihnen vergehend.

Gibt es nichtmaterialisierte Gegenstände der Welt 3,

solche, die nicht materialisiert sind wie Bücher oder Schallplattenaufnahmen oder Gedächtnisspuren (die auch nicht als Erinnerungen der Welt 2 oder als Gegenstände der Vorhaben von Welt 2 existieren)? Ich glaube, das ist eine wichtige Frage, und die Antwort darauf heißt »ja«.

Diese Antwort ist schon darin enthalten, was ich im vorigen Abschnitt über die Entdeckung wissenschaftlicher und mathematischer Tatsachen Probleme und Lösungen sagte. Mit der Erfindung (oder Entdeckung?) der natürlichen Zahlen (Kardinalzahlen) traten auch ungerade und gerade Zahlen ins Dasein, noch bevor jemand diese Tatsache bemerkte oder beachtete. Das gleiche gilt für Primzahlen. Es folgten Entdeckungen (Entdeckungen sind Ereignisse der Welt 2, die von solchen der Welt 1 begleitet sein können) so einfacher Tatsachen wie der, daß es nicht mehr als eine gerade Primzahl geben kann, nämlich 2, und nicht mehr als ein ungerades Triplett von Primzahlen (nämlich 3, 5 und 7); und daß Primzahlen mit zunehmender Größe schnell seltener werden.

Diese Entdeckungen schufen eine objektive Problemsituation, die neue Fragen wie die folgenden aufwarfen: Wie rasch steigt die Seltenheit der Primzahlen? Gibt es unendlich viele Primzahlen (und Zwillingsprimzahlen)? Es ist wichtig zu sehen, daß das objektive und unmaterielle Dasein dieser Probleme ihrer bewußten Entdeckung in der gleichen Weise vorausgeht, wie die Existenz des Mount Everest seiner Entdeckung vorausliegt; und es ist wichtig, daß das Gewahrwerden der Existenz dieser Probleme ahnen läßt, daß es einen objektiven Weg zu ihrer Lösung und die planvolle Suche nach diesem Weg geben könnte: Diese Suche kann nicht begriffen werden ohne ein Verständnis der objektiven Existenz (oder auch Nichtexistenz) von bislang unentdeckten und unmaterialisierten Methoden und Lösungen.

Häufig entdecken wir ein neues Problem durch einen Fehler bei der Suche nach der erwarteten Lösung eines älteren Problems. Denn aus dem Fehler kann ein neues Problem entstehen: dasjenige, die objektive Unmöglichkeit der Lösung des alten Problems (unter den gegebenen Bedingungen) zu beweisen. Ein derartiger Unmöglichkeitsbeweis führte zur Zeit Platons zur Entdeckung der Irrationalität der Quadratwurzel von 2, als der Diagonalen des Einheitsquadrats. Ein ähnliches Beispiel, das Platon anscheinend ebenfalls beschäftigte, ist das Problem der Quadratur des Kreises; seine Unmöglichkeit (unter den zugelassenen Bedingungen) wurde erst 1882 von Lindemann bewiesen.

Einige der berühmtesten mathematischen Probleme sind somit nicht durch die ursprüngliche Suche nach einer positiven Lösung, sondern durch einen Unmöglichkeitsbeweis gelöst worden. »Diese merkwürdige Tatsache ... ist es wohl«, sagt Hilbert in seiner berühmten Vorlesung, »welche in uns eine Überzeugung entstehen läßt, die jeder Mathematiker gewiß teilt, die aber bis jetzt wenigstens niemand durch Beweis gestützt hat – ich meine die Überzeugung, daß ein jedes bestimmtes mathematisches Problem einer strengen Erledigung notwendig fähig sein müsse, sei es, daß es gelingt, die Beantwortung der gestellten Frage zu geben, sei es, daß die Unmöglichkeit seiner Lösung und damit die Notwendigkeit des Mißlingens aller Versuche dargetan wird. Man lege sich irgendein bestimmtes ungelöstes Problem vor, etwa ... die Frage, ob es unendlich viele Primzahlen von der Form $2^n + 1$ gibt [doch auch von teilbaren Zahlen derselben Form]. So unzugänglich diese Probleme uns erscheinen ... – wir haben dennoch die sichere Überzeugung, daß ihre Lösung durch eine endliche Anzahl rein logischer Schlüsse gelingen muß.«

Es ist klar, daß Hilbert hier nicht nur für die objektive Existenz mathematischer Probleme plädiert, sondern auch für das Vorhandensein der einen oder der anderen Lösungsart vor ihrer Entdeckung. Obwohl die Behauptung, seine Überzeugung werde »von jedem Mathematiker gewiß geteilt«, vielleicht etwas zu weit geht – ich kenne Mathematiker, die anderer Ansicht sind –, denken selbst diejenigen, die die Mathematik als solche für unabgeschlossen halten (und nicht bloß ihre Formalisierung), in Begriffen von entdeckten, also präexistenten, und auch von nichtentdeckten Problemen und Lösungen – von Problemen und Lösungen, die noch gefunden werden müssen.

Der Hauptgrund, warum ich die Existenz von nichtmaterialisierten Gegenständen der Welt 3 für so wichtig halte, ist der: Wenn es nichtmaterialisierte Gegenstände der Welt 3 gibt, dann kann es nicht wahr sein, daß unser Erfassen oder Verstehen eines Gegenstandes der Welt 3 stets von unserem sinnlichen Kontakt mit seiner materiellen Verkörperung abhängt, beispielsweise vom Lesen der Aussage einer Theorie in einem Buch. Entgegen dieser These behaupte ich, daß die charakteristischste Art, Gegenstände der Welt 3 zu erfassen, mittels einer Methode geschieht, die kaum oder gar nicht von ihrer materialisierten Form oder von der Mitwirkung unserer Sinne abhängt. Meine These lautet, daß das menschliche Bewußtsein, der menschliche Geist, Gegenstände der Welt 3 zwar nicht immer direkt, so doch mittels einer indirekten Methode erfaßt (die noch erläutert wird), einer Methode, die unabhängig von deren materialisierter Gestalt ist und die bei Gegenständen der Welt 3 (wie Büchern), die auch Welt 1 angehören, von der Tatsache ihres materiellen Vorhandenseins (ihrer Verkörperung) absieht.

Das Erfassen eines Gegenstandes der Welt 3

Wie erfassen wir einen intellektuellen Gegenstand der Welt 3, zum Beispiel ein Problem, eine Theorie oder ein Argument? Das ist ein altes Problem, und ich muß dazu auf Platon zurückgreifen.

Platon war anscheinend der erste, der über etwas unseren Welten 1, 2 und 3 Entsprechendes nachgedacht hat. Er setzt die Welt »der sichtbaren Objekte« (die Welt der materiellen Dinge, die weitgehend, wenn auch vielleicht nicht ganz, unserer Welt 1 entspricht) in scharfen Kontrast zu einer Welt »intelligibler Objekte« (die in etwa unserer Welt 3 entspricht). Darüber hinaus spricht er von den »Affektionen der Seele« oder den »Zuständen der Seele«, die unserer Welt 2 entsprechen.

Obwohl nun Platons Welt der intelligiblen Dinge in manchem unserer Welt 3 entspricht, ist sie in vieler Hinsicht ganz anders. Sie besteht aus dem, was er »Formen« oder »Ideen« oder »Wesen« nannte – etwas, auf das sich Allgemeinbegriffe, Gedanken oder Vorstellungen beziehen. Die wichtigsten Wesen oder Wesenheiten in seiner Welt der intelligiblen Formen oder Ideen sind das Gute, das Schöne und das Gerechte. Diese Ideen werden als unwandelbar, zeitlos oder ewig und als göttlichen Ursprungs gedacht. Dagegen ist unsere Welt 3 ursprünglich Menschenwerk (von Menschen geschaffen, ungeachtet ihrer, weiter oben [S. 88 ff./92 ff.] erörterten, teilweisen Autonomie) – eine Auffassung, die Platon erschreckt hätte. Weiterhin glaube ich, wenn ich die Existenz von Gegenständen der Welt 3 behaupte, keineswegs, daß es Wesenheiten oder Wesen, Essenzen, gibt; das heißt, ich messe den Gegenständen oder Trägern unserer Begriffe oder Ideen keinerlei Status bei. Spekulationen über die wahre Natur oder die wahre Definition des Guten oder der Gerechtigkeit führen meiner Ansicht nach zu verbalen Spitzfindigkeiten und sollten vermieden werden. Ich bin ein Gegner dessen, was ich »Essentialismus« genannt habe. Meiner Ansicht nach spielen Platons ideale Wesenheiten demnach keine erkennbare Rolle in Welt 3. Das heißt, Platons Welt 3 scheint mir, auch wenn sie in mancher Hinsicht sicher eine Vorwegnahme meiner Welt 3 ist, eine Fehlkonstruktion zu sein. Platon hingegen würde niemals Dinge wie Probleme oder Annahmen oder Vermutungen – vor allem falsche Annahmen – in seiner Welt der intelligiblen Gegenstände zugelassen haben, obwohl er beim ersten Entwurf dieser Welt mit Annahmen, Vermutungen oder Hypothesen arbeitete, die durch ihre Konsequenzen getestet werden sollten: Seine sogenannte »Dialektik« ist eine hypothetisch-deduktive Methode.

Platon beschrieb das Erfassen der Formen oder Ideen als eine Art Vision: Unser geistiges Auge (*nous,* Vernunft), das »Auge des Geistes«, ist mit intellektueller Anschauung begabt und kann eine Idee, ein Wesen, ein Objekt der intelligiblen Welt *schauen.* Ist es uns einmal gelungen, es zu schauen, zu begreifen, dann erkennen wir dieses Wesen: Wir schauen es »im Lichte der Wahrheit«. Diese intellektuelle Anschauung ist, einmal erreicht, unfehlbar.

Diese Theorie hatte den größten Einfluß auf all jene, die, wie ich, das Problem ernstnehmen: »Wie können wir eine Theorie verstehen oder begreifen?« Doch wenn ich auch das Problem ernstnehme, akzeptiere ich noch nicht Platons Lösung – oder doch nur in erheblich modifizierter Form.

Ich gebe zunächst zu, daß es so etwas wie intellektuelle Anschauung gibt; doch ich behaupte, daß sie ganz und gar nicht unfehlbar ist, sondern sich viel häufiger irrt.

Zweitens meine ich, daß es leichter zu verstehen ist, wie wir Gegenstände der Welt 3 *machen,* als wie wir sie erfassen, begreifen oder »schauen«. Ich will versuchen, das Verstehen von Gegenständen der Welt 3 in Begriffen des Machens oder Herstellens zu erklären.

Drittens glaube ich, daß wir so etwas wie ein intellektuelles Sinnesorgan nicht haben, obwohl wir eine Fähigkeit – etwas wie ein Organ – zum Argumentieren oder vernünftigen Denken erworben haben.

Meiner Ansicht nach sollten wir das Erfassen oder Begreifen eines Gegenstandes der Welt 3 als einen aktiven Prozeß verstehen. Wir müssen es als ein Machen, als eine Nachschöpfung dieses Gegenstandes erklären. Um einen schwierigen lateinischen Satz zu verstehen, muß man ihn konstruieren: Man muß sehen, wie er gemacht ist, man muß ihn nachkonstruieren, nachvollziehen. Um ein *Problem* zu verstehen, muß man wenigstens einige der einleuchtenderen Lösungen ausprobieren und herausfinden, daß sie falsch sind; so wiederentdeckt man also, daß es da eine Schwierigkeit gibt – ein Problem. Um eine *Theorie* zu verstehen, muß man zuerst das Problem verstehen, zu dessen Lösung die Theorie entworfen wurde, und dann muß man sehen, ob das dieser Theorie besser gelingt als einer der naheliegenderen Lösungen. Um ein schwieriges *Argument,* wie Euklids Beweis des Theorems von Pythagoras, zu verstehen (es gibt einfachere Beweise dieses Theorems), muß man die Arbeit selbst tun und dabei genau beachten, was unbewiesen vorausgesetzt wird. In allen diesen Fällen wird das Verstehen »intuitiv«, sobald man das Gefühl bekommt, daß die Arbeit der Rekonstruktion jederzeit willentlich getan werden kann.

Diese Ansicht vom Begreifen setzt kein »Auge des Geistes«, kein geistiges Wahrnehmungsorgan voraus. Sie setzt lediglich unsere Fähigkeit voraus, gewisse Gegenstände der Welt 3, besonders sprachliche, zu schaffen. Diese Fähigkeit ist zweifellos ihrerseits ein Ergebnis der Übung. Ein Säugling fängt an, ganz einfache Laute von sich zu geben. Er wird mit dem Drang zur Nachahmung geboren, zum Nachmachen schwierigerer sprachlicher Äußerungen. Entscheidend ist, daß wir etwas lernen, indem wir es in den entsprechenden Situationen, auch kulturellen, *tun:* Wir lernen Lesen und Argumentieren.

Das alles sieht ganz anders aus als Platons Theorie vom Auge des Geistes. Die Neurophysiologie des Auges und des Gehirns zeigt allerdings, daß der mit dem physischen Sehen verbundene Prozeß kein passiver ist, sondern aus der aktiven Deutung eines verschlüsselten Inputs besteht. Er gleicht in vieler Hinsicht dem Vorgang des Problemlösens durch Hypothesen. Sogar der Input ist teilweise schon durch das aufnehmende Sinnesorgan interpretiert, und unsere Sinnesorgane selbst gleichen Hypothesen oder Theorien – Theorien über die Struktur unserer Umwelt und über die für uns dringlichste und nützlichste Information. Unsere visuelle Wahrnehmung gleicht mehr dem Vorgang beim Malen eines Bildes, ist also selektiv, wobei »making comes before matching« gilt, wie Ernst Gombrich sagt. Das heißt, das »Machen« (das Malen eines Bildes) muß dem Ähnlichkeits-Vergleich mit dem Urbild des Gegenstandes (matching), der Anpassung also oder Annäherung, vorausgehen – oder der aktive Versuch dem kritischen Vergleich, und nicht, wie beim Photographieren, zufallsartig. Platon wußte freilich nichts über diese Hintergründe des Sehvorgangs. Sie zeigen aber, daß es gleichwohl bedeutsame Entsprechungen zwischen dem intellektuellen Erfassen eines Gegenstandes der Welt 3 und der visuellen Wahrnehmung eines Gegenstandes der Welt 1 gibt.

Es gibt viele Ähnlichkeiten zwischen dem optischen

Sehvorgang und dem Verstehen von Gegenständen der Welt 3: Wir können annehmen, daß ein Säugling sehen *lernt,* indem er aktiv die Dinge erforscht und mit ihnen nach dem Muster von Versuch und Irrtum umgeht.

Dennoch ist Begreifenlernen durch Handeln weitgehend ein naturwüchsiger Vorgang. Wir lernen, die uns begegnenden verschlüsselten Signale zu entschlüsseln: Wir entschlüsseln sie fast ganz unbewußt, automatisch, in Ausdrücken wirklicher Dinge. Wir *lernen* uns zu verhalten und zu erfahren, als wären wir »unmittelbare Realisten«; das heißt, wir *lernen* die Dinge so direkt zu erfahren, als brauchten wir sie nicht zu entschlüsseln. Ich vermute, daß es sich mit allen Sinnesorganen so verhält und daß eine Fledermaus, die sich auf ihr akustisches Radar verläßt, die gehörten materiellen Hindernisse so »direkt« »sieht« wie andere Säugetiere sie optisch sehen.

Ähnlich ist es mit den Gegenständen der Welt 3, nur daß hier der Lernprozeß nicht naturwüchsig ist, sondern kulturell und sozial bedingt. Das gilt für den grundlegendsten Lernprozeß der Welt 3, das Erlernen einer Sprache. Das Entschlüsseln wird dem Sprachbenutzer und dem Leser eines Buches weitgehend unbewußt. Doch es gibt anscheinend Unterschiede. Wir stoßen manchmal auf komplizierte, aber korrekte Sätze, die man zwei- oder dreimal lesen muß, bevor man sie versteht – was bei der visuellen Wahrnehmung nur selten passiert, regelmäßig jedoch bei besonders erdachten optischen Täuschungen. Meistens können wir sie nicht richtig entschlüsseln; man könnte sogar sagen, daß es gar keine »richtige« Entschlüsselung gibt.

Wir haben eine genetisch verankerte, angeborene Neugier und einen Erkundungsinstinkt, die uns aktiv zur Erforschung unserer physischen und sozialen Umgebung anregen. In beiden Bereichen sind wir aktive Problemlöser.

Im Bereich der Sinneswahrnehmung führt das unter normalen Bedingungen zu fast fehlerfreiem, unbewußtem Entschlüsseln. Im kulturellen Bereich bringt es uns als erstes dazu, sprechen zu lernen, später Lesen und Wissenschaft und Künste schätzen zu lernen. Bei einfachen Mitteilungen werden Sprache und Lesen zu einem fast so unbewußten Entschlüsselungsvorgang wie die optische Wahrnehmung. Die Fähigkeit zum Erlernen einer deskriptiven und argumentativen Sprache ist genetisch verankert und spezifisch menschlich. Man könnte sagen, daß die materielle genetische Grundlage hier über sich selbst hinausgeht: Sie wird zur Grundlage kulturellen Lernens, der Teilnahme an der Zivilisation und den Traditionen der Welt 3.

Die Wirklichkeit nichtmaterialisierter Gegenstände der Welt 3

Wir lernen also nicht durch unmittelbares Schauen oder durch Kontemplation, sondern durch praktisches Tun, durch aktive Teilnahme daran, wie man Gegenstände der Welt 3 macht, wie man sie versteht und wie man sie »schaut«. Dazu gehört auch das »Aufspüren« offener und noch gar nicht formulierter Probleme. Es kann uns zum Denken anregen, zur Überprüfung bestehender Theorien, zur Entdeckung eines vage vermuteten Problems und zur Aufstellung von Theorien, durch die wir es zu lösen hoffen. Bei diesem Prozeß können veröffentlichte Theorien – materialisierte Theorien – eine Rolle spielen. Doch auch die noch nicht erforschten logischen Beziehungen zwischen bestehenden Theorien können eine Rolle spielen. Diese Theorien wie auch ihre logischen Beziehungen sind Gegenstände der Welt 3, und im allgemeinen macht es weder für ihre Eigentümlichkeit als Gegenstände der Welt 3 noch für deren Begreifen durch unsere Welt 2 einen Unterschied, ob diese Gegenstände materialisiert sind oder nicht. So kann sich eine noch nicht entdeckte und noch nicht materiell vorhandene logische Problemsituation als entscheidend für unseren Denkprozeß erweisen und zu Tätigkeiten mit Rückwirkungen auf die physische Welt 1 führen, z. B. zu einer Veröffentlichung. (Ein Beispiel wäre die Suche nach einem geahnten neuen Beweis eines mathematischen Theorems, sowie seine Entdeckung.)

Derart können Gegenstände der Welt 3 mitsamt bisher noch nicht ganz erforschten logischen Möglichkeiten auf Welt 2 einwirken, das heißt auf unser Bewußtsein, auf uns. Und wir wiederum können auf Welt 1 einwirken.

Dieser Prozeß ließe sich natürlich auch ohne die Erwähnung dessen beschreiben, was ich Welt 3 nenne. Wir könnten dann sagen, daß gewisse Physiker (Szilard, Fermi, Einstein), angespornt von ihrem Wissen über Welt 1, die physikalische Möglichkeit zur Herstellung einer nuklearen Bombe ahnten und daß diese Gedanken der Welt 2 zur Verwirklichung ihrer Ahnung führten. Derartige Darstellungen sind durchaus in Ordnung. Aber sie verdecken die Tatsache, daß mit »ihrem Wissen über Welt 1« *Theorien* gemeint sind, die logisch wie empirisch objektiv untersucht werden können, und daß diese Theorien eher Gegenstände der Welt 3 als solche der Welt 2 sind (auch wenn man sie begreifen kann und sie folglich Korrelate in Welt 2 haben); ähnlich sind mit der Formulierung »sie ahnten die physikalische Möglichkeit« Vermutungen über *physikalische Theorien* gemeint – wiederum Gegenstände der Welt 3, die logisch untersucht werden können. Es ist völlig richtig, daß der Physiker in erster Linie an Welt 1 interessiert ist. Um aber mehr über Welt 1 zu erfahren, muß er theoretisieren; und das bedeutet, daß er Gegenstände der Welt 3 als seine Werkzeuge verwenden muß. Das zwingt ihn – vielleicht nur sekundär –, sich für die Werkzeuge, die Gegenstände der Welt 3, zu interessieren. Und nur durch ihre Untersuchung und die Herausarbeitung ihrer logischen Konsequenzen kann er »angewandte Wissenschaft« treiben, das heißt, von seinen Produkten der Welt 3 als Werkzeugen zur Veränderung der Welt 1 Gebrauch machen.

Es können also sogar nichtmaterialisierte Gegenstände der Welt 3, und nicht allein Zeitschriften und Bücher, in denen physikalische Theorien veröffentlicht sind oder darauf fußende materielle Instrumente, als wirklich betrachtet werden.

Welt 3 und das Leib-Seele-Problem

Es ist die Grundannahme dieses Buches, daß die Überlegungen zu Welt 3 neues Licht auf das Leib-Seele-Problem werfen können. Ich möchte kurz drei Argumente dafür vorbringen.

Das erste Argument lautet folgendermaßen:

(1) Gegenstände der Welt 3 sind abstrakt (noch abstrakter als physikalische Kräfte), aber nichtsdestoweniger wirklich; denn sie sind mächtige Werkzeuge zur Veränderung von Welt 1. (Ich möchte nicht behaupten, das sei der einzige Grund, sie wirklich zu nennen, auch nicht, daß sie nichts anderes als Werkzeuge sind.)

(2) Gegenstände der Welt 3 haben nur durch das Eingreifen des Menschen eine Wirkung auf Welt 1, durch das Eingreifen derer, die sie machen, ganz besonders dadurch, daß sie erfaßt werden; das ist ein Prozeß der Welt 2, ein psychischer Prozeß oder, noch deutlicher, ein Prozeß, bei dem Welt 2 und Welt 3 in Wechselwirkung treten.

(3) Wir müssen daher zugeben, daß sowohl Gegenstände der Welt 3 als auch die Prozesse der Welt 2 wirklich sind – auch wenn uns dieses Zugeständnis, etwa mit Rücksicht auf die große Tradition des Materialismus, nicht gefallen mag.

Ich glaube, das ist ein annehmbares Argument – obwohl es natürlich jedem frei steht, alle seine Voraussetzungen zu bestreiten. Er kann bestreiten, daß Theorien abstrakt sind oder daß sie eine Wirkung auf Welt 1 haben, oder er kann fordern, abstrakte Theorien müßten die physikalische Welt direkt beeinflussen können. (Ich glaube allerdings, daß er einen schweren Stand haben wird, diese Ansichten zu verteidigen.)

Das zweite Agrument beruht teilweise auf dem ersten. Wenn wir die Wechselwirkung der drei Welten zugeben und somit ihre Wirklichkeit, dann kann uns vielleicht die Wechselwirkung zwischen den Welten 2 und 3, die wir bis zu einem gewissen Grade verstehen, zu einem besseren Verständnis der Wechselwirkung zwischen den Welten 1 und 2 verhelfen, ein Problem, das zum Leib-Seele-Problem gehört.

Wir haben ja gesehen, daß eine Art von Wechselwirkung zwischen den Welten 2 und 3 (»Erfassen«) als ein Machen (making) von Gegenständen der Welt 3 und als ihr Passendmachen (matching) durch kritische Auslese interpretiert werden kann; ähnliches scheint für die visuelle Wahrnehmung eines Gegenstandes der Welt 1 zu gelten. Das bedeutet, daß wir Welt 2 als aktiv – als produktiv und kritisch (making and matching) betrachten sollten. Doch wir haben Grund zu der Annahme, daß auch einige unbewußte neurophysiologische Prozesse genau das erreichen. Dadurch »versteht« man vielleicht etwas leichter, daß bewußte Prozesse auf ähnliche Weise ablaufen: Es ist bis zu einem gewissen Maße »verständlich«, daß bewußte

Prozesse ähnliche Aufgaben durchführen, wie sie die Nervenprozesse leisten.

Ein drittes Argument, das sich auf das Leib-Seele-Problem bezieht, hängt mit der Stellung der menschlichen Sprache zusammen.

Die Fähigkeit zum Erlernen einer Sprache – und auch das starke Bedürfnis, eine Sprache zu erlernen – ist anscheinend Teil der genetischen Ausstattung des Menschen. Im Gegensatz dazu ist das faktische Erlernen einer bestimmten Sprache, auch wenn es durch unbewußte angeborene Bedürfnisse und Motive beeinflußt ist, kein gengesteuerter Prozeß und daher kein natürlicher, sondern ein kultureller, ein durch Welt 3 gesteuerter Prozeß. Demnach ist das Erlernen einer Sprache ein Prozeß, in dem genetisch verankerte Dispositionen, durch natürliche Auslese entwickelt, sich etwas überlappen und mit bewußten Prozessen der Erforschung und des Lernens, die auf kultureller Evolution beruhen, in Wechselwirkung treten. Das stützt die These von der Wechselwirkung zwischen Welt 3 und Welt 1 und, im Hinblick auf unsere früheren Argumente, auch die Existenz von Welt 2.

Mehrere ausgezeichnete Biologen haben die Beziehungen zwischen genetischer und kultureller Evolution behandelt. Die kulturelle Evolution, so könnte man sagen, setzt die genetische Evolution mit anderen Mitteln fort: mit Mitteln der Gegenstände von Welt 3.

Es wird oft und zurecht gesagt, der Mensch sei ein werkzeugherstellendes Lebewesen. Das stimmt. Wenn mit Werkzeugen materielle physische Gegenstände gemeint sind, ist es allerdings von erheblichem Interesse festzustellen, daß keines der menschlichen Werkzeuge, nicht einmal ein Stock, genetisch determiniert ist. Das einzige Werkzeug, das eine genetische Grundlage zu haben scheint, ist die Sprache. Sprache ist nicht-materiell und erscheint in den vielfältigsten physikalischen Formen – nämlich in Gestalt höchst verschiedener Systeme physikalischer Laute.

Es gibt Behavioristen, die nicht gern von »Sprache« reden wollen, sondern nur von »Sprechenden« dieser oder jener besonderen Sprache. Doch das bedeutet mehr als nur das. Alle normalen Menschen sprechen; und Sprechen ist für sie von größter Bedeutung, so sehr, daß sogar ein taubstummes und blindes kleines Mädchen wie Helen Keller sich rasch und mit Begeisterung einen Ersatz für das Sprechen schuf, einen Ersatz, durch den dieses Mädchen es zu wahrer Meisterschaft in der englischen Sprache und Literatur brachte. Physikalisch war ihre Sprache völlig verschieden vom gesprochenen Englisch; doch sie hatte eine eindeutige Entsprechung zum geschriebenen oder gedruckten Englisch. Ohne Zweifel hätte Helen Keller sich statt Englisch jede andere Sprache aneignen können. Ihr starkes, wenn auch unbewußtes Bedürfnis galt der Sprache – Sprache an sich.

Wie die Anzahl und die Unterschiede der verschiedenen Sprachen zeigen, sind sie Menschenwerk: Sie sind kulturelle Gegenstände der Welt 3, obwohl sie durch genetisch festgelegte Fähigkeiten, Bedürfnisse und Ziele ermöglicht werden. Jedes normale Kind erwirbt eine Sprache durch viel Übung, vergnügliche und vielleicht auch schmerzliche. Die damit verbundene intellektuelle Leistung ist außerordentlich. Diese Leistung hat natürlich einen starken Rückkoppelungseffekt auf die Persönlichkeit des Kindes, auf seine Beziehungen zu anderen Personen sowie auf seine Beziehungen zu seiner materiellen Umwelt.

Man kann also sagen, daß die Persönlichkeit des Kindes teilweise das Ergebnis seiner Leistungen ist. Es ist bis zu einem gewissen Grade selbst ein Produkt der Welt 3. In dem Maße, in dem die Beherrschung und die bewußte Auffassung der materiellen Umwelt des Kindes durch seine neu erworbene Sprachfähigkeit erweitert wird, erweitert sich auch das Bewußtsein seiner selbst. Das Ich, die Persönlichkeit, bildet sich in Wechselwirkung mit dem Ich anderer sowie mit den Erzeugnissen und Dingen seiner Umwelt. Das alles wird durch den Erwerb des Sprechens stark beeinflußt, besonders wenn das Kind sich seines Namens bewußt wird und lernt, seine Körperteile zu benennen; vor allem, wenn es lernt, Personalpronomina zu gebrauchen.

Ein vollkommen menschliches Wesen zu werden beruht auf einem Reifeprozeß, in dem der Spracherwerb eine außerordentliche Rolle spielt. Man lernt nicht nur wahrzunehmen und seine Wahrnehmungen zu interpretieren, sondern auch eine Person, ein Ich zu sein. Ich halte die Ansicht, daß uns unsere Wahrnehmungen »gegeben« sind, für falsch: Sie werden von uns »gemacht«, sie sind das Ergebnis aktiver Tätigkeit. Ich halte es ebenfalls für einen Irrtum, wenn man nicht sieht, daß das berühmte Descartes'sche Argument »ich denke, also bin ich« Sprache voraussetzt sowie die Fähigkeit, das Pronomen zu gebrauchen (gar nicht zu reden von der Formulierung des höchst komplizierten Problems, das dieses Argument lösen soll). Wenn Kant [1787] annahm, daß der Gedanke »ich denke« imstande sein muß, alle unsere Wahrnehmungen und Erlebnisse zu begleiten, hatte er anscheinend nicht an ein Kind (oder an sich selbst) in seiner vorsprachlichen oder vorphilosophischen Phase gedacht.*

* Übrigens kann ich nicht zugeben, daß selbst bei einem Erwachsenen die Vorstellung seines Ego, seines Ich, *alle* seine Erlebnisse begleiten muß. Es gibt durchaus bewußtseinsmäßige Zustände, in denen wir so in ein vorliegendes Problem vertieft sind, daß wir unser Ich ganz vergessen.

4. Über das Leib-Seele-Problem

Soweit ich mich erinnern kann, ist meine heutige Vorlesung hier die dritte Vorlesung, die ich je in Deutschland gehalten habe. Es ist sicher die erste in Mannheim. Ich komme also nicht allzu oft, und das bedeutet, daß ich mein Thema sorgfältig wählen mußte.

I

Ich dachte zunächst daran, heute über mein erstes Buch zu sprechen, über die Lösung der beiden Grundprobleme der Erkenntnistheorie. Das war erstens das Problem der Abgrenzung zwischen der empirischen Wissenschaft und anderen durchaus sinnvollen und wichtigen Gebieten wie zum Beispiel dem der Metaphysik; und zweitens das Problem der Induktion. Aber meine Lösung dieser Probleme ist durch mein Buch »Logik der Forschung« bekannt und zugänglich; und obwohl ich einige neue und bisher unveröffentlichte Resultate habe, so fürchtete ich, daß man den Eindruck bekommen könnte, ich sei über diese meine ursprünglichen Themen auch auf meine alten Tage nie recht hinausgekommen.

Dann dachte ich auch daran, über ein Thema der Sozialphilosophie zu sprechen. Aber darüber gibt es ebenfalls drei übersetzte Bände von mir. Und vor allem ist das ein Gebiet, in dem mein Freund, Professor Hans Albert, in seinem glänzenden Buch »Traktat über die kritische Vernunft« Ausgezeichnetes gesagt hat.

Ich hatte aber noch weitere Gründe, das Problem der Wechselwirkung zwischen Leib und Seele zu wählen. Dieses Problem enthält große Rätsel, die vielleicht niemals lösbar sein werden. Es ist eben das schwierigste und tiefste Problem der Philosophie, das zentrale Problem der Metaphysik der Neuzeit. Und es ist für uns Menschen von der allergrößten Bedeutung. Es ist die Grundlage dessen, was die moderne Existentialphilosophie gerne als *die menschliche Situation* bezeichnet, denn der Mensch ist ein geistiges Wesen, zumindest solange er bei vollem Bewußtsein ist; er ist ein geistiges Wesen, ein Ich, eine Seele, die mit einem Körper, der den Gesetzen der Physik unterliegt, auf das engste verbunden ist. Das ist fast *zu* selbstverständlich, um es auszusprechen, und die Existentialisten haben die Probleme, die hinter dieser Selbstverständlichkeit liegen – ich möchte sagen, hinter dieser ungeheuerlichen Selbstverständlichkeit –, hingenommen, ohne auch nur den Versuch zu machen, etwas Vernünftiges zu ihrer Erklärung zu sagen.

Aber das Problem der Beziehungen von Leib und Seele ist ein ernstes Problem. Es enthält das Problem der Freiheit des Menschen, ein in jeder Hinsicht, auch in politischer Hinsicht, grundlegendes Problem; und es enthält das Problem der Stellung des Menschen in der physischen Welt, im physischen Kosmos, einer Welt, die ich später als die »Welt 1« bezeichnen werde. Die Welt der menschlichen Bewußtseinsvorgänge werde ich »Welt 2« nennen, und die Welt der objektiven Schöpfungen des menschlichen Geistes werde ich »Welt 3« nennen. Mehr darüber später.

Hier möchte ich noch kurz einen anderen Grund erwähnen, warum ich dieses Thema wählte und mich schon in meinem Titel als Realisten vorstellte. Viele Philosophen und Soziologen in Deutschland, die meine Arbeiten nur vom Hörensagen her kennen, bezeichnen mich als einen »Positivisten«, weil mein erstes Buch, das übrigens den Positivismus des Wiener Kreises scharf kritisierte, in einer Schriftenreihe eben dieses Wiener Kreises erschien. Ein »Positivist« ist in diesem Zusammenhang so viel wie ein Gegner aller philosophischen Spekulationen und insbesondere ein Gegner des *Realismus*. Einer der Gründe, die mich zur Wahl meines Themas bewogen haben, ist, daß ich ein Thema nehmen wollte, das schon im Titel *nicht*-positivistisch ist.

Noch eine Bemerkung über das Wort »Metaphysik«. Hegel, Marx, Engels und Lenin verwenden dieses Wort, um eine Philosophie zu kennzeichnen, die *entwicklungsfeindlich* ist, die die Welt *statisch* sieht, statt sie dynamisch zu sehen. Dieser Sprachgebrauch war immer äußerst fraglich, da das *Problem der Änderung* und der noch immer fortschreitenden Weltentwicklung eines der ältesten Probleme der vorsokratischen Metaphysik war. Ich jedenfalls glaube nicht an eine statische Welt, sondern an eine Welt, die sich ändert; und meines Wissens gibt es schon längst keine Metaphysiker im statischen Sinn mehr. Ich stelle mich also als einen metaphysischen Realisten vor, der die Entwicklungstheorie annimmt und der, wie ich vielleicht bemerken darf, das dynamische Problem des Wachstums unseres Wissens in die Wissenschaftstheorie eingeführt hat.

Als letzten Punkt dieser Einleitung will ich noch anführen, daß ich den größten Wert darauf lege, mich einfach und allgemeinverständlich auszudrücken. Das bedeutet aber leider nicht, daß meine Ausführungen sehr leicht verstanden werden können: Das Schwierigste daran ist, zwischen der Welt 1, der Welt 2 und insbesondere der Welt 3 zu unterscheiden. Ich fange mit dieser Schwierigkeit an. Alles Spätere wird dann verhältnismäßig leicht sein.

Ich nenne die Welt der physischen Vorgänge »Welt 1«, und die Welt der psychischen Vorgänge nenne ich »Welt 2«. Das ist verhältnismäßig einfach. Die Schwierigkeit beginnt mit dem, was ich »Welt 3« nenne.

»Welt 3« im weitesten Sinne nenne ich die Welt der Produkte des menschlichen Geistes; im engeren Sinne insbesondere die Welt der Theorien, einschließlich der falschen Theorien; und die Welt der wissenschaftlichen Probleme, einschließlich der Fragen nach der Wahrheit oder Falschheit der verschiedenen Theorien. Im weiten Sinne gehören zur Welt 3 auch Dichtungen und Kunstwerke, wie zum Beispiel die Opern und Konzerte Mozarts. Aber wenn man will, kann man die Welt der Kunstwerke als Welt 4 bezeichnen. Das ist eine terminologische Frage.

Was wichtiger ist, ist, die Welt 3 der wissenschaftlichen Theorien und Probleme von der psychologischen Welt 2 klar zu unterscheiden. Die Unterscheidung wurde am klarsten von Bernhard Bolzano und später von Gottlob Frege durchgeführt; ich gehe aber, wie ich erklären werde, über die beiden hinaus.

Bolzano sprach von der Welt der »Sätze an sich«. Damit meinte er Sätze im logischen Sinn, im Unterschied zu den psychologischen Denkvorgängen, die sich abspielen, wenn wir einen Satz denken. Frege sprach vom *Gehalt* eines Satzes, und er meinte damit ebenfalls den Satz im logischen Sinn.

Nehmen wir ein einfaches Beispiel. Zwei Mathematiker kommen zum falschen Ergebnis, daß 3 mal 4 gleich 13 ist. Hier sind zwei Denkvorgänge in Welt 2; Vorgänge, die sehr verschieden sein können: aber »3 mal 4 ist gleich 13« ist nur *ein* Satz an sich (der falsch ist), nur *ein* (logisch falscher) *Gehalt*. Dieser Satz an sich gehört nicht zur Welt 2, sondern zur Welt 3. Von ihm können wir sagen, daß er dem Satz »3 mal 4 ist gleich 12« logisch widerspricht. Wir können auch sagen, daß dieser Satz, 3 mal 4 ist gleich 13, darum zur Welt 3 gehört, weil er objektiv falsch ist und falsch bleibt; auch dann, wenn viele und große Mathematiker an ihn glauben sollten.

Wir können also unterscheiden zwischen Welt 2, in der die subjektiven *Denkvorgänge* zu finden sind, und Welt 3, in der objektive Sätze oder objektive *Denkinhalte* zu finden sind.

Das sind, im wesentlichen, Bolzanos und Freges Ansichten. Ich gehe über sie insofern hinaus, als ich nicht nur wahre Sätze an sich, sondern auch falsche Sätze an sich in die Welt 3 aufnehme, sowie *Probleme* und *Argumentationen.*

Zwei Dinge vor allem will ich hier über die Welt 3 sagen: Erstens, daß sie Wirklichkeits-Charakter hat; und zweitens, daß sie wenigstens teilweise autonom ist; das heißt, sie besitzt innere Strukturen, die von der Welt 2 wenigstens teilweise unabhängig sind.

Sprechen wir zuerst über den Wirklichkeits-Charakter. Das Paradigma aller Wirklichkeit sind die physischen *Dinge* der Welt 1 – Steine, Bäume, Tiere. Darüber hinaus schlage ich vor, etwas »wirklich« zu nennen, wenn es auf die *Dinge* der Welt 1 *einwirken* kann, entweder direkt oder indirekt.

Ich behaupte nun, daß die wissenschaftlichen Theorien, die zur Welt 3 gehören, direkt oder indirekt auf die Dinge der Welt 1 einwirken können.

Die einfachsten Beispiele sind im Bau eines Wolkenkratzers zu finden. Ein Wolkenkratzer ist ein physisches Ding, er gehört zur Welt 1. Aber er ist nach einem Plan gebaut, und der Plan ist von Theorien und von vielen Problemen beeinflußt.

Ich gebe zu, daß die Pläne, Theorien und Probleme, die

beim Bau eines Wolkenkratzers eine Rolle spielen, zunächst auf das Bewußtsein verschiedener Menschen, wie Architekten, wirken: also zunächst auf die Welt 2, und erst nachher auf die Welt der physischen Bewegungen der Bauarbeiter, und damit auf die physischen Bagger, Steine und Ziegel. Das ist der häufigste Fall: Die Welt 3 wirkt auf die Welt 1 gewöhnlich indirekt ein, auf dem Umweg über die psychische Welt 2. Vielleicht ist das sogar nicht nur meistens, sondern immer der Fall, daß die Welt 3 auf die Welt 1 nicht direkt einwirkt, sondern *nur* auf dem Umweg über die Welt 2. Jedenfalls zeigt unser Beispiel die *Wirklichkeit,* die *Realität aller 3 Welten,* nicht nur der Welt 1, sondern auch der Welt 2 und der Welt 3.

Wenn ein Wolkenkratzer oder eine Brücke einstürzt, wie das leider von Zeit zu Zeit geschieht, so ist das manchmal auf einen Welt 2-Denkfehler zurückzuführen – also auf einen falschen subjektiven Glauben –, aber manchmal auch auf eine falsche, objektive *Theorie,* also auf einen Fehler in Welt 3.

Es gibt natürlich Philosophen, die die Wirklichkeit der Welt 3 leugnen; sie sagen, daß zwar unsere Gedanken existieren, also die Welt 2, aber nicht die Inhalte an sich. Diese sehen sie als bloße Abstraktionen vom Psychischen an, als Hirngespinste.

Die Ansicht, die ich hier verteten will, ist, daß die Welt 3 zwar genetisch das Produkt der Welt 2 ist, daß sie aber eine innere Struktur hat, die teilweise autonom ist.

Gute Beispiele kommen aus der Mathematik. Die Reihe der natürlichen Zahlen 1, 2, 3, 4 ... und so weiter ist, glaube ich, ein Produkt unserer Sprache. Es gibt primitive Sprachen, die nur »1, 2 und viele« kennen, und andere, in denen man nur bis 5 zählen kann.

Die unendliche Reihe der natürlichen Zahlen ist (wie überhaupt die menschliche Sprache) eine große Erfindung der Menschen. Aber die *Primzahlen* hat niemand erfunden: Sie wurden in der Zahlenreihe *entdeckt*.

Diesen wichtigen Punkt muß ich etwas ausführen.

Der große deutsche Mathematiker Kronecker sagte über die Mathematik: Die natürlichen Zahlen sind von Gott geschaffen; alles andere ist Menschenwerk. Im Gegensatz dazu sage ich: Die natürlichen Zahlen sind Menschenwerk, sie sind ein Nebenprodukt der menschlichen Sprache, der Erfindung des Zählens und des Weiterzählens. Das Addieren ist auch eine menschliche Erfindung, und ebenso das Multiplizieren.

Aber die *Gesetze* der Addition und der Multiplikation (zum Beispiel die Assoziationsgesetze) sind keine menschliche Erfindung. Sie sind ungewollte, unbeabsichtigte Konsequenzen der menschlichen Erfindung, und sie wurden *entdeckt*. Und die Existenz von *Primzahlen*, also nicht-teilbaren Zahlen (die Zahlen, die kein Produkt einer Multiplikation sind, außer man multipliziert sie mit 1), ist gleichfalls eine Entdeckung, und zwar zweifellos eine recht späte Entdeckung. Die Primzahlen wurden in der Reihe der natürlichen Zahlen entdeckt, und zwar nicht von jedermann, sondern nur von Menschen, die diese Zahlen und ihre Merkwürdigkeiten studieren; also von richtigen Mathematikern.

Historisch gesehen kann man zwar sagen, daß sie mit den natürlichen Zahlen miterfunden wurden; aber sie existierten nicht in der Welt 2 des menschlichen Bewußtseins, bevor sie, sicher viele Hunderte von Jahren später, entdeckt wurden. Wir können sagen, daß sie in der Welt 3 sofort mit den natürlichen Zahlen existierten; sie existierten also in einem *autonomen* Teil der Welt 3, *vor* ihrer Entdeckung. *Nach* ihrer Entdeckung existierten sie sowohl in der Welt 2 (aber nur für eine kleine Gruppe von Menschen, für die Mathematiker) wie auch in der Welt 3.

Wir können, ja wir müssen sagen, daß die Existenz der Primzahlen in der Welt 3 eine der Ursachen der Gedankengänge innerhalb der Welt 2 war, die zu ihrer Entdeckung führten – genau so, wie die Existenz des Mount Everest eine Ursache war, die den indischen Vermessungsdienst zu seiner Entdeckung führte. Das zeigt, daß der autonome Teil der Welt 3 auf die Welt 2 ursächlich wirken kann. Aber damit wirkt der autonome Teil der Welt 3 auch auf die Welt 1. Der erste Mathematiker, der seinen Kollegen klar machte, daß es Primzahlen gibt, benützte zweifellos seine Zunge zu dieser Mitteilung. Aber unsere Zungen, wie überhaupt unsere Körper, gehören zur Welt 1.

Spätere Mathematiker begannen, die Primzahlen und ihre Eigenschaften näher zu studieren, und dieses Studium ist auch heute nicht abgeschlossen: Es gibt viele *offene Probleme* in der Zahlentheorie. Diese Probleme werden gleichfalls entdeckt; sie gehören zum autonomen Teil der Welt 3.

Die alten Mathematiker fanden, zum Beispiel, daß die Primzahlen im allgemeinen weniger und weniger häufig vorkommen oder weniger und weniger dicht liegen, wenn wir in der Zahlenreihe zu größeren Zahlen fortschreiten. Die Reihe der Primzahlen beginnt mit den Zahlen 2, 3, 5, 7; 2 und 3 ist das einzige Primzahlenpaar, das so dicht liegt, daß keine natürliche Zahl dazwischenliegt. Aber es gibt viele Primzahlenpaare, wie 5 und 7, 11 und 13, 17 und 19, 29 und 31, die so dicht liegen, daß sie voneinander nur durch *eine* gerade Zahl getrennt sind. Man kann sie die Zwillingsprimzahlen nennen.

Ich will nun einige Probleme erwähnen, die in der Welt 3 über die Primzahlen entdeckt wurden.

Erstes Problem: Wenn wir weiter und weiter fortschreiten und die Primzahlen seltener und seltener werden, hört vielleicht ihr Vorkommen ganz auf, wenn wir zu sehr großen Zahlen fortschreiten? Oder mit anderen Worten, gibt es oder gibt es nicht eine größte *Primzahl,* nach der dann nur mehr teilbare Zahlen vorkommen?

Das Problem wurde vielleicht schon *vor* Euklid gestellt; jedenfalls wurde es von Euklid gelöst. Euklid entdeckte ein Argument, das beweist, daß es *keine größte* Primzahl gibt. Er zeigte also, daß die Reihe der Primzahlen kein Ende hat; ebenso wie die Reihe der natürlichen Zahlen kein Ende hat. Für die Reihe der natürlichen Zahlen ist der Beweis sehr einfach: Nehmen wir an, daß sie ein Ende hat und daß die Zahl a die größte natürliche Zahl ist. Dann konstruieren wir einfach die Zahl $a + 1$ und zeigen damit, daß unsere Annahme falsch war. Wir haben hier also eine einfache *reductio ad absurdum* der Annahme, daß es eine größte natürliche Zahl gibt. Euklid erfand eine wesentlich kompliziertere *reductio ad absurdum* für die Annahme, daß es eine *größte Primzahl* gibt. Dieser wunderschöne Beweis des Euklid stellt also ein Theorem auf: Die Reihe der Primzahlen ist unendlich. Dieses Theorem gehört zur Welt 3. Euklids Gedankenarbeit gehört zur Welt 2; und sie hängt ursächlich von der Tatsache in der Welt 3 ab, daß es eben *keine größte Primzahl gibt.*

Euklid schrieb seinen Beweis nieder, in seinem berühmten Buch »Die Elemente«. Damit wurde das Theorem der Welt 3 auf Papyrus geschrieben; es hat also ursächlich, im Umweg über die Welt 2 des Menschen Euklid, die Welt 1 verändert. In jedem gedruckten Buch über Zahlentheorie findet sich Euklids schöner Beweis. Aber ein Buch wird mit Maschinen gedruckt. Diese Maschinen und auch das Buch als physischer Gegenstand gehören natürlich zur Welt 1. Wir haben also wieder eine *ursächliche* Wirkung, die vom autonomen Teil der Welt 3 ausgeht und über die Welt 2 ursächlich auf die Welt 1 einwirkt.

Ein anderes und ähnliches, aber meines Wissens *noch nicht* gelöstes Problem ist das Problem, ob es ein größtes Paar von Primzahlen gibt, die Zwillingsprimzahlen sind. Meines Wissens zweifelt kein Mathematiker daran, daß es keine größten Zwillingsprimzahlen gibt. Aber so viel ich weiß, existiert kein Beweis für diese Annahme. Sie ist ein ungelöstes Problem der Welt 3; und dieses Problem wirkt kausal auf alle jene Mathematiker ein, die sich um seine Lösung bemühen.

Ich habe gerade gesagt, daß Bücher zur Welt 1 gehören. Aber ihr *Inhalt* gehört natürlich zur Welt 3: Zwei verschiedene Ausgaben von Euklids »Elementen« gehören beide zur Welt 1, insofern sie verschieden sind; aber sie gehören zur Welt 3, insofern sie *denselben Inhalt* haben.

Bücher, Bibliotheken und das Manuskript meines Vortrages gehören also zur Welt 1 und zur Welt 3. Wenn jemand unter meinen Zuhörern nicht deutsch versteht – vielleicht sollte ich sagen, etwas wienerisches Deutsch –, dann hört er nur die akustische Seite meines Vortrages, die zur Welt 1 gehörige Seite. Wer aber deutsch versteht und den Versuch macht, meinen Argumenten zu folgen, für den ist nur die zur Welt 3 gehörige Seite meines Vortrages wichtig.

Ihr Versuch, dem Inhalt meines Vortrages zu folgen, gehört zur Welt 2. Wenn Sie diesen Versuch machen, dann konzentrieren Sie sich auf ein Objekt, das zur Welt 3 gehört. Ihre Welt 2 wird also kausal von der Welt 3 beeinflußt.

Es gibt damit Objekte, die den beiden Welten 1 und 3 angehören, und Objekte, die den beiden Welten 2 und 3 angehören. Meine Hauptthese ist, daß es auch Objekte gibt, die *nur* der *Welt 3* angehören; zum Beispiel *ein noch nicht entdeckter Beweis,* an dem ein Mathematiker heute arbeitet und den er morgen entdecken wird. Morgen wird dann der Beweis zu den beiden Welten 2 und 3 gehören, und wenn er niedergeschrieben ist, auch zur Welt 1. (Aber schon heute beeinflußt er die Welt 2.)

Wir wissen nicht, wir können aber vermuten, daß der Beweis schon vor seiner Niederschrift auch zur Welt 1 gehört; denn die Vorgänge des Denkens in der Welt 2 sind, vermutlich, mit Vorgängen im Gehirn verbunden, also mit körperlichen Vorgängen in der Welt 1.

II

Und damit komme ich zum Leib-Seele-Problem.

Das Leib-Seele-Problem ist die Frage, ob und wie unsere Denkvorgänge in der Welt 2 mit Gehirnvorgängen in der Welt 1 verbunden sind.

Die hauptsächlichen Lösungsversuche sind folgende:

(1) *Psychophysische Wechselwirkung:* Welt 2 und Welt 1 stehen in Wechselwirkung, so daß beim Lesen eines Buches oder beim Zuhören bei einem Vortrag Gehirnvorgänge entstehen, die auf die Welt 2 der Gedanken des Lesers oder Hörers *wirken;* und umgekehrt, wenn ein Mathematiker einem Beweis folgt, dann *wirkt* seine Welt 2 auf sein Gehirn und damit auf die Welt 1. Das ist also die These der psychophysischen Wechselwirkungen.

(2) *Psychophysischer Parallelismus:* Jeder Denkvorgang in der Welt 2 läuft mit einem Gehirnvorgang in der Welt 1 parallel.

(3) *Reiner Physikalismus oder Verhaltensphilosophie oder philosophischer Behaviorismus:* Das ist die These, daß es nur eine Welt gibt, nämlich Welt 1. Und in ihr gibt es Bewegungen der Menschen und Tiere oder das Verhalten von Menschen und Tieren. Das, was ich Welt 2 nenne,

existiert einfach nicht, und natürlich erst recht nicht, was ich Welt 3 nenne.

(4) *Reiner Psychismus* oder *Spiritualismus:* Das ist die These, daß nur eine Welt 2 existiert und Welt 1 nur meine Vorstellung ist.

Wir haben also im wesentlichen diese vier Lösungsversuche: 1. Psychophysische Wechselwirkung; 2. Psychophysischer Parallelismus; 3. Reiner Physikalismus oder Verhaltensphilosophie oder philosophischer Behaviorismus; 4. Reiner Psychismus.

Ich behaupte, daß der erste und älteste dieser Lösungsversuche der einzige ist, der ernstgenommen zu werden verdient.

Sehen wir uns ganz kurz den 3. und 4. Lösungsversuch an. Ich behaupte, daß beide zu jenen typischen Versuchen gehören, ein Problem durch eine Art von Vogel-Strauß-Philosophie zu lösen. Das Problem der Beziehung zwischen Leib und Seele verschwindet trivialerweise sofort, wenn man entweder die Existenz der Seele oder die des Leibes leugnet.

Ich könnte im einzelnen zeigen, daß die logische Struktur dieser beiden Lösungsversuche eine solche Vogel-Strauß-Philosophie ist. Obwohl der reine Physikalismus oder Behaviorismus gegenwärtig viele Anhänger hat, insbesondere unter den englischen, amerikanischen und australischen Philosophen, kann ich ihn doch nicht hinreichend ernst nehmen, um meine Zeit auf eine ausführliche Kritik zu verschwenden.

Vor allem enthält meine Diskussion der Existenz der Welt 3 Argumente, die, wie mir scheint, die Existenz der Welt 2 als Vermittler zwischen Welt 3 und Welt 1 verbürgen.

Ähnliches läßt sich über den reinen Psychismus sagen. Wir wissen zwar heute, daß es keine materielle *Substanz* gibt, da die Materie eine höchst komplizierte und zum Teil schon erklärte *Struktur* hat. (Eine Substanz ist in der Philosophie ein unanalysierter Träger von essentiellen Eigenschaften, die Erklärungsgründe sind, aber weder einer Erklärung bedürftig, noch einer Erklärung fähig.) Obwohl also die Materie keine Substanz ist, so sind doch die *materiellen Dinge* die besten Beispiele für das, was wir als real oder existierend ansehen.

Soviel zum 3. und 4. Lösungsversuch. Anders steht es mit dem 2. Lösungsversuch, dem psychophysischen Parallelismus.

Der psychophysische Parallelismus erkennt die Existenz von Leib und Seele an und könnte eventuell auch die Existenz der Welt 3 akzeptieren. Vom Standpunkt des Leib-Seele-Problems ist das Hauptmotiv des Parallelismus, daß er erlaubt, die Welt als kausal abgeschlossen anzusehen, oder genauer als aus zwei parallelen, kausal abgeschlossenen Systemen bestehend.

Das ist vor allem *für jeden Physiker* wichtig, denn die Idee, daß physische Vorgänge von geistigen Vorgängen abhängen können, ist für den Physiker sehr abstoßend. Außerdem ist es schwierig, sich sozusagen ein Modell einer solchen kausalen Einwirkung zu machen, das heißt, sich die Einwirkung in allen Einzelheiten vorzustellen.

Es ist das der eigentliche Grund, der zur Verwerfung der psychophysischen Wechselwirkung geführt hat.

Ich komme zu Gegengründen. Ich gebe gern zu, daß es keine psychischen Vorgänge ohne Gehirnvorgänge gibt. Aber um von einem Parallelismus zu sprechen, müßten wir auch sagen, daß es einen Teil des Gehirns gibt, in dem keine physischen Vorgänge vorkommen, ohne parallele psychische Vorgänge zu bewirken.

Weiterhin müßten wir sagen, daß es eine eindeutige Zuordnung zwischen *allen* charakteristischen Vorgängen dieses Teils des Gehirns und *allen* charakteristischen Vorgängen der Welt 2 gibt.

Aber eine solche ein-eindeutige Zuordnung scheint es nicht zu geben. Man kann Teile des Gehirns entfernen, und andere Teile übernehmen dann die Funktion der entfernten Teile. Die Möglichkeit einer *Funktionsübernahme* scheint überhaupt *für die meisten Lebewesen* (und die meisten Lebenserscheinungen) *charakteristisch* zu sein. Und obwohl ich bereit bin anzunehmen, daß es keine Denkvorgänge in der Welt 2 gibt ohne irgendwelche Gehirnvorgänge in der Welt 1, so scheint mir alles dafür zu sprechen, daß kein wirklicher Parallelismus stattfindet. Es ist vielmehr ähnlich wie mit der Beziehung eines Gedanken-*Inhalts* in der Welt 3 und seiner Materialisierung in der Welt 1, sagen wir in einem Buch oder in einem Vortrag. Mein Vortrag hier bleibt im Sinne der Welt 3 derselbe, ob ich etwas schneller oder langsamer rede, etwas lauter oder leiser. Auch kann er ziemlich genau in eine andere Sprache übersetzt werden. Und ein Buch kann in verschiedenen Ausgaben sehr verschieden gedruckt werden. Natürlich werden die verschiedenen Drucke und Übersetzungen alle etwas Gemeinsames haben; aber es liegt *keine ein-eindeutige Zuordnung* vor, und daher kein wirklicher Parallelismus.

Ich komme jetzt zu meinem wichtigsten Argument. Betrachten Sie, bitte, unsere physikalische Umwelt, Welt 1, daraufhin, wie sehr sie durch die Theorien der Welt 3 verändert wurde, zum Beispiel durch die Atomtheorie oder die Hertzschen Wellen, das heißt, die Theorie der Funksendung, die für die Kontrolle der Mondraketen so wichtig ist. Wenn wir die Welt 1 und vor allem die *Änderungen* in Welt 1 in dieser Weise betrachten, dann scheint es mir doch klar zu sein, daß die physische Welt nicht gegen die Welten 2 und 3 kausal abgeschlossen ist.

Aber der Versuch, die kausale Abgeschlossenheit der Welt 1 zu retten, ist logisch gesehen das Hauptmotiv, den ersten und ältesten Lösungsversuch, die psychophysische Wechselwirkung, durch den Parallelismus (oder auch den reinen Physikalismus) zu ersetzen.

Dieser Versuch scheint mir unrealistisch zu sein. Und obwohl ich, als früherer Student der Physik und Lehrer der Physik sehr gut sehe, warum es so schwer ist, die kausale Unabgeschlossenheit der Physik zuzugeben, so scheint mir diese Ideologie durch die Tatsachen widerlegt zu sein.

Die Ideologie von der kausalen Abgeschlossenheit der physischen Welt stammt aus einer Zeit, in der die ganze Physik Mechanik war. Diese Ideologie ist schon durch die Notwendigkeit, eine elektromagnetische Theorie anzunehmen, widerlegt.

Wir wissen nichts über den Zusammenhang von elektromagnetischen Kräften und der Gravitation oder über den Zusammenhang dieser beiden Gebiete der Physik mit den Kernkräften. Wir haben keine mechanischen »Modelle« für diese Zusammenhänge; aber die Tatsache läßt sich nicht bezweifeln, daß diese verschiedenen Gebiete in Wechselwirkung stehen – daß zum Beispiel der Gravitationsdruck in der Sonne die Aktion von Kernkräften auslöst, die ihrerseits Wasserstoffkerne in Heliumkerne verwandelt. Trotzdem sind die verschiedenen Kräfte – die Gravitation, die Elektrodynamik, die Kernkräfte – anscheinend nicht aufeinander zurückführbar. Jedes der Gebiete ist unabgeschlossen, obwohl die Ideologie der Abgeschlossenheit zu zahlreichen Versuchen geführt hat, eine einheitliche Theorie zu finden. Einstein hat von 1919 bis 1955 daran gearbeitet. Es scheint mir verfehlt zu sein, unter diesen Umständen an der Abgeschlossenheit der Physik dogmatisch festzuhalten.

Zusammenfassend: Die Tatsache, daß unsere Theorien, die zur Welt 3 gehören, auf dem Umweg über die Welt 2 auf die Welt 1 einwirken, spricht gegen die These von der kausalen Abgeschlossenheit der Welt 1. Aber damit fallen alle Gründe *gegen* die Lehre von der psychophysischen Wechselwirkung in sich zusammen.

III

Mein nächster Punkt ist folgender: Die Existenz der Welt 3 und die Tatsache, daß wir Objekte der Welt 3 durch *Denkvorgänge, also in der Welt 2,* erfassen können, spielt eine wesentliche Rolle in der Erklärung des menschlichen Selbstbewußtseins, der Ichhaftigkeit oder der menschlichen Seele, im Gegensatz zur Seele des Tieres.

Ich habe vorhin erwähnt, daß die Materie keine Substanz ist, sondern eine ungemein komplizierte Struktur besitzt, die wenigstens teilweise der *Erklärung* zugänglich ist. Ganz ähnlich ist die menschliche Seele, das menschliche Ich, keine Substanz, sondern eine ungemein komplizierte Struktur.

Zunächst besteht sie nicht aus bloßer Bewußtheit, sondern sie ist dauernd von einem Wissen begleitet, das in der Welt 3 in Theorien verankert ist.

Auch die Tiere haben Erwartungen, die mit Erfahrungen, die in der Vergangenheit gemacht wurden, zusammenhängen. Sie kennen ja sicher die Geschichte von der Ratte, die zu einer anderen Ratte sagt: »Ich habe mir den Mann im weißen Kittel so gut abgerichtet, daß er mir jedesmal, wenn ich auf diesen Hebel drücke, etwas zu essen bringt.« Diese Geschichte ist, glaube ich, der Wahrheit viel näher als die Theorie der bedingten Reflexe, an die ich nicht glaube. Pawlows Hund hat zwar Reflexe, aber er ist nicht konditioniert, sondern er macht *Entdeckungen.* Leider kann ich das hier nicht näher ausführen. Jedenfalls haben Tiere ein dispositionelles Wissen und ein Zeitbewußtsein. Aber wir können vermuten, daß sie keine bewußte Theorie der Zeit, von Vergangenheit, Gegenwart und Zukunft haben. Für das Ichbewußtsein ist es aber wesentlich, daß ich weiß, daß ich eine *Lebensgeschichte* habe, die wenigstens in großen Zügen rekonstruierbar ist. Wir wissen, daß es krankhafte Zustände gibt, in denen ein Mensch seine Identität vergessen kann. Daraus folgt, daß das Wissen um unsere Identität nicht etwas Selbstverständliches ist. Ich zweifle nicht daran, daß die Disposition, ein Selbstbewußtsein oder ein Ich zu entwickeln, angeboren ist; aber wir brauchen *sozialen Umgang mit anderen Menschen* und vor allem *das Erlernen einer Sprache* und *sprachlich formulierte Theorien,* um zu lernen, daß wir ein Ich haben.

Schon Tiere können einen Charakter, eine Persönlichkeit haben. Das ist teilweise dispositionell, teilweise vielleicht auch erlernt. Ich glaube aber nicht, daß sich ein Tier seiner Identität bewußt ist. Dazu gehört, unter anderem, die Theorie, daß wir vor dem Einschlafen und nach dem Aufwachen dieselben sind: das heißt, eine Theorie der Gen-Identität physischer Körper und die Theorie, daß wir alle einen Körper haben; ferner die Theorie, daß unser Bewußtsein oft durch Schlaf unterbrochen ist, daß aber unser Körper derselbe bleibt und daß wir unsere Gedanken, die wir in vergangenen Tagen hatten, und unsere Wachzustände in Erinnerung rufen können. Das ist viel mehr als bloßes Gedächtnis in dem Sinn, in dem es auch die Tiere haben. Ich vermute, daß zum vollentwickelten Selbstbewußtsein oder Ichbewußtsein eine Sprache unerläßlich ist, in der wir andere und uns selbst mit einem Namen bezeichnen können. Es ist kein Zufall, daß Kinder zuerst lernen, ihren Namen zu nennen, bevor sie von sich mit dem Wort »ich« sprechen.

Es gibt also eine ungemein wichtige Wechselwirkung zwischen der Welt 3 der Theorien und der menschlichen Welt 2 der Bewußtseinsvorgänge; und meine These ist, daß das charakteristische menschliche Selbstbewußtsein sich *nur* durch diese Wechselwirkung ausbilden kann.

IV

Die hier kurz skizzierte Theorie hängt auf das engste mit meiner Erkenntnistheorie und mit meiner Wissenschaftstheorie zusammen.

Der Grundgedanke meiner Erkenntnistheorie ist, daß *Probleme* und ihre *Lösungsversuche durch Hypothesenbildung,* durch *Theorien* oder durch *Vermutungen,* aller Beobachtung vorausgehen. Theorien sind sowohl logisch wie historisch führend in dem Zustandekommen unserer Erfahrung – führend in unserer persönlichen Geschichte wie auch in der Geschichte der Menschheit.

Was den Theorien auf dem vor-menschlichen Niveau entspricht, sind Dispositionen und Erwartungen. Wahrscheinlich haben auch Zauberei oder Magie und Rituale schon enge Vorläufer im Tierreich. Was für uns Menschen dazukommt, das ist die sprachliche Form, die *Erzählung.*

Das Neue an der menschlichen Sprache ist, daß sie beschreiben und argumentieren kann. Ausdruck des inneren Zustandes und Signale wie Warnungen und Drohungen gibt es schon bei den Tieren.

Ich stelle mir die Sache so vor, daß die Erfindung der *spezifisch menschlichen Sprache* mit der Möglichkeit zusammenhängt, zu *berichten*, zu erzählen, was vorfiel. Das führt dann dazu, daß manchmal die Berichte von Wünschen gefärbt sind. Es kommt zum Erzählen von Geschichten, und da diese manchmal einander widersprechen, so entsteht das Wahrheitsproblem – das Problem der Wahrheit oder Falschheit einer Erzählung oder eines Berichtes, zum Beispiel eines Berichtes über eine Jagd. Mit dem Problem, ob der Bericht wahr war oder vielleicht eine wunschgefärbte Aufschneiderei (also Jägerlatein), entsteht das entscheidend wichtige Wahrheitsproblem. Gleichzeitig entsteht die Möglichkeit des Märchenerzählens oder Geschichtenerzählens. Diese Märchen oder Geschichten oder Mythen sind auch die ursprünglichen theoretischen Erklärungen: Die Anfänge der Wissenschaft bei den Griechen gehen auf Homer und Hesiod zurück; die Anfänge der Kunst, die vorgeschichtlichen Höhlenmalereien von Jagden und Tieren, sind magische Geschichten; die ägyptische und die assyrische Kunst sind zum großen Teil Illustrationen von Geschichten oder Illustrationen zur Zeitgeschichte. So kommt es zur Entwicklung einer Welt 3.

Zusammenfassend ist zu sagen, daß ich durch die Betonung des theoretischen Charakters unseres menschlichen Wissens von der Erkenntnistheorie zur Theorie der Welt 3 geführt wurde und daß ich glaube, daß unsere Menschlichkeit in der Existenz der Welt 3 verankert ist und nur im Zusammenhang mit der objektiven Welt 3 und der Idee der Mythenbildung, aber auch der objektiven Wahrheit erklärt werden kann.

Zusammenfassung

Ich habe folgendes in meinem Vortrag versucht:

(1) Ich versuchte *nicht,* das Leib-Seele-Problem zu lösen; das heißt, ich weiß nicht, wie das Gehirn und das Bewußtsein aufeinander einwirken.

(2) Aber ich habe das Problem *neu* gestellt und *anders*, als es gewöhnlich gestellt wurde.

(3) Ich betone die Existenz dreier teilweise autonomer, aber in Wechselwirkung stehender Welten: die physische Welt 1, die Welt 2 der Bewußtseinsvorgänge und die Welt 3, die Welt der Produkte des menschlichen Geistes.

(4) Ich habe insbesondere gegen den Physikalismus oder Behaviorismus zu zeigen versucht, daß die Welt 2 existiert, da nur sie den Einfluß der Welt 3 auf die Welt 1 erklären kann.

(5) Ich habe versucht zu zeigen, daß die physische Welt 1 gegenüber der psychischen Welt 2 offen ist. Das ist eine These, die die Physiker sehr ungern akzeptieren. Ich habe aber versucht zu zeigen, daß sie trotzdem wahr zu sein scheint.

(6) Ich habe insbesondere versucht zu zeigen, daß die Welt 2 mit der Welt 3 in so enger Verknüpfung oder Wechselwirkung steht, daß das menschliche Selbstbewußtsein oder Ichbewußtsein ohne die Existenz der Welt 3 unverständlich ist. Das Ichbewußtsein ist in der Welt 3 verankert.

(7) Genetisch ist also die menschliche Welt 2 ebenso ein Produkt der Welt 3, wie die Welt 3 ein Produkt der Welt 2 ist. Anders ausgedrückt: Wir sind ein Produkt unserer Produkte, also unserer Zivilisation, zu der wir alle beitragen.

Anmerkung

Vorlesung in Mannheim, gehalten am 8. Mai 1972 unter dem Titel »Bemerkungen eines Realisten über das Leib-Seele-Problem«.

Teil II
Erkenntnis – Lernen – Wissen

1. Zurück zu den Vorsokratikern

I

»Zurück zu Methusalem« war ein geradezu fortschrittliches Programm im Vergleich mit »Zurück zu Thales« oder »Zurück zu Anaximander«: Shaw bezog sich auf die verlängerte Lebenserwartung – das Thema lag in der Luft, jedenfalls zu der Zeit, als er darüber schrieb. Ich habe Ihnen leider nichts Vergleichbares zu bieten, nichts, das in der Luft läge; ich möchte lediglich zu der einfachen, direkten *Rationalität* der Vorsokratiker zurückkehren. Worin besteht nun deren vieldiskutierte »Rationalität«? Zum Teil besteht sie in der Einfachheit und Kühnheit ihrer Fragen; meine Behauptung aber geht dahin, daß der entscheidende Punkt die kritische Haltung ist, die – wie ich zu zeigen versuchen werde – zuerst in der ionischen Schule entwickelt wurde.

Die Fragen, welche die Vorsokratiker beantworten wollten, waren in erster Linie kosmologischer Art, es gab aber auch Fragen der Erkenntnistheorie. Ich glaube, daß die Philosophie zur Kosmologie und zu einer einfachen Erkenntnistheorie zurückkehren muß. Es gibt zumindest ein philosophisches Problem, das alle denkenden Menschen interessiert: das Problem, die Welt, in der wir leben, zu verstehen und somit auch uns selbst (die wir ein Teil dieser Welt sind) und unser Wissen von der Welt. Ich glaube, daß jede Wissenschaft im Grunde Kosmologie ist. Für mich liegt das Ziel sowohl der Philosophie als auch der Wissenschaft ausschließlich in dem kühnen Unterfangen, unser Wissen von der Welt und die Theorie dieses Wissens zu vermehren. Wittgenstein zum Beispiel interessiert mich nicht wegen seiner Sprachphilosophie, sondern weil sein »Tractatus« eine kosmologische Abhandlung ist (wenngleich eine bruchstückhafte) und weil seine Erkenntnistheorie eng mit seiner Kosmologie zusammenhängt.

Philosophie und Wissenschaft verlieren in meinen Augen jegliche Attraktivität, wenn sie dieses Ziel aufgeben – wenn sie zu Spezialgebieten werden und die Rätsel unserer Welt nicht mehr sehen und nicht mehr darüber staunen. Das Spezialistentum kann eine große Versuchung für den Wissenschaftler sein. Für den Philosophen ist es eine Todsünde.

II

In diesem Text spreche ich als ein Amateur, als ein Liebhaber der wunderbaren Geschichte der Vorsokratiker. Ich bin weder Spezialist noch Experte: Ich verliere ganz und gar den Boden unter den Füßen, wenn ein Experte darüber zu argumentieren beginnt, welche Sätze oder Wörter möglicherweise von Heraklit stammen könnten und welche nicht. Wenn nun irgendein Experte auch noch eine wunderschöne Geschichte, die auf den ältesten Texten, die wir besitzen, basiert, durch eine andere Version ersetzt, die meiner Meinung nach überhaupt keinen Sinn ergibt, dann, glaube ich, darf sogar ein Liebhaber aufstehen und eine alte Tradition verteidigen. So werde ich also die Argumente der Experten zumindest genau betrachten und ihre Schlüssigkeit überprüfen. Dies ist doch wohl eine eher harmlose Beschäftigung, und wenn ein Experte oder irgend jemand sonst sich die Mühe machen sollte, meine

Kritik zu widerlegen, dann wäre ich glücklich und würde mich geehrt fühlen.

Ich werde die kosmologischen Theorien der Vorsokratiker behandeln, jedoch nur so weit, wie ich für die Entwicklung des *Problems der Veränderung,* wie ich es nenne, wichtig sind, und insofern sie notwendig sind zum Verständnis der Methode, welche die vorsokratischen Philosophen bei ihren Versuchen, das Problem der Erkenntnis im praktischen und theoretischen Sinn zu lösen, anwenden. Es ist nämlich außerordentlich interessant zu sehen, wie eng sowohl ihre Erkenntnispraxis als auch ihre Erkenntnistheorie mit den kosmologischen und theologischen Fragen, die sie sich stellten, verbunden sind. Ihre Erkenntnistheorie begann nicht mit Fragen wie: »Woher weiß ich, daß das eine Orange ist?« oder: »Woher weiß ich, daß der Gegenstand, den ich gerade wahrnehme, eine Orange ist?« Ihre Erkenntnistheorie setzte vielmehr an bei Problemen wie: »Woher wissen wir, daß die Welt aus Wasser entstanden ist?« oder: »Woher wissen wir, daß die Welt voll von Göttern ist?« oder: »Können wir irgend etwas über die Götter wissen?«

Es gibt den weitverbreiteten Glauben, der, meiner Meinung nach, in gewisser Weise Francis Bacon zu verdanken ist, man solle die Erkenntnistheorie eher an unserer Erkenntnis einer Orange erproben als an unserer Erkenntnis des Kosmos. Ich teile diesen Glauben nicht, und es ist eines der Hauptziele meines Textes, Ihnen einige meiner Gründe für meine abweichende Auffassung darzulegen. Es ist auf jeden Fall nützlich, sich von Zeit zu Zeit daran zu erinnern, daß unsere abendländische Wissenschaft – und es gibt wohl keine andere – nicht damit begonnen hat, Beobachtungen über Orangen zu sammeln, sondern damit, kühne Theorien über die Welt aufzustellen.

III

Die traditionelle empirische Erkenntnistheorie und die traditionelle Wissenschaftsgeschichte sind zutiefst von dem Mythos des Francis Bacon geprägt, daß jegliche Wissenschaft mit der Beobachtung beginnt und dann langsam und vorsichtig zu den Theorien fortschreitet. Daß es sich jedoch gänzlich anders verhält, lehrt uns die Beschäftigung mit den frühen Vorsokratikern. Hier finden wir kühne und faszinierende Ideen, von denen einige ungewöhnliche, ja verblüffende Vorwegnahmen moderner Ergebnisse sind, während viele andere weitab vom Ziel liegen, jedenfalls nach modernen Gesichtspunkten. Die meisten Ideen jedoch, und zwar die besten, haben mit Beobachtung nichts zu tun. Nehmen wir zum Beispiel einige der Theorien über die Form und die Position der Erde. Thales sagte, wie wir wissen (A 15), »daß die Erde vom Wasser getragen wird, auf dem sie fährt wie ein Schiff, und wenn wir sagen, daß sie bebt, schwankt die Erde infolge einer Bewegung des Wassers«. Zweifellos hat Thales sowohl Erdbeben als auch das Stampfen eines Schiffes beobachtet, bevor er diese Theorie aufstellte. Der tiefere Sinn dieser Theorie jedoch war die *Erklärung* dessen, was die Erde stützt oder hält, sowie der Entstehung der Erdbeben durch die Annahme, daß die Erde auf dem Wasser schwimmt. Für diese Annahme (die so erstaunlich die heutige Theorie der Kontinentaldrift vorwegnimmt) konnte er sich aber unmöglich auf Beobachtungen stützen.

Wir dürfen nicht vergessen, daß Bacons Mythos die Funktion hatte zu erklären, aus welchem Grunde wissenschaftliche Feststellungen *wahr* sind, indem er betonte, daß die Beobachtung die *»wahre Quelle«* unserer wissenschaftlichen Erkenntnis ist. Sobald wir erkannt haben, daß alle wissenschaftlichen Feststellungen Hypothesen,

Meinungen und Vermutungen sind und daß die überwiegende Mehrzahl dieser Vermutungen (einschließlich Bacons eigener) sich als falsch erwiesen hat, wird der Baconsche Mythos irrelevant. Es ist doch sinnlos zu behaupten, daß die Annahmen der Wissenschaft – sowohl die nachweislich falschen als auch die noch heute gültigen – alle auf Beobachtungen basieren.

Wie dem auch sei, Thales' wunderschöne Theorie, die erklärt, was die Erde stützt oder hält, und seine Theorie über die Entstehung der Erdbeben, die auf keinerlei Beobachtung beruht, ist doch immerhin inspiriert von einem Analogieschluß aus Erfahrungen und Beobachtungen. Das kann man allerdings von der Theorie des bedeutendsten Thales-Schülers Anaximander schon nicht mehr behaupten. Anaximanders Theorie darüber, was die Erde stützt, ist zwar immer noch höchst intuitiv, sie stützt sich jedoch nicht auf durch Beobachtungen gewonnene Analogien. Sie ist tatsächlich geradezu das Gegenteil einer Beobachtung. Laut Anaximanders Theorie ist (A 11):

> »die Erde von nichts gehalten, sie bleibt dadurch an ihrem Ort, daß sie von allen Dingen den gleichen Abstand hat. Ihre Form ist ... einer (Säulen-)Trommel ähnlich ... Wir gehen auf der einen ihrer Grundflächen, die andere liegt dieser gegenüber.«

Die Trommel ist selbstverständlich eine Beobachtungsanalogie. Die Vorstellung jedoch von der Erde als frei im Raum schwebend und die Erklärung ihrer Stabilität besitzt keinerlei Analogie auf dem weiten Gebiet der zu beobachtenden Tatsachen.

Meiner Meinung nach ist diese Idee des Anaximander einer der kühnsten, revolutionärsten und außergewöhnlichsten Gedanken in der gesamten Geschichte des menschlichen Denkens. Sie ermöglichte die Theorien eines Aristarch und Kopernikus. Der Gedankenschritt, den Anaximander tat, war sogar noch komplexer und wagemutiger als der von Aristarch und Kopernikus. Die Vorstellung von der Erde als freischwebend in der Mitte des Weltalls und die Aussage, »daß sie unbewegt dank ihrer nach allen Seiten gleichen Entfernung oder ihres Gleichgewichts« ist (wie Aristoteles Anaximander wiedergibt), bedeutet sogar eine Vorwegnahme der Newtonschen Idee von der immateriellen und unsichtbaren Schwerkraft.

IV

Wie kam nun Anaximander zu dieser erstaunlichen Theorie? Sicherlich nicht durch Beobachtung, sondern durch Nachdenken. Seine Theorie stellt einen Versuch dar, eines der Probleme zu lösen, die sein Lehrer und Verwandter Thales, der Begründer der Schule von Milet oder der ionischen Schule, bereits vor ihm zu lösen versucht hatte. Ich vermute, daß Anaximander seine Theorie in einer kritischen Auseinandersetzung mit der Theorie des Thales entwickelte. Diese Vermutung kann, glaube ich, gestützt werden, wenn wir den Aufbau der Theorie des Anaximander betrachten.

Wahrscheinlich argumentierte Anaximander gegen die Theorie des Thales (die Erde schwimme auf dem Wasser) folgendermaßen: Die Theorie des Thales ist ein Musterbeispiel für jenen Typus von Theorie, die, wenn man sie konsequent weiterentwickelt, zu einem unendlichen Regreß führen muß. Wenn man die stabile Position der Erde mit der Annahme zu erklären versucht, daß sie vom Wasser getragen wird – das heißt, daß sie auf dem Ozean (Okeanos) treibt –, muß man dann nicht auch annehmen, daß sich die stabile Position des Ozeans aus analogen Hypothesen ergibt? Das aber würde bedeuten, daß man einen Träger für den Ozean finden müßte und dann erneut einen Träger für diesen Träger. Diese Erklärungsmethode ist unbefriedigend: erstens, weil man das Problem durch das Aufwerfen eines analogen Problems löst, und zweitens, etwas weniger formal und eher intuitiv gedacht, weil in einem derartigen System von Trägern oder Stützen jeder Sicherheitsmangel an einer der unteren Stützvorrichtungen zum Zusammenbruch des gesamten Gefüges führen muß.

Daraus schließen wir intuitiv, daß die Stabilität der Welt nicht durch ein System von Trägern und Stützen gesichert sein kann. Anaximander beruft sich statt dessen auf eine der Erde innewohnende oder strukturelle Symmetrie der Welt, die gewährleistet, daß sie nicht in eine bestimmte Richtung fallen kann. Er stellt den Grundsatz auf, daß es dort, wo es keine Unterschiede gibt, auch keine Veränderung geben kann. So erklärt er die Stabilität der Erde durch die nach allen Seiten gleichen Entfernungen von allen anderen Dingen.

Das, so scheint es, war Anaximanders Gedankengang. Man muß sich darüber im klaren sein, daß diese Folgerung, wenn auch vielleicht sicherlich nicht bewußt und nicht ganz konsequent, die Vorstellung von einer absoluten Richtung aufgibt – und damit auch die absolute Bedeutung der Begriffe »aufwärts« und »abwärts«. Das widerspricht nicht nur jeglicher Erfahrung, sondern es ist auch bekanntlich schwierig zu begreifen. Anaximander ignorierte das, wie es scheint, und begriff es wohl auch nicht vollständig. Die Vorstellung einer gleichen Entfernung von allen Dingen hätte ihn nämlich zu der Theorie führen müssen, daß die Erde die Form einer Kugel hat. Statt dessen nahm er an, sie habe die Form einer Trommel mit einer flachen Ober- und Unterseite. Man ist versucht zu vermuten, daß die Bemerkung »Wir gehen auf der einen ihrer Grundflächen, die andere liegt dieser gegenüber« (A 11) einen Hinweis darauf enthält, daß es keine absolute obere Seite gibt, sondern daß im Gegenteil die Seite, auf der wir gerade gehen, diejenige ist, die wir als die obere *bezeichnen* könnten.

Aus welchem Grund wohl gelangte Anaximander nicht zu dem Schluß, daß die Erde eher eine Kugel als eine Trommel ist? Es kann kaum einen Zweifel geben: Die *Erfahrung durch Anschauung* lehrte ihn, daß die Oberfläche der Erde im großen und ganzen flach ist. Das heißt, es war ein spekulativer und kritischer Gedankengang, eine abstrakte kritische Diskussion der Theorie des Thales, die ihn beinahe zu der richtigen Theorie von der Form der Erde geführt hat. Und es war Erfahrung durch Anschauung, die ihn in die Irre führte.

V

Es gibt allerdings einen bedeutenden Einwand gegen Anaximanders Theorie der Symmetrie, der zufolge die Erde von allen anderen Dingen gleich weit entfernt ist. Die Asymmetrie des Weltalls ist unschwer aus der Tatsache zu erkennen, daß es Sonne und Mond gibt, daß diese Gestirne manchmal nahe beieinander stehen und sich somit auf einer und derselben Seite der Erde befinden, während es auf der anderen Seite nichts gibt, was ihnen als Gegengewicht dienen könnte. Anaximander scheint diesem Einwand mit einer anderen kühnen Theorie begegnet zu sein, nämlich seiner Theorie von der unsichtbaren Natur der Sonne, des Mondes und der übrigen Himmelskörper.

Er stellt sich den Felgenkranz zweier gewaltiger Wagenräder vor, die sich um die Erde drehen, eines 27 mal größer als die Erde, das andere 18 mal. Jeder dieser Reifen oder kreisförmigen Schläuche ist voller Feuer und besitzt ein röhrenförmiges Loch, durch das man das Feuer sehen kann. Diese Löcher nennen wir Sonne beziehungsweise Mond. Der Rest des Rades ist unsichtbar, wahrscheinlich weil dort Dunkelheit oder Nebel herrschen und weil es weit entfernt ist. Die Fixsterne (wohl auch die Planeten) sind gleichfalls Löcher in Rädern, die sich näher an der Erde befinden als die Räder von Sonne und Mond. Die Räder der Fixsterne rotieren um eine gemeinsame Achse (die wir heute als Erdachse bezeichnen). Sie bilden gemeinsam eine Kugelschale um die Erde, und damit ist das Postulat ihrer gleichen Entfernung von der Erde (annähernd) bewiesen. So wird Anaximander auch zu einem Begründer der *Sphärentheorie* (zur Beziehung der Sphärentheorie zu den Rädern oder Kreisen siehe Aristoteles, »De Caelo«, 289b10–290b10).

VI

Zweifellos haben Anaximanders Theorien eher kritische und spekulative Wurzeln, als daß sie sich auf Erfahrung stützten. Diese kritischen und abstrakten Spekulationen jedoch führten ihn näher an die Wahrheit heran als etwa Erfahrung durch Anschauung oder Analogieschlüsse.

Nun könnte ein Bacon-Anhänger allerdings einwenden, gerade diese Methode beweise, daß Anaximander kein Wissenschaftler gewesen sei. Aus eben diesem Grunde jedoch sprechen wir ja auch von frühgriechischer *Philosophie* und nicht so sehr von frühgriechischer *Wissenschaft*. Philosophie ist spekulativ, das weiß jeder. Und jedermann weiß auch, daß die Wissenschaft da beginnt, wo die Methode der Spekulation durch die Methode der Beobachtung und die Deduktion durch die Induktion ersetzt wird.

Dieser Einwand führt automatisch zu der These, daß Theorien per definitionem dann *wissenschaftlich* sind (oder es anderenfalls nicht sind), wenn sie ihren Ursprung aus Beobachtungen oder sogenannten induktiven Verfahren herleiten. Ich glaube aber, daß nur wenige physikalische Theorien (wenn überhaupt) dieser Definition standhalten. Und ich vermag nicht einzusehen, aus welchem Grund die Frage des Ursprungs einer Theorie in diesem Zusammenhang von Bedeutung sein sollte. Das wesentliche Kriterium für eine Theorie ist doch ihre Erklärungskraft und die Frage, ob sie Kritik und Nachprüfung standhält. Die Frage nach dem Ursprung einer Theorie, wie sie zustande kam – ob durch einen »induktiven Vorgang«, wie manche sagen, oder durch Intuition –, mag höchst interessant sein, besonders für den Biographen des Erfinders dieser Theorie, sie hat jedoch kaum eine Bedeutung für ihren wissenschaftlichen Stellenwert oder Charakter.

VII

Was die Vorsokratiker betrifft, so bin ich der festen Überzeugung, daß zwischen ihren Theorien und der späteren Entwicklung der Physik eine Kontinuität des Denkens besteht, die so lückenlos wie nur irgend möglich ist. Es spielt dabei keine große Rolle, ob man sie nun Philosophen, Früh-Wissenschaftler oder Wissenschaftler nennt. Aber ich behaupte, daß die Theorie des Anaximander den Weg für die Theorien eines Aristarch, Kopernikus, Kepler bis hin zu Galilei bereitet hat. Er hat diese späteren Denker nicht bloß »beeinflußt« – »Beeinflussung« wäre hier ein zu oberflächlicher Begriff. Ich würde es eher so ausdrücken: Anaximanders Leistung hat wie ein Kunstwerk ihren Zenit in sich selbst. Doch zusätzlich ermöglichte seine Leistung spätere bedeutende Leistungen, wozu die der großen Wissenschaftler zählen, die ich erwähnt habe.

Aber sind die Theorien des Anaximander nicht falsch und daher nicht-wissenschaftlich? Ich gebe zu, sie sind falsch: Dies gilt aber gleichermaßen für viele andere Theorien, die sich auf zahllose Experimente stützen, welche die moderne Wissenschaft noch bis vor kurzem anerkannt hat und deren Wissenschaftlichkeit nicht im Traum angezweifelt wird, obwohl man heute glaubt, daß sie nicht haltbar sind. (Ein Beispiel hierfür ist die Theorie, daß die typischen chemischen Eigenschaften des Wasserstoffs lediglich einer Atomart zugeordnet sind – dem leichtesten aller Atome.) Es gab Wissenschaftshistoriker, die dazu neigten, jede Sichtweise für unwissenschaftlich (oder gar für abergläubisch) zu halten, die zu der Zeit, als sie ihre Werke schrieben, schon nicht mehr allgemein akzeptiert wurde – ein unhaltbarer Standpunkt. Eine falsche Theorie kann eine ebenso großartige Leistung sein wie eine richtige. Viele falsche Theorien waren uns bei unserer Suche nach der Wahrheit nützlicher als manche weniger interessanten Theorien, die noch immer Bestand haben. Falsche Theorien können nämlich in vielerlei Hinsicht hilfreich sein. Sie können beispielsweise zu mehr oder weniger radikalen Abwandlungen führen, und sie können zur kritischen Betrachtung herausfordern. So taucht die Theorie des Thales, daß die Erde auf dem Wasser schwimmt, in veränderter Form bei Anaximenes auf, bis hin zu der aus der ersten Hälfte des 20. Jahrhunderts stammenden Theorie Wegeners über die Kontinentaldrift. Inwieweit die Theorie des Thales Anaximanders Kritik anregte, haben wir schon gesehen.

In ähnlicher Weise legte die Theorie des Anaximander eine Abwandlung nahe – die Theorie einer Erdkugel, die frei im Weltall schwebt, von Sphären umgeben, an denen Himmelskörper befestigt sind. Und indem sie zu Kritik anregte, entstand die Theorie, daß der Mond durch reflektiertes Licht leuchtet. So kam es zu der Theorie des Pythagoras vom zentralen Feuer und schließlich zum heliozentrischen Weltsystem von Aristarch und Kopernikus.

VIII

Ich glaube, daß die Milesier – wie ihre orientalischen Vorgänger, welche die Welt für ein Zelt hielten – sich die Welt als eine Art Haus vorstellten, als das Heim aller Geschöpfe, als unser Zuhause. So war es nicht nötig, nach dem Zweck der Welt zu fragen. Es gab jedoch ein echtes Bedürfnis, ihren Bauplan zu erforschen. Die Fragen nach ihrer Struktur, ihrem Grundriß und ihrem Baumaterial bilden die drei Hauptprobleme der Kosmologie der Milesier. Es gibt aber außerdem auch ein spekulatives Interesse der Milesier am Ursprung der Welt, die Frage der Kosmogonie. Mir scheint, daß das kosmologische Interesse der Milesier viel stärker als ihr Interesse an der Kosmogonie war, besonders wenn wir die starke Tradition der Kosmogonie berücksichtigen und dazu die unwiderstehliche Neigung, einen Gegenstand dadurch zu beschreiben, daß man darstellt, wie er gemacht wurde, und auf diese Weise einen kosmologischen Entwurf in die Form einer Kosmogonie bringt. Das Interesse an der Kosmologie muß also im Vergleich zum kosmogonischen sehr stark sein, damit sie auch nur einigermaßen frei von kosmogonischen Ausschmückungen dargestellt werden kann.

Ich glaube, daß es Thales war, der als erster den Bauplan

der Welt untersuchte – ihre Struktur, ihren Grundriß und ihren Baustoff. Bei Anaximander finden wir dann die Antworten auf alle drei Fragestellungen. Ich habe seine Antwort auf die Frage nach der Struktur der Welt kurz erwähnt. Was die Frage nach dem Grundriß der Welt angeht, so untersuchte und erklärte er diesen ebenfalls, da überliefert ist, daß er die erste Weltkarte zeichnete. Selbstverständlich hatte er auch eine Theorie über den Baustoff – das »Endlose« oder »Grenzenlose«, »Unbeschränkte« oder »Ungeformte« –, das ἄπειρον, *Apeiron.*

In Anaximanders Welt gab es alle möglichen Arten von *Veränderungen.* Es gab ein Feuer, das Luft benötigte, und Atemlöcher, die zweitweise abgeriegelt wurden (»verstopft«), so daß das Feuer erstickt wurde. Das war seine Theorie von den Sonnen- und Mondfinsternissen sowie den Mondphasen. Es gab Winde, welche die Wetterschwankungen verursachten. Und es gab Dämpfe, die aus der Verdunstung des Wassers und der Luft entstanden und die Winde und auch die Sonnenwenden (Solstizes) und Mondwenden erzeugten.

Wir haben hier den ersten Hinweis auf etwas, was alsbald folgen sollte: das *allgemeine Problem der Veränderung,* welches zum zentralen Problem der griechischen Kosmologie wurde und schließlich bei Leukipp und Demokrit zu *einer allgemeinen Theorie der Veränderung* führte, der die moderne Wissenschaft bis fast zum Beginn des 20. Jahrhunderts folgte. (Sie wurde erst beim Zusammenbruch des Maxwellschen Modells des Äthers aufgegeben, einem historischen Ereignis, von dem man vor 1905 kaum Notiz nahm.)

Dieses *allgemeine Problem der Veränderung* ist ein philosophisches Problem; bei Parmenides und Zenon allerdings wird es beinahe zu einem logischen Problem. *Wie ist Veränderung möglich* – das heißt logisch möglich? Wie kann sich ein Ding verändern, ohne seine Identität zu verlieren? Wenn es dasselbe bleibt, verändert es sich nicht; wenn es aber seine Identität verliert, dann ist es nicht mehr das Ding, das sich verändert hat.

IX

Die faszinierende Geschichte der Entwicklung des Problems der Veränderung scheint mir in Gefahr zu sein, von der zunehmenden Häufung kleinlicher Textkritik fast völlig begraben zu werden. Diese Geschichte kann natürlich in einer kurzen Abhandlung nicht erschöpfend behandelt werden, geschweige denn in einem ihrer vielen Abschnitte. Kurz umrissen, stellt sie sich folgendermaßen dar.

Für Anaximander waren unsere Welt und unser Weltgebäude lediglich ein Teil unendlich vieler Welten – unendlich ohne Grenzen in Raum und Zeit. Dieses System von Welten war ewig, und ewig war auch die Bewegung. Auf diese Weise mußte die Bewegung nicht erklärt werden, es mußte keine *allgemeine* Theorie der Veränderung aufgestellt werden (in dem Sinn, wie wir ein allgemeines Problem und eine allgemeine Theorie der Veränderung bei Heraklit finden werden; siehe S. 146ff.). Man mußte jedoch die Veränderung innerhalb der alltäglichen Erfahrung in unserer Welt erklären. Die auffälligsten Phänomene – der Wechsel von Tag und Nacht, von Wind und Wetter, der Wechsel der Jahreszeiten, von Saat und Ernte, das Wachstum der Pflanzen, Tiere und Menschen – wurden in einen Zusammenhang mit den Temperaturunterschieden, dem Gegensatz von heiß und kalt, trocken und feucht gebracht. »Lebewesen sind entstanden, indem sie von der Sonne ihrer Feuchtigkeit beraubt wurden«, erfahren wir (A 11); und Hitze und Kälte spielten auch bei der Entstehung unseres eigenen Weltgebäudes eine Rolle. Hitze und Kälte waren auch die Ursache für die Dämpfe und die Winde, die ihrerseits fast alle übrigen Veränderungen entstehen lassen.

Anaximenes, Schüler und Nachfolger des Anaximander, arbeitete diese Ideen in vielen Einzelheiten weiter aus. Wie Anaximander interessierte auch ihn der Gegensatz von Hitze und Kälte, von Feuchtigkeit und Trockenheit, und er erklärte den Übergang zwischen diesen Gegensätzen mit einer Theorie der Verdichtung und Verdünnung. Wie Anaximander glaubte auch er an eine ewige Bewegung und an die Wirkung der Winde, und es scheint nicht unwahrscheinlich, daß einer der zwei wesentlichen Punkte, in denen er von Anaximander abwich, aus der Kritik an der Idee entstand, daß etwas, was vollkommen grenzenlos und formlos war (das *Apeiron*), sich trotzdem bewegte. Jedenfalls ersetzte er das *Apeiron* durch *Luft* – ein Prinzip, das beinahe grenzenlos und formlos war und dennoch, gemäß der alten anaximanderschen Theorie der Dämpfe, nicht nur zur Bewegung fähig, sondern sogar die Hauptursache für Bewegung und Veränderung war. Eine ähnliche Zusammenführung unterschiedlicher Ideen stellt Anaximenes' Theorie dar, daß »die Sonne aus Erde besteht und daß sie infolge der Geschwindigkeit ihrer Bewegung sehr heiß wird« (A 6). Die Tatsache, daß Anaximenes die eher abstrakte Theorie des unbegrenzten *Apeiron* durch die weniger abstrakte und eher allgemeinverständliche Theorie von der Luft ersetzt, entspricht seiner abweichenden Auffassung von der kühnen anaximanderschen Stabilitätstheorie der Erde, die er durch die eher pragmatische Vorstellung ersetzt, daß »die Flachheit der Erde die Ursache für ihre Stabilität ist; denn sie ... bedeckt wie ein Deckel die Luft unter ihr« (A 20). So schwebt die Erde auf der Luft, ähnlich wie ein Topfdeckel auf dem Dampf oder wie ein Schiff auf dem Wasser, die Frage des Thales wird wieder aufgegriffen, und Anaximanders epochemachender Gedanke bleibt unverstanden. Anaximenes ist ein Eklektiker, ein Systematiker, ein Empiriker, ein eher pragmatischer Mann. Er ist von den drei großen Milesiern der am wenigsten Schöpferische im Sinne revolutionärer neuer Ideen; er ist der am wenigsten philosophisch Denkende.

Alle drei Milesier betrachteten unsere Welt als unser Heim. Es gab da Bewegung, es gab Veränderungen in diesem Heim, es gab Hitze und Kälte, Feuer und Feuchtigkeit. Es gab ein Feuer im Herd mit einem Kessel voller Wasser darauf. Das Haus war den Winden ausgesetzt, ein bißchen zugig, um genau zu sein, aber es war unser Haus und bot in gewisser Weise Sicherheit und Stabilität. Für Heraklit allerdings stand das Haus in Flammen.

In der Welt des Heraklit gab es keine Stabilität mehr. »Alles ist in Fluß, nichts ist in Ruhe.« *Alles* ist in Fluß, sogar die Balken, das Bauholz, der Baustoff, aus dem die Welt gemacht ist: Erde und Felsen oder die Bronze eines Kessels – alles ist in Bewegung. Die Balken verrotten, die Erde wird weggespült oder verweht, sogar die Felsen zerbrechen und verwittern, der Bronzekessel bekommt eine Patina oder setzt Grünspan an: »Alle Dinge sind ständig in Bewegung, auch wenn ... wir es mit unseren Sinnen nicht wahrnehmen«, wie Aristoteles es ausdrückte. Diejenigen, die nicht wissen und nicht denken, glauben, daß nur das Öl verbrennt, während die Schale, in der es brennt (vgl. DK A 1), unverändert bleibt; denn wir sehen die Schale nicht brennen. Und doch brennt sie; sie wird von dem Feuer in ihr zerfressen. Wir *sehen* nicht, wie unsere Kinder heranwachsen, sich verändern und alt werden, und es geschieht doch.

Es gibt also keine unveränderlichen Körper. Die Dinge

sind nicht wirklich Dinge, sie sind Prozesse, sie sind in Fluß. Sie sind wie Feuer, wie eine Flamme, die, obwohl sie eine bestimmte Form haben kann, ein Prozeß ist, ein Strom von Materie, ein Fluß. Alle Dinge sind Flammen: *Feuer* ist der wahre Baustoff unserer Welt; und die scheinbare Stabilität der Dinge ist hauptsächlich auf die Gesetze, die Maße, zurückzuführen, denen die Prozesse in unserer Welt unterworfen sind.

Das ist, wie ich glaube, Heraklits Entdeckung; es ist seine »Botschaft« und das »wahre Wort« (der λόγος, *logos*), auf das wir hören sollten: »Wenn man nicht auf mich, sondern auf die Auslegung hört, so ist es weise beizupflichten, daß alle Dinge eins sind«, sie sind »ein ewig lebendiges Feuer, nach Maßen aufflammend und nach Maßen verlöschend«.

Ich weiß sehr wohl, daß die traditionelle Interpretation der Philosophie Heraklits, wie ich sie hier erneut darstelle, heutzutage nicht allgemein akzeptiert wird. Ihre Kritiker haben jedoch nichts an ihre Stelle gesetzt, nichts jedenfalls von philosophischem Interesse. Ich werde ihre neuen Interpretationen im nächsten Abschnitt kurz erörtern. Hier möchte ich lediglich betonen, daß die Philosophie des Heraklit, die, indem sie sich an das Denken, das Wort, die Auseinandersetzung und an die Vernunft richtete und aufzeigte, daß wir in einer Welt der Dinge leben, deren Veränderungen sich unseren Sinnen entziehen, obwohl wir *wissen,* daß sie sich verändern, zwei neue Probleme hervorbrachte: *das Problem der Veränderung* und *das Problem der Erkenntnis.* Diese Probleme waren um so dringlicher, als seine eigene Vorstellung von der Veränderung so schwer zu verstehen war. Ich glaube jedoch, dies muß der Tatsache zugeschrieben werden, daß er klarsichtiger als seine Vorgänger die Schwierigkeiten erkannte, die mit der Idee der Veränderung an sich verbunden sind.

Denn Veränderung bedeutet immer Veränderung von etwas: Veränderung setzt ein sich veränderndes Objekt voraus. Und das wiederum setzt voraus, daß dieses Etwas während der Umwandlung dasselbe bleiben muß. Wir können sagen, daß sich ein grünes Blatt verändert, wenn es braun wird. Wir sagen aber nicht, daß sich das grüne Blatt verändert, wenn wir es durch ein braunes Blatt ersetzen. Es ist wesentlich für die Vorstellung von der Veränderung, daß das Ding, das sich verändert, seine Identität beibehält, während es sich verändert. Und doch muß es zu etwas anderem werden: Es war grün und wird braun; es war feucht und wird trocken; es war heiß und wird kalt.

So ist jede Veränderung der Übergang eines Dinges in etwas von gewissermaßen entgegengesetzten Eigenschaften (wie Anaximander und Anaximenes gesehen hatten). Trotzdem aber muß das sich verändernde Ding, während es sich verändert, mit sich selbst identisch bleiben.

Das ist das Problem der Veränderung. Es führte Heraklit zu einer Theorie, die (teilweise Parmenides vorwegnehmend) zwischen Wirklichkeit und Erscheinung unterscheidet. »Die wahre Natur liebt es, sich zu verbergen. Eine verborgene Harmonie ist stärker als eine offenbare« (B 123, B 54). Die Dinge sind *dem Anschein nach* (und für uns) Gegensätze, in Wahrheit jedoch (und für Gott) sind alle Dinge eins.

»Leben und Tod, Wachsein und Schlaf, Jugend und Alter, sie alle sind dasselbe ... denn kehrt man das eine um, so ist es das andere, und kehrt man das andere um, so ist es das erste... Der Weg hinauf und der Weg hinab ist derselbe Weg... Gut und Böse sind ein und dasselbe... Vor Gott sind alle Dinge schön, gut und gerecht, aber die Menschen halten manche Dinge für ungerecht und andere für gerecht... Es liegt nicht in der Natur des Menschen, wahres Wissen zu besitzen; aber es liegt in der göttlichen Natur.« (B 88, 60, 58, 102, 78)

Demgemäß sind in Wahrheit (und vor Gott) die Gegensätze identisch; einzig dem Menschen erscheinen sie als nicht identisch. Und alle Dinge sind eins, sie sind alle Teile des Weltprozesses, des ewig lebendigen *Feuers*.

Diese Theorie der Veränderung beruft sich auf das »wahre Wort«, den *logos*, die Vernunft. Für Heraklit besitzt nichts mehr Wirklichkeit als die Veränderung. Allerdings bedroht diese Lehre von der Einheit der Welt, von der Identität der Gegensätze, von Erscheinung und Wirklichkeit, die Lehre von der Wirklichkeit der Veränderung.

Denn Veränderung ist der Übergang von einem Gegensatz zu einem anderen. Wenn demgemäß die Gegensätze in Wirklichkeit identisch sind, obwohl sie verschieden erscheinen, dann könnte auch die Veränderung selbst nur scheinbar sein. Wenn in Wahrheit, und vor Gott, alle Dinge eins sind, dann gibt es wohl in Wirklichkeit auch keine Veränderung.

Diese Folgerung wurde von Parmenides gezogen, dem Schüler des Monotheisten Xenophanes (vergleiche Burnet und andere), der von dem einen Gott sagte:

»Ein Gott nur ist der größte, allein unter Göttern und Menschen.
Nicht an Gestalt den Sterblichen gleich, noch in seinen Gedanken. Stets am selbigen Ort verharrt er ohne Bewegung,
Und es geziemt ihm auch nicht, bald hierhin, bald dorthin zu wandern.
Müh'los regiert er das All, allein durch sein Wissen und Wollen.
Ganz ist er Sehen; ganz Denken und Planen; und ganz ist er Hören.«

(DK B 23, 26, 25, 24)

Xenophanes' Schüler Parmenides lehrte, daß die reale Welt eins sei, immer an ein- und derselben Stelle verharre, ohne sich jemals zu bewegen. Es *geziemte* sich nicht, daß sie sich zu verschiedenen Zeiten an verschiedenen Orte bewegte. Sie ähnelte in keiner Weise dem Bild, das die Sterblichen sich von ihr machen. Die Welt war eins, ein unteilbares Ganzes, homogen und bewegungslos. Es gab in Wahrheit keine Veränderung. Die Welt der Veränderung war eine Illusion.

Parmenides stützte diese Theorie einer unveränderlichen Realität auf etwas, das einem logischen Beweis ähnelt, einem Beweis, der als Ableitung aus der einzigen Prämisse dargestellt werden kann: »Was nicht ist, ist nicht.« Hiervon können wir ableiten, daß das Nichts – das, was nicht ist – nicht existiert, ein Ergebnis, das Parmenides so interpretiert, daß es das Leere nicht gibt. Also ist die Welt voll: Sie besteht aus einem ungeteilten Block, da jegliche Trennung in Teile nur durch Trennung der Teile voneinander durch das Leere verursacht worden sein könnte. (Dies ist die »wohlgerundete Wahrheit«, welche die Göttin Parmenides enthüllt, B 11, 29). In dieser vollen Welt ist für Bewegung kein Platz.

Nur der trügerische Glaube an die Wirklichkeit der Gegensätze – der Glaube, daß nicht nur das existiert, *was ist,* sondern auch das, *was nicht ist* – führt zu der Illusion einer Welt der Veränderung.

Man könnte die Theorie des Parmenides als die erste hypothetisch-deduktive Theorie der Welt bezeichnen. Die Atomisten haben sie so aufgefaßt, und sie bestanden darauf, daß sie durch Erfahrung widerlegt werden könne, da es Bewegung ja tatsächlich gibt. Sie akzeptierten die formale Gültigkeit der Argumentation des Parmenides, schlossen jedoch aus der Fehlerhaftigkeit seiner Schlußfolgerung auf die Fehlerhaftigkeit seiner Prämisse. Das aber bedeutete, daß das Nichts – das Leere oder der leere Raum existierte. Folglich gab es keinen Grund mehr anzunehmen, daß das, »was ist« – die Fülle, das, was einen Raum ausfüllt –, keine Teile besaß, denn nun konnten seine Teile durch das Leere getrennt werden. Und so gibt es viele Teile, von denen jeder »voll« ist: Es gibt volle Teile in der Welt, getrennt durch leeren Raum, fähig, sich im leeren Raum zu bewegen, ein jeglicher »voll«, ungeteilt, unteilbar und unveränderlich. Das, was existiert, sind *die Atome und das Leere*. Auf diesem Weg gelangten die Atomisten zu einer *Theorie der Veränderung* – einer Theorie, welche die wissenschaftliche Geisteswelt bis zum Jahr 1900 beherrschte. Es ist die Theorie, daß *jede Veränderung, speziell jede qualitative Veränderung, aus der räumlichen Bewegung unveränderbarer Materieteilchen zu erklären ist – aus der Bewegung von Atomen im leeren Raum.*

Der nächste bedeutende Schritt in unserer Kosmologie und in der Theorie der Veränderung wurde getan, als Maxwell, indem er bestimmte Ideen Faradays weiterentwickelte, diese Theorie durch die Theorie der veränderlichen Feldstärke ersetzte.

X

Ich habe die Geschichte der vorsokratischen Theorie der Veränderung so skizziert, wie ich sie sehe. Ich bin mir selbstverständlich der Tatsache bewußt, daß meine Geschichte (die sich auf Platon, Aristoteles und die doxographische Tradition stützt) in vielen Punkten im Widerspruch zu den Ansichten einiger Fachleute, in England wie in Deutschland, steht, ganz besonders zu den Ansichten, die G. S. Kirk und J. E. Raven in ihrem Buch »The

Presocratic Philosophers«, Cambridge, 1957, vertreten. Ich kann hier selbstverständlich ihre Argumente nicht detailliert unter die Lupe nehmen, besonders nicht ihre minutiösen Auslegungen verschiedener Textstellen, von denen einige von Bedeutung für die Unterschiede zwischen ihrer und meiner Auslegung sind. Ich möchte aber betonen, daß ich ihre Argumente geprüft und sie für nicht überzeugend und oft für gänzlich unannehmbar befunden habe.

Ich werde hier lediglich einige Punkte erwähnen, die sich auf Heraklit beziehen (obwohl es andere Punkte von gleicher Bedeutung gibt, wie zum Beispiel ihre Kommentare zu Parmenides).

Die traditionelle Auffassung, der zufolge Heraklits zentrale Lehre die war, daß alle Dinge in Fluß sind, wurde vor vierzig Jahren von Burnet angegriffen. Sein Hauptargument (von mir ausführlich in Anm. 2, Kapitel 2, meines Buchs »Die offene Gesellschaft und ihre Feinde« behandelt) war, daß die Theorie der Veränderung nicht neu war und daß nur eine neue Botschaft die Eindringlichkeit erklären könne, mit der Heraklit spricht. Kirk und Raven greifen dieses Argument auf, wenn sie schreiben (S. 186f.): »Aber alle vorsokratischen Denker standen unter dem Eindruck der zentralen Bedeutung der Veränderung in unserer Erfahrungswelt.« Zu dieser Auffassung sagte ich in »Die offene Gesellschaft« …: »Diejenigen, die behaupten …, daß die Lehre vom allgemeinen Fluß nicht neu war …, sind, wie ich denke, (unbewußte) Zeugen der Originalität Heraklits; denn sie können auch jetzt, nach 2400 Jahren, noch immer nicht verstehen, worauf es ihm ankam.« Kurz gesagt, sie sehen nicht den Unterschied zwischen der Botschaft der Milesier »Es ist ein Feuer im Haus« und Heraklits etwas eindringlicherer Botschaft »Das Haus brennt«. Eine implizite Erwiderung auf diese

Kritik findet sich auf Seite 197 des Buches von Kirk und Raven, wo sie schreiben: »Kann Heraklit wirklich gedacht haben, daß ein Stein oder ein Bronzekessel, zum Beispiel, ständig unsichtbaren Materialveränderungen unterliegt? Vielleicht kann er es gedacht haben; doch nichts in den erhaltenen Fragmenten beweist, daß er es tat.« Aber ist das wirklich so? Heraklits erhaltene Fragmente über das *Feuer* (Kirk und Raven, Fragm. 220–2) werden von Kirk und Raven selbst folgendermaßen interpretiert (S. 200): »Feuer ist die archetypische Form der Materie.« Nun, mir ist überhaupt nicht klar, was »archetypisch« hier bedeutet (besonders angesichts der Tatsache, daß wir wenige Zeilen weiter unten lesen: »Eine Kosmogonie [im Sinne der Milesier] läßt sich bei Heraklit nicht finden«). Was auch immer »archetypisch« bedeuten mag, so ist doch klar, daß, wenn einmal eingeräumt wurde, daß Heraklit in den erhaltenen Fragmenten sagt, alle Materie sei irgendwie (ob archetypisch oder anders) Feuer, er aber doch auch sagt, daß alle Materie, wie Feuer, ein Prozeß ist. Und genau diese Theorie sprechen Kirk und Raven Heraklit ab.

Unmittelbar nachdem Kirk und Raven behauptet haben, daß »nichts in den erhaltenen Fragmenten darauf hinweist«, daß Heraklit an ständige unsichtbare Veränderungen glaubte, machen sie folgende methodologische Bemerkung: »Es kann nicht deutlich genug betont werden, daß [in Texten] vor Parmenides und seinem offensichtlichen Beweis, daß die Sinne vollkommen trügerisch sind, ... grobe Abweichungen vom gesunden Menschenverstand nur dann akzeptiert werden müssen, wenn die Beweisgründe dafür außerordentlich überzeugend sind.« Damit wird beabsichtigt zu beweisen, daß die Lehre, Körper (jeglicher Art) unterlägen ständig unsichtbaren Veränderungen, eine grobe Abweichung vom gesunden Menschenverstand darstellt, eine Abweichung, die man bei Heraklit nicht erwarten dürfte.

Um jedoch Heraklit zu zitieren: »Wer das Unerwartete nicht erwartet, wird es nicht finden: Für ihn wird es unaufspürbar sein und unzugänglich« (DK B 18). Tatsächlich ist Kirks und Ravens obengenanntes Argument aus mehreren Gründen hinfällig. Lange vor Parmenides finden wir bei Anaximander, Pythagoras, Xenophanes und besonders bei Heraklit Ideen, die sich weit vom gesunden Menschenverstand entfernen. Allerdings ist der Vorschlag, daß wir die historische Echtheit der dem Heraklit zugeschriebenen Gedanken prüfen sollen – wie wir die Echtheit der dem Anaximenes zugeschriebenen Ideen tatsächlich prüfen können –, und zwar in Kategorien des »gesunden Menschenverstandes«, ein wenig überraschend (was auch immer »gesunder Menschenverstand« hier bedeuten mag). Dieser Vorschlag widerspricht nämlich nicht nur der notorischen Dunkelheit des Heraklit und seinem rätselhaften Stil, den auch Kirk und Raven bestätigen, sondern auch seinem brennenden Interesse an Antinomien und Paradoxien. Er widerspricht auch, nicht zuletzt, der (meiner Ansicht nach völlig absurden) Lehre, die Kirk und Raven abschließend Heraklit zuschreiben (kursiv von mir), »daß natürliche Veränderungen jeglicher Art [demgemäß wahrscheinlich auch Erdbeben und Feuersbrünste] *regelmäßig und ausgewogen* sind und *daß die Ursache dieser Ausgewogenheit das Feuer ist, die allen Dingen gemeinsame Beschaffenheit, die auch als ihr Logos bezeichnet wurde*«. Warum aber, frage ich, sollte das Feuer »die Ursache« einer Ausgewogenheit sein – ob nun »dieser Ausgewogenheit« oder irgendeiner anderen? Und wo sagt Heraklit so etwas? Sollte dies allerdings wirklich die Philosophie des Heraklit gewesen sein, dann könnte ich keinen Grund sehen, warum man sich überhaupt für ihn interessieren sollte, jedenfalls wäre dies viel weiter vom gesunden Menschenverstand entfernt (wie ich es sehe) als die inspirierte Philosophie, welche die Tradition Heraklit zuschreibt und die Kirk und Raven im Namen des gesunden Menschenverstandes zurückweisen.

Der entscheidende Punkt ist jedoch selbstverständlich, daß diese inspirierte Philosophie, nach allem was wir wissen, *wahr* ist. Heraklit sah mit seinem geradezu unheimlichen Gespür, daß die Dinge Prozesse sind, daß unsere Körper Flammen sind, daß »ein Stein oder ein Bronzekessel ... unabänderlich unsichtbaren Veränderungen unterliegen«. Kirk und Raven sagen (S. 197, Anm. 1; die Argumente lesen sich wie eine Entgegnung auf Melissos): »Immer wenn der Finger reibt, reibt er eine unsichtbare Menge Eisen ab; wenn er aber nicht reibt, was gibt es dann für einen Grund zu der Annahme, daß das Eisen sich auch dann verändert?« Der Grund hierfür ist, daß der Wind reibt, und Wind gibt es immer, oder auch, daß das Eisen auf unsichtbare Weise zu Rost wird – durch Oxydation, das heißt durch langsame Verbrennung; oder daß altes Eisen anders aussieht als neues, ebenso wie ein alter Mann anders aussieht als ein Kind (vgl. DK B 88). Das war die Lehre des Heraklit, wie die erhaltenen Fragmente zeigen.

Ich schlage vor, Kirks und Ravens methodologisches Prinzip, »daß grobe Abweichungen vom gesunden Menschenverstand nur dann akzeptiert werden müssen, wenn die Beweisgründe dafür außerordentlich überzeugend sind«, aus guten Gründen durch das klarere und wichtigere Prinzip zu ersetzen, daß *grobe Abweichungen von der historischen Tradition nur dann akzeptiert werden müssen, wenn die Beweisgründe dafür außerordentlich überzeugend sind.* Denn das ist nun wirklich ein allgemeingültiges Prinzip der Historiographie, ohne das Geschichtsschreibung unmöglich wäre. Es wird jedoch von Kirk und Raven ständig verletzt: wenn sie zum Beispiel versuchen, die Zeugnisse von Platon und Aristoteles zu diskreditieren, und zwar mit Argumenten, die zum Teil Zirkelschlüsse sind, zum Teil (wie das vom gesunden Menschenverstand) ihrer eigenen Darstellung widersprechen. Und wenn sie behaupten, daß »Platon und Aristoteles anscheinend wenig ernsthafte Versuche unternommen haben, seine (d. h. des Heraklit) wirkliche Bedeutung zu ergründen«, dann kann ich nur sagen, daß die Philosophie, die Platon und Aristoteles geschrieben haben, in meinen Augen eine Philosophie von wirklicher Bedeutung und Tiefe ist. Es ist eine Philosophie, die eines bedeutenden Philosophen würdig ist. Wer war denn der große Denker, der als erster zu der Erkenntnis kam, daß die Menschen Flammen sind und die Dinge Prozesse, wenn nicht Heraklit? Sollen wir wirklich glauben, daß diese großartige Philosophie eine »nach-herakliteische Übertreibung« (S. 197) war und daß sie Platon unterschoben worden sein könnte, »vielleicht sogar von Kratylos«? Wer, so frage ich, war dieser unbekannte Philosoph – vielleicht der größte und kühnste Denker unter den Vorsokratikern? Wer war er, wenn nicht Heraklit?

XI

Die frühe Geschichte der griechischen Philosophie, besonders die Geschichte von Thales bis Platon, ist eine großartige Angelegenheit. Sie ist fast zu gut, um wahr zu sein. In jeder ihrer Generationen finden wir mindestens eine neue Philosophie, eine neue Kosmologie von überwältigender Originalität und Tiefe. Wie war das möglich? Selbstverständlich kann man Originalität und Genie nicht erklären. Man kann aber versuchen, etwas Licht hineinzubringen. Was war das Geheimnis der Denker des Altertums? Ich vermute, daß es eine *Tradition* war – *die Tradition der kritischen Diskussion.*

Ich werde versuchen, das Problem genauer zu umreißen. In allen oder fast allen Zivilisationen finden wir eine Art religiöser oder kosmologischer Lehren, in vielen Gesellschaften finden wir Schulen. Und Schulen, besonders ursprüngliche Schulen, haben anscheinend eine ganz charakteristische Struktur und Funktion. Weit davon entfernt, Stätten kritischer Diskussion zu sein, machen sie es sich zur Aufgabe, eine ganz bestimmte Lehre zu vermitteln und sie rein und unverändert zu bewahren. Die Aufgabe der Schule ist es, die Tradition, die Lehrmeinung ihres Gründers, ihres ersten Meisters, an die nächste Generation weiterzugeben. Um dieses Ziel zu erreichen, ist es von großer Wichtigkeit, die Lehre unversehrt zu erhalten. Eine Schule dieser Art läßt niemals eine neue Idee zu. Neue Ideen sind Irrlehren und führen zu Spaltungen. Wenn ein Mitglied der Schule versuchen sollte, die Lehrmeinung zu ändern, so wird es als Häretiker verstoßen. In der Regel behauptet der Häretiker, seine Lehre sei die wahre Lehre des Gründers. So gesteht nicht einmal der Neuerer ein, daß er eine Neuerung eingeführt hat; er glaubt vielmehr, daß er zur wahren Lehre zurückkehrt, die irgendwie pervertiert worden ist.

So kommt es, daß alle Veränderungen von Lehrmeinungen, falls es sie überhaupt gibt, verborgene Veränderungen sind. Sie werden für Neufassungen der wahren Sprüche des Meisters ausgegeben, seiner eigenen Worte, seiner eigenen Meinungen, seiner eigenen Absichten.

Es versteht sich von selbst, daß wir von einer derartigen Schule nicht erwarten können, hier eine Ideengeschichte zu finden, geschweige denn das Material für eine solche

Geschichte. Denn es wird ja nicht zugegeben, daß neue Ideen wirklich neu sind. Alles wird dem Meister zugeschrieben. Lediglich die Geschichte von Abspaltungen läßt sich rekonstruieren, vielleicht auch die Geschichte der Verteidigung bestimmter Lehrmeinungen gegen die Häretiker

In einer solchen Schule kann es selbstverständlich keine rationale Diskussion geben. Es mag Auseinandersetzungen mit Abtrünnigen und Häretikern oder mit rivalisierenden Schulen geben. Im allgemeinen jedoch wird die Lehrmeinung eher mit den Mitteln von Behauptungen, Dogmen und Verurteilung als in einer wirklichen Auseinandersetzung verteidigt.

Das bekannteste Beispiel einer solchen Schule innerhalb der griechischen philosophischen Schulen ist die italienische Schule, die Pythagoras gegründet hat. Im Unterschied zur ionischen Schule oder der Schule von Elea war sie von ihrem Wesen her ein religiöser Orden mit strengen Regeln und einer Geheimlehre. Die Geschichte, daß eines ihrer Mitglieder, Hippasos von Metapont, im Meer ertränkt wurde, weil er das Geheimnis der Irrationalität bestimmter Quadratwurzeln verraten hatte, wirft ein charakteristisches Licht auf die Atmosphäre, welche die pythagoräische Schule umgab – ob sie nun auf Wahrheit beruht oder nicht.

Die frühen Pythagoräer bilden jedoch eine Ausnahme unter den philosophischen Schulen der Griechen. Wenn man von ihnen absieht, können wir sagen, daß der charakteristische Wesenszug der griechischen Philosophie und ihrer philosophischen Schulen sich auffallend von dem dogmatischen Schultyp unterscheidet, der oben beschrieben wurde. Ich habe das an einem Beispiel gezeigt: *Die Geschichte des Problems der Veränderung, von der ich gesprochen habe, ist die Geschichte einer kritischen*

Debatte, einer rationalen Diskussion. Neue Ideen werden als solche gelten gelassen, und sie entstehen als Ergebnis offener Kritik. Es gibt, wenn überhaupt, nur wenige verborgene Veränderungen. Statt Anonymität finden wir eine Geschichte von Ideen und ihrer Urheber.

Es handelt sich hier um ein einzigartiges Phänomen, das eng mit der erstaunlichen Freiheit und Kreativität der griechischen Philosophie zusammenhängt. Wie können wir dieses Phänomen erklären? *Was wir erklären müssen, ist die Entstehung einer Tradition.* Es ist eine Tradition, die kritische Diskussionen zwischen verschiedenen Schulen zuläßt oder ermutigt, und das, noch erstaunlicher, sogar innerhalb ein und derselben Schule. Denn nirgends außerhalb der pythagoräischen Schule finden wir eine Schule, die sich der Bewahrung einer Lehre verschrieben hat. Im Gegenteil, wir finden Veränderungen, neue Ideen, Abwandlungen und direkte Kritik am Meister.

(Bei Parmenides finden wir sogar schon sehr früh ein bemerkenswertes Phänomen – einen Philosophen, der *zwei* Lehrmeinungen vertritt, eine, von der er sagt, daß sie wahr sei, und eine, die er selbst als falsch beschreibt. Er verurteilt oder kritisiert jedoch die falsche Lehrmeinung nicht einfach, er stellt sie als die bestmögliche Zusammenfassung der trügerischen Meinung der Sterblichen und der Welt des bloßen Scheins dar – die beste Zusammenfassung, die ein Sterblicher geben kann.)

Wie und wo wurde diese kritische Tradition begründet? Das ist ein Problem, das ernsthaftes Nachdenken verdient. So viel ist sicher: Xenophanes, der die ionische Tradition nach Elea brachte, war sich voll bewußt, daß seine eigene Lehre ausschließlich auf Vermutung basierte und daß andere kommen würden, die es besser wissen. Ich werde auf diesen Punkt in meinem nächsten und letzten Abschnitt zurückkommen.

Wenn wir nach den ersten Anzeichen für diese kritische Haltung, für diese neue Freiheit des Denkens Ausschau halten, dann geraten wir zurück bis zu Anaximanders Kritik an Thales. Hier haben wir es mit einem höchst verblüffenden Sachverhalt zu tun: Anaximander kritisiert seinen Meister und Verwandten, einen der Sieben Weisen, den Begründer der ionischen Schule. Der Überlieferung nach war er nur etwa vierzehn Jahre jünger als Thales und muß seine Kritik und seine neuen Ideen noch zu Lebzeiten seines Meisters entwickelt haben. (Sie starben wahrscheinlich im Abstand weniger Jahre.) Es finden sich jedoch in den Quellentexten keinerlei Spuren einer Meinungsverschiedenheit, eines Streits oder Schismas.

Das deutet darauf hin, denke ich, daß Thales der Begründer der neuen Tradition der Freiheit war – ausgehend von einer neuartigen Meister-Schüler-Beziehung – und daß er auf diese Art und Weise einen neuen Schultypus kreierte, der gänzlich verschieden von der pythagoräischen Schule war. Es scheint, daß er Kritik ertragen konnte, mehr noch, daß er es war, der die Tradition begründete, daß man Kritik ertragen müsse.

Ich bin der Meinung, daß er sogar noch mehr bewirkte. Ich kann mir nur schwer vorstellen, daß es eine Meister-Schüler-Beziehung gibt, innerhalb derer der Meister Kritik lediglich duldet, ohne aktiv dazu ermutigt zu haben. Es scheint mir unmöglich, daß ein Schüler, der in einer dogmatischen Geisteshaltung erzogen ist, es jemals wagen würde, das Dogma zu kritisieren (am wenigsten das eines berühmten Weisen) und seine Kritik offen auszusprechen. Eine leichtere und einfachere Erklärung hierfür scheint mir daher zu sein, daß der Meister selbst zur kritischen Haltung ermutigt hat, und das möglicherweise nicht von Anfang an, sondern erst nachdem er aufhorchte, da manche der Fragen, die der Schüler – vielleicht ohne jede kritische Absicht – an ihn gestellt hatte, berechtigt waren.

Wie dem auch immer sei, die Vermutung, daß Thales seine Schüler aktiv zur Kritik ermutigte, könnte die Tatsache erklären, daß die kritische Haltung gegenüber der Lehrmeinung des Meisters innerhalb der ionischen Schule zu einem Bestandteil ihrer Tradition wurde. Ich liebäugele mit der Vorstellung, daß Thales der erste Lehrer war, der zu seinen Schülern sagte: »So sehe ich die Dinge – ich glaube, daß die Dinge so sind. Unternehmt nun den Versuch, meine Lehre zu verbessern.« (Diejenigen, die meinen, es sei »unhistorisch«, Thales diese undogmatische Geisteshaltung zuzuschreiben, möchte ich erneut daran erinnern, daß wir nur zwei Generationen später in den Fragmenten des Xenophanes eine ähnliche Haltung ganz bewußt und deutlich formuliert finden.) Jedenfalls ist es eine historische Tatsache, daß die ionische Schule die erste war, in der die Schüler ihre Meister kritisierten, und zwar in jeder Generation. Es gibt wohl keinen Zweifel daran, daß die griechische Tradition der philosophischen Kritik ihre Hauptquelle in Ionien hat.

Dies war eine gewichtige Neuerung. Sie bedeutete einen Bruch mit der dogmatischen Tradition, die lediglich *eine* Schulmeinung erlaubt. An die Stelle der dogmatischen Tradition trat eine neue Tradition, die eine *Vielfalt* von Lehrmeinungen zuließ, die alle den Versuch unternehmen, sich der Wahrheit mit den Mitteln der kritischen Diskussion anzunähern.

Daraus folgt fast notwendigerweise die Erkenntnis, daß unsere Versuche, die Wahrheit zu sehen und zu erkennen, nicht endgültig sein können, sondern daß sie verbessert werden können; daß unser Wissen und unsere Lehre aus Vermutungen bestehen, daß sie sich aus Vermutungen und Hypothesen zusammensetzen und nicht aus endgültigen und sicheren Wahrheiten; und daß Kritik und kritische Diskussion unsere einzigen Hilfsmittel auf dem Wege der Annäherung an die Wahrheit sind. Das führt uns dann zu der Tradition der kühnen Vermutungen und der freien Kritik, der Tradition, welche die rationale oder wissenschaftliche Methode hervorbrachte und mit ihr unsere westliche Zivilisation, die einzige Zivilisation, die auf Wissenschaft gegründet ist (allerdings selbstverständlich nicht auf Wissenschaft allein).

In dieser rationalistischen Tradition sind kühne Änderungen der Lehre nicht verboten. Im Gegenteil, zur Neuerung wird ermutigt, sie wird als Erfolg und Verbesserung gewertet, zumal wenn sie aus einer kritischen Diskussion ihrer Vorgänger resultiert. Schon die bloße Kühnheit einer Neuerung wird bewundert, denn sie kann ja durch die strenge Genauigkeit kritischer Prüfung kontrolliert werden. Aus diesem Grunde kommen Änderungen der Lehre alles andere als geheim zustande und werden traditionsgemäß gemeinsam mit den älteren Lehrmeinungen und den Namen der Neuerer überliefert. Und die Materialien für eine Ideengeschichte werden zu einem Bestandteil der Schultradition.

Nach meinem Wissen wurde die kritische oder rationalistische Tradition nur ein einziges Mal erfunden. Sie ging zwei oder drei Jahrhunderte später verloren, vielleicht durch das Aufkommen der aristotelischen Lehre der *episteme,* des sicheren und beweisbaren Wissens (einer Weiterentwicklung der Unterscheidung zwischen sicherer Wahrheit und bloßer Vermutung seitens der Eleaten und des Heraklit). Sie wurde in der Renaissance wiederentdeckt und ganz bewußt wiederbelebt, insbesondere von Galileo Galilei.

XII

Ich komme nun zu meinem letzten und wichtigsten Diskussionspunkt. Es geht um folgendes: Die rationalistische Tradition, die Tradition der kritischen Diskussion, stellt den einzigen praktikablen Weg zur Erweiterung unseres Wissens dar, selbstverständlich des Vermutungswissens oder des hypothetischen Wissens. Es gibt keinen anderen Weg. Genauer gesagt, es gibt keinen Weg, der sich von Beobachtung oder Experiment herleitet. Beobachtungen und Experimente spielen in der Entwicklung der Wissenschaft lediglich die Rolle von kritischen Argumenten. Und sie spielen diese Rolle neben anderen Argumenten, die sich nicht von der Beobachtung herleiten. Das ist eine wichtige Rolle, aber die Bedeutung von Beobachtung und Experiment ist *gänzlich* von der Frage abhängig, ob diese geeignet sind, *Theorien zu kritisieren* oder nicht.

Folgt man der Erkenntnistheorie, die ich hier beschrieben habe, gibt es im großen und ganzen nur zwei Bedingungen, die eine Theorie einer anderen überlegen machen: Sie erklärt mehr, und sie kann besser geprüft werden – das heißt, sie kann eingehender und kritischer erörtert werden, und zwar im Lichte dessen, was wir wissen, aller möglichen Einwände, die wir erdenken können, und besonders auch im Lichte der Prüfung von Beobachtungen und Experimenten, die dem Ziel der Kritik an der Theorie dienen müssen.

Es gibt nur ein einziges Kriterium der Rationalität bei unseren Versuchen, die Welt zu erkennen: die kritische Prüfung unserer Theorien. Diese Theorien sind ja selbst nur Vermutung. Wir wissen nicht, wir vermuten nur. Wenn Sie mich fragen würden: »Woher wissen Sie?«, dann wäre meine Antwort: »Ich weiß nicht. Ich schlage nur eine Vermutung vor. Wenn Sie an meinem Problem interessiert sind, dann wäre ich sehr glücklich, wenn Sie meine Vermutung kritisieren würden, und wenn Sie Gegenvorschläge anbieten, werde ich versuchen, diese meinerseits zu kritisieren.«

Die wahre Erkenntnistheorie (ich bitte Sie, auch dies kritisch zu betrachten) ist, wie ich glaube, diese: die wahre Beschreibung einer Praxis, die in Ionien begann und die Eingang in die moderne Wissenschaft gefunden hat (obwohl es noch viele Wissenschaftler gibt, die an dem Baconschen Mythos von der Induktion festhalten), nämlich die Theorie, daß die Erkenntnis nur auf dem Weg der *Vermutungen und Widerlegungen* voranschreiten kann.

Zwei der bedeutendsten Männer, die klar erkannten, daß es eine induktive Vorgehensweise nicht gibt, und die das klar verstanden, was ich für die wahre Erkenntnistheorie halte, waren Galilei und Einstein. Doch auch die Denker des Altertums wußten es. Es klingt zwar unglaublich, aber wir finden das eindeutige Verständnis und die klare Formulierung dieser Theorie der rationalen Erkenntnis fast schon unmittelbar nach dem Zeitpunkt, zu dem die Praxis der kritischen Diskussion begonnen hatte. Die ältesten erhaltenen Fragmente auf diesem Gebiet sind die Fragmente des Xenophanes. Ich stelle hier fünf Beispiele vor, und zwar in einer Reihenfolge, die darauf schließen läßt, daß es die Kühnheit seines Vorstoßes und der Ernst seiner Problemstellungen waren, die ihm die Tatsache bewußt machten, daß all unser Wissen Vermutung ist, daß wir es jedoch durch die Suche nach dem Wissen, das »das Bessere ist«, im Lauf der Zeit finden können. Hier sind die fünf Fragmente aus den Schriften des Xenophanes (DK B 16, 15, 18, 35 und 34):

»Stumpfe Nasen und schwarz: so sind Äthiopias Götter,
Blauäugig aber und blond: so sehn ihre Götter die Thraker.

> Aber die Rinder und Rosse und Löwen, hätten sie Hände,
> Hände wie Menschen, zum Zeichnen, zum Malen, ein Bildwerk zu formen,
> Dann würden Rosse die Götter gleich Rossen, die Rinder gleich Rindern
> Malen, und deren Gestalten, die Formen der göttlichen Körper,
> Nach ihrem eigenen Bilde erschaffen: ein jedes nach seinem.
>
> Nicht von Beginn an enthüllten die Götter uns Sterblichen alles;
> Aber im Laufe der Zeit finden wir, suchend, das Bess're.
>
> Diese Vermutung ist wohl, ich denke, der Wahrheit recht ähnlich.
> Sichere Wahrheit erkannte kein Mensch und wird keiner erkennen
> Über die Götter und alle die Dinge, von denen ich spreche,
> Selbst wenn es einem einst glückt, die vollkommene Wahrheit zu künden,
> Wissen kann er sie nie: Es ist alles durchwebt von Vermutung.«

Um zu zeigen, daß Xenophanes damit nicht allein dastand, möchte ich hier noch einmal zwei Sprüche des Heraklit anführen (DK B 78, 18), die ich bereits oben in anderem Zusammenhang zitiert habe. Beide beziehen sich auf den Vermutungscharakter des menschlichen Wissens. Der zweite Spruch berichtet von dem Mut und der Notwendigkeit, das, was wir nicht wissen, kühn vorwegzunehmen.

> »Es liegt nicht in der Natur oder im Charakter des Menschen, wahres Wissen zu besitzen; aber es liegt in der göttlichen Natur...
> Wer das Unerwartete nicht erwartet, wird es nicht finden;
> für ihn wird es unaufspürbar sein und unzugänglich.«

Mein letztes Zitat ist ein sehr berühmtes, es stammt von Demokrit (DK B 117):

> »Aber nichts wissen wir vom Sehen;
> denn in der Tiefe verborgen ist die Wahrheit.«

So kündigte sich die kritische Einstellung der Vorsokratiker an und bereitete den Weg für den ethischen Rationalismus des Sokrates: für seine Überzeugung, daß die Suche nach Wahrheit durch kritische Diskussion eine Lebensaufgabe sei – die beste, die er kannte.

Anmerkung

Die Vorsokratiker-Zitate stammen aus H. Diels & W. Kranz, Fragmente der Vorsokratiker, 10. Aufl., Berlin 1961. Auf diese Ausgabe beziehen sich auch die Abkürzungen im Text (z. B. DK B 117 oder A 11).

2. Über die Ursprünge von Wissen und Nichtwissen

Platon spielt eine entscheidende Rolle in der Vorgeschichte von Descartes' Lehre von der *veracitas dei* – der Lehre, daß uns unsere geistige Intuition nicht täuscht, weil wir Gott trauen können und er uns nicht betrügt; mit anderen Worten, daß unser Geist eine Quelle der Erkenntnis ist, weil Gott eine Quelle der Erkenntnis ist. Diese Lehre hat eine lange Geschichte, die leicht wenigstens bis Homer und Hesiod zurückverfolgt werden kann.

Für uns, denen es natürlich erscheint, daß ein Naturwissenschaftler oder Historiker auf seine Quellen verweist, ist es vielleicht verwunderlich festzustellen, daß diese Angewohnheit von den Dichtern herstammt; aber so ist es. Die griechischen Dichter verweisen sogar auf ihre Quellen. Diese Quellen sind göttlicher Natur. Es sind die Musen. Gilbert Murray bemerkt, daß

> »die griechischen Barden nicht nur das, was wir ihre Inspiration nennen würden, sondern auch ihr aktuelles Tatsachenwissen den Musen verdanken. Die Musen ›sind gegenwärtig und wissen alle Dinge‹ ...
> Hesiod ... erklärt immer wieder, daß er für seine Erkenntnisse von den Musen abhängig sei. Andere Wissensquellen werden auch anerkannt ... Aber meist bittet er die Musen um Rat ... und so macht es auch Homer für solche Themen wie den griechischen Schiffskatalog.« [Übers. K. Popper]

Wie dieses Zitat zeigt, pflegten die Poeten sich nicht nur auf göttliche Inspirationsquellen zu berufen, sondern auch auf göttliche Wissensquellen – auf göttliche Garanten für die Wahrheit ihrer Geschichten.

Auf genau diese beiden Quellen berufen sich auch die Philosophen Heraklit und Parmenides. Heraklit sah sich offenbar selbst als Propheten, der »mit rasendem Mund spricht ... besessen von Gott« – von Zeus, der Quelle allen Wissens. Und von Parmenides könnte man fast sagen, daß er das »missing link« zwischen Homer oder Hesiod auf der einen und Descartes auf der anderen Seite bildet. Sein Leitstern und seine Inspiration ist die Göttin Dike, die von Heraklit als die Hüterin der Wahrheit beschrieben wird. Parmenides beschreibt sie als die Hüterin und Schlüsselbewahrerin der Wahrheit, als die Quelle all seinen Wissens. Aber Parmenides und Descartes haben mehr Gemeinsamkeiten als nur die Lehre der göttlichen Wahrhaftigkeit. Zum Beispiel erfährt Parmenides von seiner göttlichen Garantin der Wahrheit, daß er, um zwischen Wahrem und Falschem unterscheiden zu können, sich nur auf seinen Verstand verlassen dürfe unter Ausschluß des Gesichts-, Gehör-, und Geschmackssinnes. Und sogar das Prinzip seiner physikalischen Theorie, die er wie Descartes auf seine intellektuelle Erkenntnistheorie gründet, ist dasselbe wie das, was Descartes übernahm: Es ist die Unmöglichkeit des Leeren, die Notwendigkeit, daß die Welt voll ist.

In Platons »Ion« wird scharf zwischen göttlicher Inspiration – dem göttlichen Wahnsinn des Poeten – und den göttlichen Quellen oder Ursprüngen wahren Wissens unterschieden. (Das Thema wird im »Phaidros« weiterbehandelt, besonders ab 259e; und in 275b–c besteht Platon sogar, wie Harold Cherniss mir darlegte, auf dem Unterschied zwischen Fragen nach dem Ursprung und Fragen nach der Wahrheit.) Platon gesteht den Dichtern Inspiration zu, aber er spricht ihnen jegliche göttliche Autorität hinsichtlich ihres vorgeblichen Tatsachenwissens ab. Dennoch spielt die Lehre von der göttlichen Herkunft unseres Wissens eine entscheidende Rolle in Platons berühmter *anamnesis*-Theorie, die jedem Menschen bis zu einem gewissen Grade den Besitz göttlicher Erkenntnisquellen zugesteht. (Das Wissen, auf das sich diese Theorie bezieht, ist das Wissen über *das Wesen oder die Beschaffenheit* eines Dinges, nicht die Kenntnis eines bestimmten historischen Sachverhalts.) Gemäß Platons »Menon« (81 b–d) gibt es nichts, was unsere unsterbliche Seele nicht weiß – vor ihrer Geburt. So wie alle Wesen untereinander gleichartig und verwandt sind, so muß unsere Seele verwandt mit allen Wesen sein. Deshalb kennt sie sie alle: Sie weiß alle Dinge. Bei der Geburt vergessen wir. Wir können jedoch unser Gedächtnis und unser Wissen wiedererlangen, allerdings nur teilweise; nur wenn wir die Wahrheit wieder sehen, werden wir sie wiedererkennen. Alles Wissen ist deshalb Wieder-Erkennen – Zurückrufen oder Wiedererinnern des Wesens oder der wahren Natur, deren wir uns einst bewußt waren.

Diese Theorie impliziert, daß unsere Seele in einem göttlichen Zustand von Allwissenheit lebt, solange sie in einer göttlichen Welt der Ideen oder Wesenheiten oder wahren Natur lebt und an ihr teilhat – vor der Geburt. Die Geburt eines Menschen ist sein Fall aus dem Zustand der Gnade; sie ist sein Fall aus einem wesenhaften oder göttlichen Stand des Wissens und ist dadurch Ursprung und Ursache seines Nichtwissens. (Hier mag der Keim für den Gedanken gelegt worden sein, daß Unwissenheit Sünde oder zumindest mit der Sünde verwandt ist.)

Es ist klar, daß es eine enge Verbindung gibt zwischen der Theorie der *anamnesis* und der Lehre vom göttlichen Ursprung oder der göttlichen Quelle unseres Wissens. Gleichzeitig gibt es eine enge Verbindung zwischen der Theorie der *anamnesis* und der Lehre von der manifesten

Wahrheit: Wenn wir sogar in unserem heruntergekommenen Zustand des Vergessens die Wahrheit sehen, können wir nicht anders, als sie als die Wahrheit wiederzuerkennen. So wird die Wahrheit als Folge der ἀνάμνησις, *anamnesis* wieder in den Zustand von etwas versetzt, was nicht vergessen und deshalb auch nicht-verborgen (ἀληθες, *alethes*) ist: Sie ist das, was offenbar ist.

Sokrates demonstriert das in einer schönen Stelle des »Menon«, wo er einem ungebildeten jungen Sklaven dabei hilft, sich den Beweis für einen Sonderfall des Satzes von Pythagoras »zurückzurufen«. Hier ist die Erkenntnistheorie in der Tat optimistisch, und sie ist die Wurzel des Cartesianismus. Es hat den Anschein, daß Platon im »Menon« sich des hochgradigen Optimismus' seiner Theorie bewußt war, denn er beschreibt sie als eine Lehre, die den Menschen begierig darauf macht, zu lernen, zu forschen und zu entdecken.

Aber Platon muß enttäuscht worden sein, denn im »Staat« (und auch im »Phaidros« finden wir den Beginn einer pessimistischen Erkenntnistheorie. Im berühmten Höhlengleichnis (514 ff.) zeigt er, daß unsere Erfahrungswelt nur ein Schatten, eine Spiegelung der wirklichen Welt ist. Und er zeigt, daß ein Gefangener, selbst wenn er die Möglichkeit hätte, aus der Höhle zu fliehen und die wirkliche Welt zu sehen, nahezu unüberwindbare Schwierigkeiten hätte, diese Welt zu sehen und zu verstehen – ganz zu schweigen von den Schwierigkeiten, diese Welt denen, die zurückgeblieben sind, verständlich zu machen. Die Schwierigkeiten auf dem Weg, ein Verständnis der wirklichen Welt zu gewinnen, sind nahezu übermenschlich, und nur die allerwenigsten (wenn überhaupt irgend jemand) können den göttlichen Zustand erreichen, die wirkliche Welt zu verstehen – den göttlichen Zustand wirklichen Wissens oder der *episteme*.

Das ist im Hinblick auf fast alle Menschen eine pessimistische Theorie, obwohl sie nicht alle betrifft. (Denn sie lehrt, daß die Wahrheit von einigen wenigen erreicht werden kann – den Auserwählten. In bezug auf diese ist sie, so kann man sagen, von abenteuerlicherem Optimismus als selbst die Lehre, daß die Wahrheit offenbar ist.) Die autoritären und traditionalistischen Konsequenzen dieser pessimistischen Theorie werden zur Gänze in den »Gesetzen« herausgearbeitet.

So finden wir bei Platon den ersten Übergang von einer optimistischen zu einer pessimistischen Erkenntnistheorie. Jede dieser Theorien bildet die Grundlage für eine der beiden diametral entgegengesetzten Philosophien vom Staat und von der Gesellschaft: auf der einen Seite ein anti-traditionalistischer, anti-autoritärer, revolutionärer und utopischer Rationalismus vom Schlage des Cartesianismus, auf der anderen ein autoritärer Traditionalismus.

Diese Entwicklung kann gut mit dem Umstand verbunden werden, daß der erkenntnistheoretische Sündenfall des Menschen sowohl im Sinne der optimistischen *anamnesis*-Lehre erklärt werden kann wie auch im pessimistischen Sinne.

Bei der zweiten Erklärung verdammt der Sündenfall alle Sterblichen – oder doch fast alle – zum Nichtwissen. Ich meine, daß man aus dem Höhlengleichnis (und vielleicht aus dem Gleichnis vom Untergang der Stadt, als die Musen und ihre göttlichen Lehren vernachlässigt wurden) ein Echo einer interessanten älteren Form dieser Vorstellung heraushören kann. Ich denke an die Lehre des Parmenides, daß die Meinungen der Sterblichen Verblendung seien, Folgen einer irregeleiteten Wahl – einer irregeleiteten Konvention. (Dies mag aus der Lehre des Xenophanes stammen, daß alles Wissen der Menschen sich aus Vermutungen zusammensetzt und daß ihre Theorien bestenfalls *wahrheitsähnlich* sind.) Die irregeleitete Konvention ist eine sprachliche: Sie besteht darin, nicht-existierenden Dingen *Namen* zu geben. Die Vorstellung eines erkenntnistheoretischen Sündenfalls des Menschen kann vielleicht, wie Karl Reinhardt vermutete, in den Worten der Göttin gefunden werden, die den Übergang vom Weg der Wahrheit zum Weg der trügerischen Meinung vorzeichnen:

> »Aber auch hören sollst du, wie es kam, daß die täuschende Meinung
> Alles durchdringen konnt', mit Notwendigkeit Geltung erlangend.
> Und so will ich dir nun diese Welt, die ganz Schein ist, erklären, so daß du nimmermehr von den Begriffen der Menschen verführt wirst.«

Obwohl der Fall alle Menschen betrifft, kann doch die Wahrheit den Erwählten durch einen Akt der Gnade offenbart werden – sogar die Wahrheit über die Unwirklichkeit der Welt der Verblendung und der Meinungen, der überkommenen Begriffe und Urteile der sterblichen Menschen; die Wahrheit über die unwirkliche Welt der Erscheinung, die bestimmt ist, für die Wirklichkeit genommen und anerkannt zu werden.

Die Offenbarung, die Parmenides zuteil wurde, und seine Überzeugung, daß einige wenige Begnadete Sicherheit über beides erreichen könnten, die unwandelbare Welt ewiger Wirklichkeit und die unwirkliche und sich verändernde Welt der Wahrheitsähnlichkeit und Täuschung, waren zwei der wichtigsten Inspirationsquellen für Platons Philosophie. Immer wieder kehrte er zu diesem Thema zurück, schwankend zwischen Hoffnung, Verzweiflung und Resignation.

3. A priori – A posteriori

Ich möchte zunächst etwas über den Apriorismus sagen. Erstens möchte ich mir von niemandem vorschreiben lassen, welche Terminologie ich benützen soll. Die Hauptsache ist, daß die Terminologie klar ist. Und die Terminologie »genetisch a priori« ist vollkommen klar, zumindest meiner Meinung nach. Es heißt, daß etwas schon da ist, *vor* dem a posteriori, *vor* der Wahrnehmung. Außerdem ist es notwendig, das Wort »a priori« deshalb weiter zu verwenden, weil es hier eben eine ganz bestimmte Beziehung zum Kantianismus gibt. Meiner Meinung nach wird Kant viel verständlicher, wenn man sich darüber klar wird, daß er, wenigstens sehr oft, »genetisch a priori« gemeint hat, obzwar er natürlich immer von »a priori gültig« gesprochen hat.

Ich möchte zweitens sagen, daß meine Meinung von Kants a priori von der von Konrad Lorenz vor vielen Jahren entwickelten Meinung völlig verschieden ist. Ich habe mit Konrad Lorenz oft darüber gesprochen; aber ich weiß nicht genau, was seine gegenwärtige Meinung ist. Damals aber, als er über Kantianismus geschrieben und seine Interpretation veröffentlicht hat, war seine Meinung die folgende: Er hat gemeint, daß unser Vorläufer, unsere Ur-Urahnen, Dinge durch Wahrnehmung kennengelernt haben, die dann irgendwie von der Wahrnehmung ins Genetische übernommen wurden und damit für uns a priori geworden sind, nämlich genetisch a priori. Meine Meinung ist von dieser total verschieden. Und zwar ist nicht die Verwendung der Begriffe verschieden, aber meine Theorie ist verschieden. Und Theorien sind hundertmal wichtiger als Begriffe. (Theorien können wahr und falsch sein. Begriffe können bestenfalls adäquat und schlimmstenfalls irreführend sein. Begriffe sind nicht wichtig, verglichen mit Theorien.)

Ich behaupte nämlich, daß alles, was wir wissen, genetisch a priori ist. A posteriori ist nur die *Auslese* von dem, was wir a priori selbst erfunden haben.

Wie alle anderen Organismen, die so etwas wie Wahrnehmungen haben und diese Wahrnehmungen verwenden können, um aus ihnen etwas zu lernen, müssen wir, *bevor* wir das können – also genetisch a priori –, die Fähigkeit besitzen, unsere Sinneseindrücke zu ordnen und zu interpretieren. Aber das ist äquivalent mit dem Kantischen apriorischen Wissen, was besonders klar ist, wenn wir an Kants Theorie von Raum und Zeit denken.

Zu sagen, wie es Konrad Lorenz tat, daß das Kantische, angeborene, apriorische Wissen ursprünglich Wahrnehmungswissen war, das uns angeboren ist, weil es uns von unseren Urahnen vererbt wurde, heißt, die ungeheuer wichtige Kantische Grundeinsicht zu ignorieren, daß Wahrnehmungswissen ohne apriorisches Wissen unmöglich ist. In der Tat, wir dürfen nicht einmal *versuchen,* das Kantische apriorische Wissen durch Wahrnehmungswissen zu erklären. Es war Kants bedeutendste Leistung zu zeigen, daß alles Wahrnehmungswissen ein apriorisches Wissen voraussetzt.

Kant war der erste, der daran dachte, daß die Existenz von apriorischem Wissen eine notwendige Voraussetzung der Existenz von aposteriorischem Wissen ist. Aber von der »Notwendigkeit« eines apriorischen Wissens, um das Wahrnehmungswissen zu ermöglichen, darf man nicht auf die »Notwendigkeit« im Sinne einer logischen Modalität schließen. Genau hier weiche ich von Kant ab: Da unser Wahrnehmungswissen hypothetisch ist, darf unser apriorisches Wissen auch hypothetisch sein. Und so ist es in der Tat. Um das mit einem wichtigen Beispiel zu erläutern: Um unsere Wahrnehmung zu interpretieren, brauchen wir eine Geometrie, die *zumindest annähernd* euklidisch ist; *zumindest* für unsere nähere Umgebung. Aber ob der Raum, der über die Erde und den Mond hinausgeht, euklidisch ist oder nicht, ist eine andere Frage: Hier kommen wir eben zur Hypothese, zum konjekturellen Wissen. Kants Ansicht, daß alles apriorische Wissen »notwendig« im Sinne von »nicht hypothetisch, sondern apodiktisch« ist, scheint mir zwar sehr verständlich zu sein, aber dennoch unbegründet, und sogar irrtümlich.

Aus diesen und vielen anderen Gründen nehme ich also, in scharfem Gegensatz zu Kants Annahme, an, daß unser apriorisches Wissen, zum Beispiel in der Geometrie, hypothetischen (oder konjekturellen) Charakter hat. Ich nehme an, daß es nur genetisch a priori ist, und *nicht a priori gültig; nicht a priori notwendig, nicht apodiktisch.*

Aber auch wenn diese Korrektur gemacht wird, dann bleibt Kants Apriorismus von der allergrößten Bedeutung. Und ich möchte es ganz klar und ausdrücklich sagen, daß ich ein radikaler Apriorist (im Sinne des genetischen Apriori) bin, viel radikaler als Kant, obwohl mein Apriorismus ein hypothetischer, ein konjektureller Apriorismus ist.

Ich stelle nämlich, im schärfsten Gegensatz zu allen Erkenntnistheoretikern seit John Locke und sogar auch im Gegensatz zu Kant, die folgende These auf: Alles Wissen ist seinem Inhalt nach a priori, nämlich genetisch a priori. Denn alles Wissen ist hypothetisch, konjekturell: Es ist *unsere* Hypothese. A posteriori sind *nur* Ausmerzungen der Hypothesen: der Zusammenprall der Hypothesen mit der Wirklichkeit. Darin, und darin allein, besteht das Erfahrungselement in unserem Wissen. Und das genügt, um von der Erfahrung lernen zu können: Es genügt, um ein Empirist zu sein.

Um es anders zu formulieren: Wir lernen *nur* durch Versuch und Irrtum. Unsere Versuche sind aber *immer* unsere Hypothesen. Sie stammen von uns, nicht von der Außenwelt. Von der Außenwelt lernen wir *nur,* daß gewisse unserer Versuche Irrtümer sind.

Von den Urtierchen, von den Urzellen an ist die Anpassung eine Erfindung der Lebewesen. Die Lebewesen passen sich an und verbessern selber ihre Anpassung. Diese Theorie von mir führt bestimmt zu großen Schwierigkeiten. Diese Schwierigkeiten sind nicht deshalb vorhanden, weil meine Theorie schwierig ist, sondern weil wir so wenig wissen. Über die Entstehung des Lebens und die Ur-Entstehung der Anpassung wissen wir fast nichts. Darüber werde ich etwas später sprechen.

Anmerkung

Ausschnitt aus einem spontanen Diskussionsbeitrag während eines Symposiums in Wien, April 1986.

4. Über die sogenannten Quellen der menschlichen Erkenntnis

Seit fast 2500 Jahren gibt es so etwas wie eine Theorie der Erkenntnis. Und von den griechischen Philosophen bis zu den Mitgliedern des Wiener Kreises war die Grundfrage dieser Theorie der Erkenntnis *die Frage nach den Quellen unserer Erkenntnisse.*

Noch in einer der späteren Arbeiten von Rudolf Carnap, einem der Führer des Wiener Kreises, können wir etwa folgendes lesen:

Wenn du eine Behauptung aufstellst, so mußt du sie auch rechtfertigen. Und das bedeutet, daß du imstande sein mußt, die folgenden Fragen zu beantworten:

Woher weißt du das? Auf welche *Quelle* stützt sich deine Behauptung? Welche *Wahrnehmungen* liegen deiner Behauptung zugrunde?

Ich finde diese Kette von Fragen ganz und gar unbefriedigend, und ich will in diesem Vortrag versuchen, einige der Gründe anzugeben, *warum* ich diese Fragen so unbefriedigend finde.

Mein Hauptgrund ist, daß diese Fragen eine autoritäre Einstellung zum Problem des menschlichen Wissens voraussetzen. Sie setzen voraus, daß unsere Behauptungen dann, und nur dann, zulässig sind, wenn wir uns auf die Autorität von *Erkenntnisquellen* berufen können und insbesondere auf *Wahrnehmungen.*

Demgegenüber behaupte ich, daß es solche Autoritäten nicht gibt und daß *allen* Behauptungen ein *Moment der*

Unsicherheit anhaftet; auch allen auf *Wahrnehmung* gestützten Behauptungen, ja sogar allen *wahren* Behauptungen.

Ich werde daher hier vorschlagen, die alte Frage nach den Quellen unserer Erkenntnis durch eine ganz andere Frage zu ersetzen. Die traditionelle Fragestellung in der Theorie der Erkenntnis hat eine gewisse Ähnlichkeit mit der traditionellen Fragestellung in der Theorie des Staates, und diese Ähnlichkeit kann uns dazu verhelfen, eine neue und bessere Fragestellung in der Erkenntnistheorie aufzufinden.

Die traditionelle Grundfrage nach den autoritären Quellen der Erkenntnis entspricht nämlich der traditionellen Grundfrage der Staatsphilosophie, wie sie von Platon aufgestellt wurde. Ich meine die Frage: »Wer soll herrschen?«

Diese Frage verlangt eine autoritäre Antwort. Die traditionellen Antworten waren: »Die Besten« oder »Die Weisesten«. Aber auch andere und anscheinend freiheitliche Antworten auf die Frage wie »Das Volk« oder »Die Mehrheit« bleiben in der autoritären Fragestellung stecken.

Sie verleitet übrigens auch zu solchen albernen Alternativen wie: »Wer soll herrschen, die Kapitalisten oder die Arbeiter?« (Diese Frage ist analog zu der erkenntnistheoretischen Frage: »Was ist die letzte Quelle unserer Erkenntnis? Der Intellekt oder die sinnliche Wahrnehmung?«)

Die Frage »Wer soll herrschen?« ist offenbar falsch gestellt, und die Antworten, die sie hervorruft, sind autoritär. (Sie sind auch paradox.)

Ich schlage nun vor, daß man an ihre Stelle eine ganz andere und viel bescheidenere Fragestellung setzen sollte. Etwa: »Was können wir tun, um unsere politischen Institutionen so zu gestalten, daß schlechte oder untüchtige Herrscher (die wir natürlich zu vermeiden suchen, aber trotzdem nur allzu leicht bekommen können) möglichst geringen Schaden anrichten können?«

Ich glaube, daß wir ohne eine solche Änderung in unserer Fragestellung niemals hoffen können, zu einer vernünftigen Theorie des Staates und seiner Einrichtungen zu kommen.

Wir ersetzen also Platons Frage »Wer soll herrschen?« durch eine bessere und bescheidenere: durch die Frage nach einer Regierungsform, die es erlaubt, eine tyrannische oder auch sonst schlechte Regierung loszuwerden ohne Blutvergießen und auf konstitutionellem Wege. Und dann finden wir, daß jene Regierungsform, die vor 2500 Jahren in Athen »Demokratie« genannt wurde, ein Versuch war, genau diese Frage zu beantworten. Hauptaufgabe der sogenannten Demokratie war, eine Tyrannenherrschaft zu vermeiden, womöglich für immer.

»Demokratie« (griechisch für »Volksherrschaft«) ist leider ein ganz irreführender Name. Das Volk herrscht ja nicht; und soll auch nicht herrschen, denn eine Majoritätsherrschaft kann leicht in die schlimmste Tyrannei ausarten. Aber die sogenannten »Demokratien« haben sich, trotz ihres Namens, unter dem Druck von praktischen Problemen, das Ziel gestellt, Konstitutionen zu entwickeln, die die Ideen der Gerechtigkeit, der Menschlichkeit, und vor allem der Freiheit innerhalb von Gesetzlichkeit weitgehend – wenn auch sicher nicht vollkommen – verwirklichen. Jedenfalls versuchen sie, wenn auch nicht immer erfolgreich, durch ihre Konstitution sicherzustellen, daß eine Tyrannei nicht aufkommen kann.

Das Überleben des Wortes »Demokratie« zeigt, daß die platonische Theorie und die Frage »Wer soll regieren?« leider noch immer einflußreich sind, obwohl glücklicherweise die Demokratie in der Praxis versucht, entscheidend wichtige Probleme der Politik zu lösen.

In ganz ähnlicher Weise kann man die Frage nach den Quellen unserer Erkenntnis durch eine andere Frage ersetzen. Die traditionelle Frage war und ist noch immer: »Welches sind die besten Quellen unserer Erkenntnis, die verläßlichsten Quellen – Quellen, die uns nicht in die Irre führen werden und an die wir, wenn wir im Zweifel sind, als eine letzte Instanz appellieren können?«

Ich schlage vor, davon auszugehen, daß es solche ideale und unfehlbare Quellen der Erkenntnis ebensowenig gibt wie ideale und unfehlbare Herrscher, und daß alle »Quellen« unserer Erkenntnis uns manchmal irreleiten. Und ich schlage vor, die Frage nach den Quellen unserer Erkenntnis durch eine grundverschiedene Frage zu ersetzen, durch die Frage: »Gibt es einen Weg, Irrtümer zu entdecken und auszuschalten?«

Wie so viele autoritäre Fragen, so ist auch die Frage nach den Quellen der Erkenntnis eine Frage nach der Herkunft. Sie fragt nach dem Ursprung unserer Erkenntnis in dem Glauben, daß die Erkenntnis sich durch ihren Stammbaum legitimieren könne. Die (oft unbewußte) metaphysische Idee, die ihr zugrunde liegt, ist die einer rassisch reinen Erkenntnis, einer unverfälschten Erkenntnis, einer Erkenntnis, die sich von der höchsten Autorität, wenn möglich von Gott selbst ableitet und der daher die Autorität eines eigenen Adels innewohnt. Meine abgeänderte Fragestellung: »Was können wir tun, um Irrtümer aufzufinden?« ist der Ausfluß der Überzeugung, daß es solch reine, unverfälschte und unfehlbare Quellen nicht gibt und daß man die Frage nach Ursprung und nach Reinheit nicht mit der Frage nach Gültigkeit und nach Wahrheit verwechseln darf. Die Ansicht, die ich hier vertrete, ist alt und geht auf Xenophanes zurück. Schon

Xenophanes wußte, etwa 500 v. Chr., daß das, was wir Wissen nennen, nichts ist als Raten und Meinen – *doxa* und nicht *episteme* –, wie wir aus seinen Versen ersehen:

> »Nicht vom Beginn an enthüllen die Götter uns Sterblichen alles.
> Aber im Laufe der Zeit finden wir, suchend, das Bess're.
>
> Sichere Wahrheit erkannte kein Mensch und wird keiner erkennen
> Über die Götter und alle die Dinge, von denen ich spreche.
> Auch wenn es einem einst glückt, die vollkommenste Wahrheit zu künden,
> Wissen kann er sie nicht: Es ist alles durchwebt von Vermutung.« [Übers. K. Popper]

Und doch wird die traditionelle Frage nach den autoritativen Quellen unseres Wissens auch heute noch gestellt – sehr oft sogar von Positivisten und anderen Philosophen, die überzeugt sind, daß sie gegen alle Autorität revoltieren.

Die richtige Antwort auf meine Frage »Auf welche Weise haben wir Aussicht, Irrtümer zu erkennen und auszuschalten?« scheint mir zu sein: »Durch Kritik an den Theorien und Vermutungen anderer und – falls wir uns dazu erziehen können – durch Kritik an unseren eigenen Theorien und spekulativen Lösungsversuchen.« (Übrigens ist eine solche Kritik der eigenen Theorien zwar höchst wünschenswert, aber nicht unerläßlich; denn wenn wir nicht selbst dazu imstande sind, werden sich andere finden, die es für uns tun.)

Diese Antwort faßt eine Einstellung zusammen, die man als einen »Kritischen Rationalismus« beschreiben könnte. Es ist das eine Anschauungsweise, eine Haltung und eine Überlieferung, die wir den Griechen verdanken. Sie unterscheidet sich grundlegend vom »Rationalismus« oder »Intellektualismus«, die Descartes und seine Schule proklamierten, und sogar auch von Kants Erkenntnislehre. Jedoch auf dem Gebiete der Ethik und sittlicher Erkenntnis kommt Kants *Prinzip der Autonomie* dieser Einstellung sehr nahe. Dieses Prinzip drückt seine Einsicht aus, daß wir niemals das Gebot einer Autorität, und sei sie noch so erhaben, als Grundlage der Ethik anerkennen dürfen. Denn wenn wir uns dem Befehl einer Autorität gegenübersehen, so steht es immer bei uns, kritisch zu urteilen, ob es moralisch zulässig ist, diesem Befehl zu gehorchen. Es kann sein, daß die Autorität die Macht hat, ihre Befehle durchzusetzen, und daß wir machtlos sind, Widerstand zu leisten. Aber wenn es uns physisch möglich ist, unsere Handlungsweise zu bestimmen, so können wir uns der letzten Verantwortung nicht entziehen. Denn die kritische Entscheidung liegt bei uns: Wir können dem Befehl gehorchen oder nicht gehorchen; wir können die Autorität anerkennen oder sie verwerfen.

Kant hat diese Idee mutig auch auf das Gebiet der Religion angewendet: Die Verantwortung dafür, ob die Lehren einer Religion als gut anzuerkennen oder als böse abzulehnen sind, liegt nach Kant bei uns.

In Anbetracht dieser kühnen Stellungnahme erscheint es eigentlich seltsam, daß Kant in seiner *Wissenschaftslehre* nicht dieselbe Haltung des kritischen Rationalismus einnimmt, die Haltung einer kritischen Suche nach dem Irrtum. Es erscheint mir klar, daß nur *eines* Kant davon abgehalten hat, diesen Schritt zu tun: seine Anerkennung der Autorität Newtons auf dem Gebiete der Kosmologie. Diese Anerkennung beruhte darauf, daß Newtons Theorie den strengsten Prüfungen mit fast unglaublichem Erfolg standgehalten hatte.

Wenn meine Deutung Kants richtig ist, dann ist der kritische Rationalismus – und ebenso der kritische Empirismus, den ich gleichfalls verfechte – eine Vervollständigung der kritischen Philosophie Kants. Diese Vervollständigung wurde erst durch Albert Einstein möglich, der uns lehrte, daß Newtons Theorie trotz ihres überwältigenden Erfolges vielleicht doch falsch sein könnte.

Meine Antwort auf die traditionelle Frage der Erkenntnistheorie: »Woher weißt du das? Was ist die Quelle, die Grundlage deiner Behauptung? Welche Beobachtungen liegen ihr zugrunde?« ist also die folgende:

»Ich sage ja gar nicht, daß ich etwas *weiß:* Meine Behauptung war nur als *Vermutung* gemeint, als Hypothese. Auch wollen wir uns nicht um die Quelle oder die Quellen kümmern, aus denen meine Vermutung entsprungen sein mag: Es gibt viele mögliche Quellen, und ich bin mir keineswegs über alle im klaren. Auch haben Ursprung und Herkunft nur wenig mit der Wahrheit zu tun. Aber wenn dich das Problem interessiert, das ich mit meiner Vermutung versuchsweise lösen wollte, dann kannst du mir einen Dienst erweisen. Versuche, sie sachlich so scharf, wie es dir nur möglich ist, zu kritisieren! Und wenn du dir ein Experiment ausdenken kannst, dessen Ausgang, deiner Meinung nach, meine Behauptung widerlegen könnte, so bin ich bereit, dir bei dieser Widerlegung zu helfen, soweit es in meinen Kräften steht.«

Genaugenommen gilt diese Antwort allerdings nur, wenn es sich um eine naturwissenschaftliche Behauptung handelt und nicht etwa um eine historische. Denn wenn die versuchsweise aufgestellte Behauptung sich auf etwas Historisches bezieht, so muß sich jede kritische Erörterung ihrer Richtigkeit natürlich auch mit *Quellen* befassen – wenn auch nicht mit »letzten« und »autoritativen« Quellen. Aber im Grunde würde meine Antwort dieselbe bleiben.

Ich will nun die Resultate unserer Diskussion zusammenfassen. Ich will sie in die Form von acht Thesen kleiden:

1. Es gibt keine letzten Quellen der Erkenntnis. Jede Quelle, jede Anregung ist uns willkommen; aber jede Quelle, jede Anregung ist auch Gegenstand kritischer Überprüfung. Soweit es sich aber nicht um historische Fragen handelt, pflegen wir eher die behaupteten Tatsachen selbst zu prüfen, als den Quellen unserer Informationen nachzugehen.

2. Die Fragen der Wissenschaftslehre haben mit Quellen eigentlich nichts zu tun. Was wir fragen ist vielmehr, ob eine Behauptung wahr ist – das heißt, ob sie mit den Tatsachen übereinstimmt.

Im Zuge einer solchen kritischen Untersuchung der Wahrheit können alle nur möglichen Arten von Argumenten herangezogen werden. Eine der wichtigsten Methoden ist, unseren eigenen Theorien kritisch gegenüberzustehen und insbesondere nach Widersprüchen zwischen unseren Theorien und den Beobachtungen zu suchen.

3. Die Tradition ist – abgesehen von jenem Wissen, das uns angeboren ist – bei weitem die wichtigste Quelle unseres Wissens.

4. Die Tatsache, daß die meisten Quellen unseres Wissens auf Traditionen beruhen, zeigt, daß die Gegnerschaft gegen die Tradition, also der Antitraditionalismus, ohne jede Bedeutung ist. Diese Tatsache darf aber nicht als Stütze für den Traditionalismus angesehen werden; denn kein noch so kleiner Teil unseres überlieferten Wissens (und sogar des uns angeborenen Wissens) ist davor gefeit, kritisch untersucht und gegebenenfalls umgestoßen zu werden. Trotzdem wäre ohne Tradition Erkenntnis unmöglich.

5. Erkenntnis kann nicht mit nichts beginnen – mit der *tabula rasa* –, aber sie kann auch nicht von der Beobach-

tung ausgehen. Der Fortschritt unseres Wissens besteht in der Modifikation, in der Korrektur von früherem Wissen. Gewiß ist es manchmal möglich, durch eine Beobachtung oder durch eine Zufallsentdeckung einen Schritt vorwärts zu tun; aber im allgemeinen hängt die Tragweite einer Beobachtung oder einer Entdeckung davon ab, ob wir durch sie in den Stand gesetzt werden, *bestehende* Theorien zu modifizieren.

6. Weder die Beobachtung noch die Vernunft sind Autoritäten. Andere Quellen – wie intellektuelle Intuition und intellektuelle Einbildungskraft – sind von größter Bedeutung, aber sie sind gleichfalls unverläßlich: Sie mögen uns die Dinge mit größter Klarheit zeigen und uns dennoch in die Irre führen. Sie sind die Hauptquelle unserer Theorien und als solche unersetzlich; aber die überwiegende Mehrheit unserer Theorien ist falsch. Die wichtigste Funktion der Beobachtung und des logischen Denkens, aber auch der intellektuellen Intuition und der Einbildungskraft liegt darin, daß sie uns bei der kritischen Prüfung jener kühnen Theorien helfen, die wir brauchen, um ins Unbekannte vorzudringen.

7. Klarheit ist ein intellektueller Wert an sich; Genauigkeit und Präzision aber sind es nicht. Absolute Präzision ist unerreichbar; und es ist zwecklos, genauer sein zu wollen, als es unsere Problemsituation verlangt. Die Idee, daß wir unsere Begriffe definieren müssen, um sie »präzise« zu machen oder gar um ihnen einen »Sinn« zu geben, ist ein Irrlicht. Denn jede Definition muß definierende Begriffe benützen; und so können wir es nie vermeiden, letzten Endes mit undefinierten Begriffen zu arbeiten. Probleme, die die Bedeutung oder die Definiton von Worten zum Gegenstand haben, sind unwichtig. Ja, solche rein verbalen Probleme sollten unter allen Umständen vermieden werden.

8. Jede Lösung eines Problems schafft neue, ungelöste Probleme. Diese neuen Probleme sind um so interessanter, je schwieriger das ursprüngliche Problem war und je kühner der Lösungsversuch. Je mehr wir über die Welt erfahren, je mehr wir unser Wissen vertiefen, desto bewußter, klarer und fester umrissen wird unser Wissen über das, *was wir nicht wissen,* unser Wissen über unsere Unwissenheit. Die Hauptquelle unserer Unwissenheit liegt darin, daß unser Wissen nur begrenzt sein kann, während unsere Unwissenheit notwendigerweise grenzenlos ist.

Wir ahnen die Unermeßlichkeit unserer Unwissenheit, wenn wir die Unermeßlichkeit des Sternenhimmels betrachten. Die Größe des Weltalls ist zwar nicht der tiefste Grund unserer Unwissenheit; aber sie ist doch einer ihrer Gründe.

Ich glaube, daß es der Mühe wert ist, den Versuch zu machen, mehr über die Welt zu erfahren, selbst wenn alles, was bei dem Versuch herauskommt, nichts ist als die Erkenntnis, wie wenig wir wissen. Es dürfte uns gut tun, uns manchmal daran zu erinnern, daß wir zwar in dem Wenigen, das wir wissen, recht verschieden sein mögen, daß wir aber in unserer grenzenlosen Unwissenheit alle gleich sind.

Wenn wir uns also zu der Ansicht bekennen, daß es im ganzen Bereich unseres Wissens, wie weit wir auch ins Unbekannte vorgestoßen sein mögen, keine Autorität gibt, die über jede Kritik erhaben ist, dann können wir, ohne der Gefahr des Dogmatismus zu verfallen, an der These festhalten, daß die Wahrheit selbst, und die Idee der Wahrheit, über alle menschliche Autorität hinausgeht. Ja, wir können nicht nur, wir müssen an ihr festhalten. Denn ohne sie gibt es keine objektiven Maßstäbe der wissenschaftlichen Forschung, keine Kritik an unseren Lösungsversuchen, kein Tasten nach dem Unbekannten und kein Streben nach Erkenntnis.

Anmerkung

Ausschnitt aus einem Vortrag, gehalten am 27. Juli 1979 in der Universität Salzburg anläßlich der Verleihung eines Ehrendoktorates an den Autor.

5. Wissen und Sprache

... Die Menschen sind fürchterlich suggestionsbedürftig, und das gefährliche Suggestionsbedürfnis der Menschen ist heute eines meiner Hauptthemen. Mein Thema ist groß. Ich habe hart, aber gern gearbeitet, um es so einfach wie möglich darzustellen. Ich fürchte, daß es mir nicht ganz gelungen ist, und ich bitte Sie um Ihre aktive Mitarbeit.

Aber ich bitte Sie auch: Lassen Sie sich nur *nichts* von mir suggerieren! Glauben Sie mir, bitte, kein Wort! Ich weiß, das ist zuviel verlangt, denn ich will ja nur die Wahrheit sagen, so gut ich sie kenne. Aber ich warne Sie: Ich weiß *nichts;* oder *fast nichts.* Wir alle wissen nichts oder fast nichts. Das ist, wie ich *vermute,* eine Grundtatsache unseres Lebens. Wir wissen nichts, wir können nur vermuten: Wir raten. Unser bestes Wissen ist das großartige naturwissenschaftliche Wissen, das wir in 2500 Jahren geschaffen haben. Aber die Naturwissenschaften bestehen eben nur aus Vermutungen, aus Hypothesen.

Im Griechischen, im Lateinischen, im Englischen und im Deutschen gibt es einen klaren Gegensatz zwischen

(1) *Wissen* # *Vermutung*
ich weiß # *ich vermute.*

Der Unterschied ist ganz einfach:

(2) *Wissen* impliziert *sichere Wahrheit*
also: *Wissen* impliziert *Sicherheit, Gewißheit.*

Daher kann man in diesen Sprachen nicht ernsthaft sagen:

»Ich *weiß,* daß heute Freitag ist, aber ich bin nicht ganz sicher.«

Die Antwort darauf wäre:

»Wenn du nicht ganz sicher bist, so *weißt* du es eben nicht, sondern du vermutest es nur.«

Meine erste These ist also:

(3) *Das sogenannte naturwissenschaftliche Wissen ist kein Wissen,* denn es besteht nur aus Vermutungen oder Hypothesen – wenn auch zum Teil aus Hypothesen, die durch ein Kreuzfeuer von genialen Überprüfungen hindurchgegangen sind. In Kürze:

(4) Wir wissen nicht, sondern wir raten. Obwohl *das naturwissenschaftliche Wissen* kein Wissen ist, ist es das beste, das wir auf diesem Gebiet haben. Ich nenne es Vermutungswissen – mehr oder weniger, um die Leute zu trösten, die sicheres Wissen wollen und glauben, es nicht entbehren zu können.

Das sind nämlich die gefährlich *suggestionsbedürftigen* Menschen, die Menschen, denen der *Mut* fehlt, *ohne Sicherheit, ohne Gewißheit, ohne Autorität, ohne einen Führer* zu leben. Man könnte vielleicht sagen: Es sind die Menschen, die im Kindesalter steckengeblieben sind.

Die anderen mögen Freunde brauchen, Vertraute; oder Menschen, zu denen man aufsieht, weil man in ihnen ein Vorbild sehen kann; oder vielleicht, weil sie Außerordentliches geleistet haben. Wenn sie einen Kranken betreuen, mögen sie oft nach einer Autorität – einer medizinischen Autorität – seufzen. Aber die gibt es nicht; denn Wissen – sicheres Wissen – ist ein leeres Wort.

Wissenschaft ist Wahrheitssuche. Aber Wahrheit ist nicht sichere Wahrheit.

(5) *Wahrheit* # *sichere Wahrheit*
Wahrheit # *Gewißheit.*

Was Wahrheit ist, weiß jeder. Es ist die Übereinstimmung eines Satzes mit jener Wirklichkeit, über die der Satz etwas aussagt:

(6) Wahrheit = Übereinstimmung mit der Wirklichkeit

oder vielleicht

Wahrheit = Übereinstimmung des ausgesagten Sachverhalts mit dem tatsächlichen Sachverhalt.

Aber Definitionen sind unwichtig. Und Wortklaubereien sind eine Pest.

(7) Wir können oft genug die Wahrheit sagen, die Wahrheit erreichen. Aber wir können nie Sicherheit erreichen. Denn wir wissen – in dem Sinn von Vermutungswissen –, daß es Menschen gibt, die sich einbilden, daß sie Einstein sind oder eine Wiedergeburt von Goethe. So sage ich vermutlich die Wahrheit, wenn ich sage, daß ich soeben einen Vortrag in Zürich halte. Aber nach meiner Erfahrung mit jenen Menschen kann ich nicht absolut sicher sein, daß ich nicht in einem fürchterlichen Irrtum befangen bin.

Doch nur absolute Sicherheit würde echtes Wissen bedeuten. Wir kommen, außer vielleicht mit Trivialitäten, nicht über Vermutungen hinaus – wenigstens nicht in den Naturwissenschaften. (Vielleicht steht es anders in der Mathematik oder in der Formalen Logik; aber darüber will ich heute nicht sprechen.)

Die Wissenschaft ist Wahrheitssuche, *nicht* Sicherheitssuche. Wie arbeitet sie?

(8) Der Wissenschaftler arbeitet, wie alle Organismen, mit der Methode von Versuch und Irrtum. Der Versuch ist eine *Problemlösung*. Der Irrtum, oder genauer die Irrtumskorrektur, ist in der Evolution des Pflanzen- oder Tierreichs gewöhnlich die Ausmerzung des Organismus; in der Wissenschaft die Ausmerzung der Hypothese oder der Theorie.

Der Prozeß ist also eine *Darwinsche Auslese*. Frage: Was entspricht im Tierreich dem sogenannten Wissen, also der Vermutung, der Hypothese? Antwort: die *Erwartung.* Genauer: ein Zustand des Organismus, in dem sich der Organismus auf eine Änderung in seiner Umwelt vorbereitet (oder auch darauf, daß sich nichts ändert). Wenn die Blumen kommen, so *erwarten* sie, in diesem Sinn, Frühlingswetter: Sie haben die Hypothese, die Theorie eingebaut, daß es wärmer wird. Oft genug ist die Theorie falsch, und die Blüten erfrieren.

(9) In diesem Sinn gibt es unendlich viel angeborenes Wissen in Pflanzen und Tieren. Ein Kind erwartet nach seiner Geburt, gehegt und gestillt zu werden; und kurz nachher erwartet es, angelächelt zu werden. Es erwartet diese Dinge nicht nur, es braucht sie. Angeborene Bedürfnisse sind angeborene Theorien.

(10) Alle Organismen sind dauernd höchst aktiv. Sie erforschen aktiv ihre Umwelt, sie suchen nach besseren Lebensbedingungen, nach einer besseren Welt. Und sie selbst verbessern aktiv ihre Lebensbedingungen.

(11) Das Leben verbessert die Umwelt für das Leben. Es hat das seit Millionen von Jahren getan, und wir sind die glücklichen Erben.

Da dieser Prozeß durch Versuch und Irrtumselimination vor sich geht, gibt es auch viele Fehler in unserer Welt.

(12) Mit dem Leben entstehen Probleme; und Probleme gibt es nur, wenn es Werte gibt: Bewertungen, zum Beispiel von Lebensbedingungen.

Ich komme nun zum Schluß dessen, was ich hier über die Erkenntnistheorie und Wissenschaftstheorie ausführen möchte.

(13) Die Wissenschaft beginnt mit Problemen. Sie *versucht,* sie durch kühne, erfinderische Theorien zu lösen. Bei weitem die meisten Theorien sind falsch und/oder unüberprüfbar. Die wertvollen überprüfbaren Theorien

werden nach Irrtümern abgesucht. Wir suchen, Irrtümer zu finden und zu eliminieren. So ist die Wissenschaft: Sie besteht aus wilden, oft unverantwortlichen Ideen, die sie unter eine scharfe Kontrolle der Fehlerkorrektur setzt.

Frage: Das ist ja ganz ähnlich wie bei der Amöbe oder ähnlichen niederen Organismen. Wo ist der Unterschied zwischen der Amöbe und Einstein? Antwort: Die Amöbe wird eliminiert, wenn sie Fehler *macht.* Falls sie Bewußtsein hat, wird sie sich vor Fehlern fürchten. Einstein *sucht* nach Fehlern. Er kann das, weil seine Theorie nicht ein Teil von ihm selbst ist, sondern weil sie ein Objekt ist, das er untersuchen und bewußt kritisieren kann. Er verdankt das der *spezifisch* menschlichen Sprache, und insbesondere auch ihrer Tochter, der menschlichen Schrift. Einstein sagte irgendwo: »Mein Bleistift ist gescheiter, als ich es bin.« Das, was ausgesprochen oder, noch besser, niedergeschrieben ist, ist ein Objekt geworden, das wir kritisieren können und dessen Fehler wir untersuchen können. So wird die sprachlich formulierte Theorie etwas Ähnliches, aber wiederum ganz anderes als die in den Organismen eingebauten tierischen oder pflanzlichen Erwartungen.

(14) Die Methode der Naturwissenschaft ist die bewußte Suche nach Fehlern und die Fehlerkorrektur durch bewußte Kritik. Diese Kritik sollte – im Idealfall – unpersönlich sein und sich nur auf die vorgelegten Theorien oder Hypothesen richten.

Damit beende ich meine Bemerkungen zur Erkenntnistheorie und wende mich der Theorie der tierischen und der spezifisch menschlichen Sprache zu. Es ist der zweite Teil meiner Vorlesung. Der dritte Teil ist dem Suggestionsbedürfnis gewidmet. [...]

Ich beginne mit einem Schema, das ich dem großen Psychologen Karl Bühler verdanke. Bühler unterscheidet drei

Funktionen der Sprache. Die ersten beiden finden sich bei vielen Tieren und allen Menschen; die dritte nur beim Menschen.

Die niederste Funktion ist die Ausdrucksfunktion, die im Mienenspiel, in Schwanzbewegungen, in Schreien bestehen kann. Diese Ausdrucksbewegungen können als Symptom für den inneren Zustand des Organismus betrachtet werden.

(Nebenbemerkung: Die Materialisten und die Behavioristen haben das nicht gern. Sie wollen keinen inneren Zustand annehmen, sondern schlagen vor, sich auf das Verhalten, auf englisch »behaviour«, zu beschränken. Daß das ein Fehler ist, kann man aber sehr schnell zeigen. Ein Thermometer zeigt durch sein »behaviour« nicht nur die äußere Temperatur, sondern vor allem seinen inneren Zustand an: Die schwingenden Moleküle, deren Amplituden zunehmen, führen zur Verlängerung eines Metallstabes. Wenn die behavioristische Ideologie richtig wäre, dürften wir diese inneren Zustände nicht hereinbringen und zur Erklärung der Verlängerung des Stabes durch Erhitzung verwenden.)

Das Tier kann seinen Zustand durch sein Mienenspiel und Schwanzspiel ausdrücken, auch wenn kein anderes Tier da ist, um darauf zu reagieren. Wenn aber ein anderes Tier auf die Ausdrucksbewegung reagiert, dann wird sie zur Kundgabe. Die Kundgabe-Funktion, die nach Bühler die zweite Funktion ist, kann eine Signalfunktion werden, und wenn sie gegenseitig stattfindet, haben wir Kommunikation zwischen Tieren. Natürlich können das auch Menschen sein – zum Beispiel Kinder, bevor sie die menschliche Sprache erlernt haben; oder Menschen, die keine gemeinsame spezifisch menschliche Sprache haben, sich aber dennoch durch Mienen, durch Zeichen, durch Deuten verständigen wollen.

Bühlers dritte Funktion, die Darstellungsfunktion, ist der spezifisch menschlichen Sprache vorbehalten, in der es Sätze gibt, die Sachverhalte beschreiben oder, wie Bühler sagt, darstellen.

Eine These Bühlers ist, daß die höhere Funktion immer von der niedrigen begleitet wird. Wenn ein Vogel einen Warnruf ausstößt, so dient dieser Ruf nicht nur der sozialen Kommunikation, sondern er ist gleichzeitig auch Ausdruck eines inneren Zustandes. Je höher wir in den Funktionen der Sprache hinaufsteigen, um so komplexer wird die Sprache.

Ich möchte kurz darauf hindeuten, daß nur wenige Sprachtheoretiker so weit gegangen sind wie Bühler. Die meisten sprechen von Ausdruck, einige von sozialer Kommunikation (die natürlich sehr praktische Funktionen haben kann, wie das Beispiel der Warnrufe zeigt). Auch Befehle oder Aufforderungen gehören hierher. Aber die wenigsten haben gesehen, daß es für die menschliche Sprache und ihre Wunder entscheidend ist, daß sie Sachverhalte beschreiben kann und daß ein solcher beschreibender Satz wahr oder falsch sein kann. Erst durch diesen ungeheuren Schritt wird die Objektivierung des Gesagten möglich, so daß sachliche Kritik einsetzen kann. Kritik ist rationale Kritik nur dann, wenn es nur um die Wahrheit oder Falschheit von Sätzen oder Theorien geht.

Damit beende ich meine kurze Darstellung eines wichtigen Teils von Bühlers Theorie der Sprache.

Ich habe selbst noch einige Funktionen der Sprache zu denen Bühlers hinzugefügt, vor allem die *kritische Funktion,* das heißt, die kritische Diskussion über die Wahrheit oder Falschheit von Sätzen. Und ich habe auch ihre ungeheure Wichtigkeit schon betont, als ich davon sprach, wie Einstein sich von der Amöbe unterscheidet.

Auch habe ich schon oft betont, daß der *kritischen*

Stufe des menschlichen Sprachgebrauchs aus logischen Gründen eine *dogmatische Stufe* vorangehen muß: Erst wenn ein Dogma als eine Art von Hintergrund etabliert ist, kann man beginnen zu kritisieren, und erst später kann das Dogma, der Hintergrund der kritischen Diskussion, selbst in die Kritik einbezogen werden. Man braucht zuerst einen festen Rahmen. Später kann man verschiedene solcher Rahmen konfrontieren und zur kritischen Diskussion der Rahmen fortschreiten.

Ich komme jetzt zum dritten Teil.

Ich beginne mit meiner 14. These:

(14) Die Tiersprachen, einschließlich der Menschensprachen, setzen sehr viele angeborene Bedürfnisse voraus; zum Beispiel das Bedürfnis, sich aktiv auszudrücken, das Bedürfnis, mit anderen in Kommunikation zu treten, und das Bedürfnis, auch in diesen Dingen durch Versuch und Irrtum zu lernen. Ohne solche angeborenen Bedürfnisse und ohne das aktive Lernen durch Versuch und Irrtum (das Herumrennen von jungen Katzen ist ein gutes Beispiel) wäre es für höhere Tiere nicht möglich zu überleben.

(15) Sowohl das angeborene Wissen der Tiere und Menschen wie auch das durch aktives Lernen erworbene Wissen besteht aus *Erwartungen*. Unerfüllte Erwartungen werden als Schwierigkeiten, als Probleme erlebt, die zu Versuchen führen, also wieder zum aktiven Lernen – zum Forschen.

(16) Das aktive Lernen sowohl der Tiersprache wie auch der Menschensprache setzt einen sehr hohen Grad von Suggestivität voraus. Nachahmungsfähigkeit genügt *nicht*. Es handelt sich auch um mehr als um Nachahmung zusammen mit Einfühlung, obwohl das der Sache schon näher kommt. Es handelt sich um ein angeborenes, tiefes Bedürfnis, mit den Wünschen und Bewertungen der kommunizierenden

Artgenossen übereinzustimmen. Nur so kann man die Massenwanderungen der Heringe oder das Schwärmen der Bienen oder auch nur einen Mückenschwarm erklären. Und wir wissen (im Sinne von Vermutungswissen), wie suggestionsanfällig gewisse Tiere sind. Ein Huhn kann mit einem Kreidestrich hypnotisiert werden.

(17) Die menschlichen Sprachen beruhen auf angeborenen Bedürfnissen, eine Sprache zu lernen, zu sprechen, darzustellen, mitzuteilen. Alles das beruht zum großen Teil auf einem angeborenen, spezifisch mit der Sprache verbundenen Suggestionsbedürfnis.

(18) Dies ist auf das engste verknüpft mit dem starken Bedürfnis, unsere Umwelt zu entdecken, über sie zu lernen, also *zu wissen*. So kommt es in den Menschenverbänden zu Mythen, zu Medizinmännern, zu Priestern. Und so kommt es zu einem inneren Konflikt, der das alles verstärken kann: zu dem nicht eingestandenen Gefühl dafür, daß wir ja in Wirklichkeit nichts oder nur sehr wenig wissen. Da das Bedürfnis nach Sicherheit – oder nach Sicherung durch die Kameraden, die Helfer – stark ist, wird das Bedürfnis stark sein, ein *gemeinsames Dogma* zu haben und sich gegenseitig die Wahrheit dieses Dogmas zu suggerieren. Es ist ein Bedürfnis nach Suggestion, ein Suggestionsbedürfnis*. Die Unsicherheit wird gefürchtet, und das Dogma wird zum fanatischen Glauben.

So kam es zur Kriegspsychose, zur Kriegsbegeisterung am Anfang des Ersten Weltkriegs.

Anmerkung

Ausschnitt aus einem Vortrag, gehalten in Zürich, August 1985.

---

* Ich verdanke diesen Ausdruck Professor E. K. Herz.

6. Ein Aufklärer und Rationalist

Vor allem anderen liegt mir sehr daran, daß das, was ich im folgenden sagen werde, nicht gläubig hingenommen wird. Ich möchte ganz im Gegenteil, daß es mit der größten Skepsis behandelt wird. Ich bin nämlich keineswegs, wie so viele meiner philosophischen Kollegen, ein Führer, der auf neuen Wegen wandelt; ich bin kein Verkünder einer neuen Richtung in der Philosophie. Sondern ich bin ein ganz und gar altmodischer Philosoph, der an eine völlig veraltete und überholte Philosophie glaubt. Es ist die Philosophie eines längst vergangenen Zeitalters, des Zeitalters des Rationalismus und der Aufklärung. Als einer der letzten Nachzügler des Rationalismus und der Aufklärung glaube ich an die Selbstbefreiung des Menschen durch das Wissen – ebenso wie einst Kant, der letzte große Philosoph der Aufklärung, oder wie einst Pestalozzi, der die Armut durch das Wissen bekämpfte. Ich möchte also ganz deutlich sagen, daß ich hier Ansichten vertrete, die schon vor etwa 150 Jahren als überholt und als völlig verfehlt erkannt wurden. Denn die Aufklärung wurde ja schon kurz vor 1800 von der Romantik als Aufklärerei (oder »Aufkläricht«, eine Anspielung auf Kehricht) entlarvt. Aber leider bin ich so rückständig, daß ich noch immer an dieser veralteten und überholten Philosophie festhalte. In meiner Rückständigkeit kann ich nämlich in der Philosophie der Romantik und insbesondere in der Philosophie der drei großen Führer des deutschen Idealismus, Fichte, Schelling und Hegel, nichts anderes sehen als eine intellektuelle und moralische Katastrophe – die größte intellektuelle und moralische Katastrophe, von der die deutsche und die europäische Intelligenz jemals heimgesucht wurde. Diese Katastrophe, diese intellektuelle und moralische Kettenreaktion hatte, wie ich glaube, eine verheerende und verdummende Wirkung, die noch immer wie eine Atomwolke im Anwachsen begriffen ist. Sie brachte das hervor, was vor Jahren Konrad Heiden in seinem Buch über Hitler »das Zeitalter der intellektuellen und moralischen Unredlichkeit« nannte.

Es ist das ein Zeitgeist und eine vom Zeitgeist inspirierte Bewegung, die wohl von niemandem so leicht zum Stillstand gebracht werden wird; am allerwenigsten aber von einem verspäteten Nachzügler der Aufklärung, wie ich es bin; von einem, der die Macht der Mode oder des Zeitgeistes sehr wohl erkennt, aber dennoch nicht bereit ist, ihr Konzessionen zu machen. Im Gegensatz zu den größten romantischen und zeitgenössischen Autoritäten glaube ich nämlich nicht, daß es die Aufgabe eines Philosophen ist, dem Geist seiner Zeit Ausdruck zu geben. Ich glaube (wie übrigens auch Nietzsche), daß ein Philosoph sich selbst immer wieder daraufhin prüfen sollte, ob er nicht am Ende beginnt, dem Zeitgeist Konzessionen zu machen, die seine geistige Unabhängigkeit gefährden. Ich stimme ganz mit Hugo von Hofmannsthal überein, wenn er in seinem »Buch der Freunde« sagt: »Die Philosophie ist die Richterin eines Zeitalters; es steht schlimm, wenn sie statt dessen sein Ausdruck ist.«

Meine gegen mich selbst gerichteten Wahrnehmungen und mein Bekenntnis, daß ich ein Rationalist und Aufklärer bin, hätten wenig Sinn, wenn ich nicht auch kurz erklären würde, was ich unter Rationalismus und Aufklärung verstehe.

Wenn ich vom Rationalismus spreche, so habe ich *nicht* eine philosophische Theorie im Auge, wie zum Beispiel die von Descartes, und schon gar nicht den höchst unvernünftigen Glauben, daß der Mensch ein reines Vernunftwesen sei. Was ich meine, wenn ich von der Vernunft spreche oder vom Rationalismus, ist weiter nichts als die Überzeugung, daß wir durch die Kritik unserer Fehler und Irrtümer *lernen* können und insbesondere durch die Kritik anderer und schließlich auch durch Selbstkritik. Ein Rationalist ist einfach ein Mensch, dem mehr daran liegt zu lernen, als recht zu behalten; der bereit ist, von anderen zu lernen, nicht etwa dadurch, daß er die fremde Meinung einfach annimmt, sondern dadurch, daß er gerne seine Ideen von anderen kritisieren läßt und gerne die Ideen anderer kritisiert. Der Nachdruck liegt hier auf der Idee der Kritik oder genauer der *kritischen Diskussion*. Der echte Rationalist glaubt also nicht, daß er selbst oder sonst jemand im Besitze der Weisheit ist. Auch glaubt er nicht, daß die bloße Kritik als solche uns schon zu neuen Ideen verhilft. Aber er glaubt, daß nur die kritische Diskussion uns dazu helfen kann, im Gebiete der Ideen den Hafer von der Spreu zu sondern. Er weiß wohl, daß die Annahme oder Verwerfung einer Idee niemals eine rein rationale Angelegenheit ist; aber er glaubt, daß nur die kritische Diskussion uns die Reife geben kann, die nötig ist, um eine Idee von mehr und mehr Seiten zu sehen und sie gerecht zu beurteilen.

Diese Wertschätzung der kritischen Diskussion hat auch ihre menschliche Seite. Selbstverständlich weiß der Rationalist sehr wohl, daß sich die menschlichen Beziehungen nicht in der kritischen Diskussion erschöpfen. Er weiß ganz im Gegenteil, daß eine rationale, kritische Diskussion zu den Seltenheiten unseres Lebens gehört. Dennoch glaubt er, daß die Einstellung des Gebens und Empfangens, des »give and take«, wie es im Englischen heißt, also die Einstellung, die der kritischen Diskussion zugrunde liegt, rein menschlich von größter Bedeutung ist. Denn der Rationalist weiß, daß er seine Vernunft den anderen Menschen verdankt. Er weiß, daß die vernünftige, die rationale, die kritische Einstellung nur das Ergebnis der Kritik anderer sein kann und daß man nur durch die Kritik anderer zur Selbstkritik kommen kann.

Man könnte wohl die rationalistische Einstellung folgendermaßen ausdrücken; vielleicht habe ich unrecht, und du hast recht, jedenfalls können wir beide hoffen, nach unserer Diskussion etwas klarer zu sehen als vorher, und jedenfalls können wir ja beide voneinander lernen, solange wir nur nicht vergessen, daß es nicht so sehr darauf ankommt, wer recht behält, als vielmehr darauf, der Wahrheit näherzukommen. Nur zu diesem Zweck verteidigen wir uns in der Diskussion so gut, wie wir eben können.

Das ist, in Kürze, was ich meine, wenn ich vom Rationalismus spreche. Aber wenn ich von der Aufklärung spreche, so meine ich noch etwas mehr. Da denke ich vor allem an die Idee der Selbstbefreiung durch das Wissen – jene Idee, die Kant und Pestalozzi inspirierte; und ich denke an die Pflicht jedes Intellektuellen, anderen dazu zu helfen, sich geistig zu befreien und die kritische Einstellung zu verstehen; eine Pflicht, die die meisten Intellektuellen seit Fichte, Schelling und Hegel vergessen haben. Denn leider ist unter den Intellektuellen der Wunsch nur allzu weit verbreitet, anderen zu imponieren und sie, wie Schopenhauer sagt, nicht zu belehren, sondern zu betören. Sie treten als Führer auf, als Propheten; zum Teil, weil es von ihnen erwartet wird, daß sie als Propheten auftreten – als Verkünder der dunklen Geheimnisse des Lebens, der Welt und des Menschen, der Geschichte und der Existenz. Hier, wie so oft, erzeugt die ständige Nachfrage leider ein Angebot. Führer und Propheten wurden gesucht. Kein Wunder, daß Führer und Propheten gefunden wurden. Aber »erwachsene Menschen brauchen keine Führer«, wie H. G. Wells einst sagte; und Erwachsene sollten auch *wissen,* daß sie keine Führer brauchen. Und was das Prophetentum betrifft, so glaube ich an die Pflicht jedes Intellektuellen, sich davon auf das deutlichste zu distanzieren.

Anmerkung

Ausschnitt aus einem Referat, gehalten in Alpbach am 25. August 1958.

7. Die Verantwortung der Intellektuellen

Wir haben also vier Gründe, die zeigen, daß auch heute die Sokratische Einsicht »Ich weiß, daß ich nichts weiß, und kaum das« hochaktuell ist – vielleicht noch aktueller als zur Zeit des Sokrates. Und wir haben Grund, zur Verteidigung der Toleranz aus dieser Einsicht jene ethischen Konsequenzen zu ziehen, die von Erasmus, Montaigne, Voltaire und später von Lessing gezogen wurden. Und noch weitere Konsequenzen.

Die Prinzipien, die jeder rationalen Diskussion zugrunde liegen, das heißt jeder Diskussion im Dienste der Wahrheitssuche, sind recht eigentlich *ethische* Prinzipien. Ich möchte drei solche Prinzipien angeben.

1. Das Prinzip der Fehlbarkeit: Vielleicht habe ich unrecht, und vielleicht hast du recht. Aber wir können auch beide unrecht haben.

2. Das Prinzip der vernünftigen Diskussion: Wir wollen versuchen, möglichst unpersönlich unsere Gründe für und wider eine bestimmte, kritisierbare Theorie abzuwägen.

3. Das Prinzip der Annäherung an die Wahrheit. Durch eine sachliche Diskussion kommen wir fast immer der Wahrheit näher; und wir kommen zu einem besseren Verständnis; auch dann, wenn wir nicht zu einer Einigung kommen.

Es ist bemerkenswert, daß alle drei Prinzipien erkenntnistheoretische und gleichzeitig ethische Prinzipien sind. Denn sie implizieren unter anderem Duldsamkeit, Toleranz: Wenn ich von dir lernen kann und im Interesse der

Wahrheitssuche lernen will, dann muß ich dich nicht nur dulden, sondern als potentiell gleichberechtigt anerkennen; die potentielle Einheit und Gleichberechtigung aller Menschen sind eine Voraussetzung unserer Bereitschaft, rational zu diskutieren. Wichtig ist auch das Prinzip, daß wir von einer Diskussion viel lernen können; auch dann, wenn sie nicht zu einer Einigung führt. Denn die Diskussion kann uns lehren, einige der Schwächen unserer Position zu verstehen.

Es liegen also der Naturwissenschaft ethische Prinzipien zugrunde. Die Idee der Wahrheit als das grundlegende regulative Prinzip ist ein solches ethisches Prinzip.

Die Wahrheitssuche und die Idee der Annäherung an die Wahrheit sind weitere ethische Prinzipien; ebenso auch die Idee der intellektuellen Redlichkeit und die der Fehlbarkeit, die uns zur selbstkritischen Haltung und zur Toleranz führt.

Sehr wichtig ist auch, daß wir im Gebiet der Ethik *lernen* können.

Das möchte ich noch am Beispiel der Ethik für die Intellektuellen aufzeigen, insbesondere der Ethik für die intellektuellen Berufe: der Ethik für die Wissenschaftler, für die Mediziner, Juristen, Ingenieure, Architekten; für die öffentlichen Beamten und, sehr wichtig, für die Politiker.

Ich möchte Ihnen einige Sätze für *eine neue Berufsethik* unterbreiten, Sätze, die mit den Ideen der Toleranz und der intellektuellen Redlichkeit eng zusammenhängen.

Zu diesem Zweck werde ich zuerst die alte Berufsethik charakterisieren und vielleicht auch ein klein wenig karikieren, um sie dann mit der neuen Berufsethik, die ich vorschlage, zu vergleichen.

Beiden, der *alten* und der *neuen* Berufsethik, liegen, zugegebenermaßen, die Ideen der Wahrheit, der Rationalität und der intellektuellen Verantwortlichkeit zugrunde. Aber die alte Ethik war auf die Idee des persönlichen Wissens und des sicheren Wissens gegründet und damit auf die Idee der *Autorität;* während die neue Ethik auf die Idee des objektiven Wissens und des unsicheren Wissens gegründet ist. Dadurch ändert sich die unterliegende Denkweise grundlegend, und damit auch die *Rolle* der Ideen der Wahrheit, der Rationalität und der intellektuellen Redlichkeit und Verantwortlichkeit.

Das alte Ideal war, Wahrheit und Sicherheit zu *besitzen* und die Wahrheit, wenn möglich, durch einen logischen Beweis zu *sichern.*

Diesem auch heute noch weitgehend akzeptierten Ideal entspricht das persönliche Ideal des Weisen – natürlich nicht im Sokratischen Sinn, sondern das Platonische Ideal des Wissenden, der eine Autorität ist; des Philosophen, der gleichzeitig ein königlicher Herrscher ist.

Der alte Imperativ für den Intellektuellen ist: Sei eine Autorität! Wisse alles in deinem Gebiet!

Wenn du einmal als Autorität anerkannt bist, dann wird deine Autorität von deinen Kollegen beschützt werden, und du mußt natürlich die Autorität deiner Kollegen beschützen.

Die alte Ethik, die ich beschreibe, verbietet es, Fehler zu machen. Ein Fehler ist absolut unerlaubt. Daher dürfen Fehler nicht zugegeben werden. Ich brauche nicht zu betonen, daß diese alte professionelle Ethik intolerant ist. Und sie war auch immer schon intellektuell unredlich: Sie führt zum Vertuschen der Fehler um der Autorität willen; insbesondere auch in der Medizin.

Ich schlage deshalb eine *neue* Berufsethik vor; vor allem, aber nicht nur, für Naturwissenschaftler. Ich schlage vor, sie auf folgende zwölf Prinzipien zu gründen, mit denen ich schließe.

1. Unser objektives Vermutungswissen geht immer weiter über das hinaus, was *ein* Mensch meistern kann. *Es gibt daher keine Autoritäten.* Das gilt auch innerhalb von Spezialfächern.

2. *Es ist unmöglich, alle Fehler zu vermeiden* oder auch nur alle an sich vermeidbaren Fehler. Fehler werden dauernd von allen Wissenschaftlern gemacht. Die alte Idee, daß man Fehler vermeiden kann und daher verpflichtet ist, sie zu vermeiden, muß revidiert werden: Sie selbst ist fehlerhaft.

3. *Natürlich bleibt es unsere Aufgabe, Fehler nach Möglichkeit zu vermeiden.* Aber gerade um sie zu vermeiden, müssen wir uns vor allem klar darüber werden, wie schwer es ist, sie zu vermeiden, und daß es niemandem völlig gelingt. Es gelingt auch nicht den schöpferischen Wissenschaftlern, die von ihrer Intuition geleitet werden: Die Intuition kann uns auch irreführen.

4. Auch in den am besten bewährten unter unseren Theorien können Fehler verborgen sein; und es ist die spezifische Aufgabe des Wissenschaftlers, nach solchen Fehlern zu suchen. Die Feststellung, daß eine gut bewährte Theorie oder ein viel verwendetes praktisches Verfahren fehlerhaft ist, kann eine wichtige Entdeckung sein.

5. *Wir müssen deshalb unsere Einstellung zu unseren Fehlern ändern.* Es ist *hier,* wo unsere praktische ethische Reform beginnen muß. Denn die alte berufsethische Einstellung führt dazu, unsere Fehler zu vertuschen, zu verheimlichen und so schnell wie möglich zu vergessen.

6. Das neue Grundgesetz ist, daß wir, um zu lernen, Fehler möglichst zu vermeiden, *gerade von unseren Fehlern lernen* müssen. Fehler zu vertuschen, ist deshalb die größte intellektuelle Sünde.

7. Wir müssen daher dauernd nach unseren Fehlern Ausschau halten. Wenn wir sie finden, müssen wir sie uns

einprägen; sie nach allen Seiten analysieren, um ihnen auf den Grund zu gehen.

8. Die selbstkritische Haltung und die Aufrichtigkeit werden damit zur Pflicht.

9. Da wir von unseren Fehlern lernen müssen, so müssen wir es auch lernen, es anzunehmen, ja, *dankbar* anzunehmen, wenn andere uns auf unsere Fehler aufmerksam machen. Wenn wir andere auf ihre Fehler aufmerksam machen, so sollen wir uns immer daran erinnern, daß wir selbst ähnliche Fehler gemacht haben wie sie. Und wir sollen uns daran erinnern, daß die größten Wissenschaftler Fehler gemacht haben. Ich will sicher nicht sagen, daß unsere Fehler gewöhnlich entschuldbar sind: Wir dürfen in unserer Wachsamkeit nicht nachlassen. Aber es ist menschlich unvermeidbar, immer wieder Fehler zu machen.

10. Wir müssen uns klarwerden, *daß wir andere Menschen zur Entdeckung und Korrektur von Fehlern brauchen (und sie uns);* insbesondere auch Menschen, die mit anderen Ideen in einer anderen Atmosphäre aufgewachsen sind. Auch das führt zur Toleranz.

11. Wir müssen lernen, daß Selbstkritik die beste Kritik ist; daß aber die *Kritik durch andere eine Notwendigkeit* ist. Sie ist fast ebensogut wie die Selbstkritik.

12. Rationale Kritik muß immer spezifisch sein: Sie muß spezifische Gründe angeben, warum spezifische Aussagen, spezifische Hypothesen falsch zu sein scheinen oder spezifische Argumente ungültig. Sie muß von der Idee geleitet sein, der objektiven Wahrheit näher zu kommen. Sie muß in diesem Sinne unpersönlich sein.

Ich bitte Sie, meine Formulierungen als Vorschläge zu betrachten. Sie sollen zeigen, daß man, auch im ethischen Gebiet, diskutierbare und verbesserbare Vorschläge machen kann.

Anmerkung

Ausschnitt aus einem Vortrag, gehalten am 26. Mai 1981 an der Universität Tübingen.

Teil III
Politik und Geschichte

1. Wer soll herrschen?

Die Zukunft ist weit offen. Sie hängt von uns ab; von uns allen. Sie hängt davon ab, was wir und viele andere Menschen tun und tun werden; heute und morgen und übermorgen. Und was wir tun und tun werden, das hängt wiederum von unserem Denken ab; und von unseren Wünschen, unseren Hoffnungen, unseren Befürchtungen. Es hängt davon ab, wie wir die Welt sehen; und wie wir die weit offenen Möglichkeiten der Zukunft beurteilen.

Das bedeutet für uns alle eine große Verantwortung. Und die Verantwortung wird noch größer, wenn wir uns der Wahrheit bewußt werden, daß wir nichts wissen; oder daß wir so wenig wissen, daß wir berechtigt sind, dieses Wenige als »nichts« zu bezeichnen. Denn es ist nichts im Vergleich zu dem, was wir alles wissen müßten, um die richtigen Entscheidungen zu treffen.

Der erste, der das sah, war Sokrates. Er sagte, daß ein Staatsmann weise sein soll – weise genug, um zu wissen, daß er nichts weiß. Auch Platon sagte, daß ein Staatsmann, und vor allem ein König, weise sein soll; aber er meinte damit etwas ganz anderes als Sokrates. Er meinte, daß die Könige Philosophen sein und daß sie bei ihm, bei Platon, in die Schule gehen sollten, um die Platonische Dialektik zu lernen – etwas höchst Gelehrtes und Kompliziertes; oder noch besser, daß die vielwissenden und gelehrten Philosophen, wie zum Beispiel er selbst, Könige werden und die Welt regieren sollten. Diesen Vorschlag legte Platon dem Sokrates in den Mund, was zu einigen Mißverständnissen führte. Die Philosophen waren ganz begeistert zu hören, daß sie Könige werden sollten, und der ungeheure Unterschied zwischen der Sokratischen Forderung und der Platonischen Forderung an den Staatsmann verschwand im Nebel der philosophischen Dialektik. Daher möchte ich den Unterschied nochmals klarmachen: Die Formel »Der Staatsmann soll weise sein« bedeutet für Platon einen Herrschaftsanspruch der gelehrten Philosophen – und daraus wurde der Herrschaftsanspruch der Gebildeten, der Intellektuellen, der »Elite«. Im krassen Gegensatz zu Platon bedeutet dieselbe Formel »Der Staatsmann soll weise sein« für Sokrates, daß der Staatsmann wissen sollte, wie wenig er weiß; und deshalb sollte er in seinen Ansprüchen äußerst bescheiden sein. So sieht er seine große Verantwortung für Krieg und Frieden, und er weiß, was für Unheil er anrichten kann. Er weiß, wie wenig er weiß. »Erkenne dich selbst!« ruft Sokrates, »erkenne dich, und gestehe dir ein, wie wenig du weißt!« (Vgl. Xenophons »Memorabilia«, Kapitel IX, 6.) Das ist die Sokratische Haltung, die Sokratische Weisheit. »Erkenne dich selbst, gestehe dir deine Unwissenheit ein!« Der Platoniker ist zwar gewöhnlich kein König, aber immer der allwissende Parteiführer; und obwohl gewöhnlich die Partei, die er führt, nur aus ihm selbst besteht, so sind doch, umgekehrt, fast alle Parteiführer, und insbesondere die Führer der aggressiven Parteien, und die Führer der erfolgreichen Parteien, Platoniker. Denn sie sind ja jene besten und am besten informierten und daher weisesten Menschen, von denen Platon lehrt, daß sie unsere Herrscher sein sollen.

»Wer soll herrschen?« ist die Grundfrage der Platonischen politischen Philosophie. Und Platons Antwort ist: »Der Beste und gleichzeitig Weiseste!« Auf den ersten Blick scheint diese Antwort unvermeidlich und offenbar richtig zu sein. Was aber, wenn der Beste und Weiseste sich nicht für den Besten und Weisesten hält und daher die Herrschaft ablehnt? Das ist es aber, was ein Sokratiker vom Besten und Weisesten erwarten würde! Ein Sokratiker würde wohl auch denken, daß ein Mann, der sich für den Besten und Weisesten hält, größenwahnsinnig sein muß und daher sicher weder gut noch weise sein kann (vgl. die zitierte Stelle bei Xenophon).

Offenbar ist die Frage »Wer soll herrschen?« eine gänzlich falsch gestellte Frage. Dennoch wurde sie bis heute immer wieder gestellt und immer ähnlich beantwortet, wie es Platon tat. Lange war die Antwort: der von den Soldaten gewählte Kaiser, denn nur er kann die Macht haben, sich an der Macht zu halten. Später hieß es: der legitime Prinz von Gottes Gnaden. Noch Marx fragte: Wer soll die Macht haben, die *diktatorische* Macht? Die Proletarier oder die Kapitalisten? Antwort: die guten, die klassenbewußten Proletarier. Sicher nicht die bösen, selbstsüchtigen Kapitalisten. Und auch sicher nicht die Lumpenproletarier! Die müssen sich, nach Marx, damit begnügen, beschimpft zu werden. (Bei uns sind sie verschwunden.)

Auch die meisten Theoretiker der Demokratie beantworten noch immer die Platonische Frage »Wer soll herrschen?« Ihre Theorie besteht darin, die seit dem Mittelalter selbstverständliche Antwort »der legitime Prinz von Gottes Gnaden« zu ersetzen durch: »das Volk von Gottes Gnaden«, wobei die Worte »von Gottes Gnaden« weggelassen werden oder ungefähr durch »das Volk, von des Volkes Gnaden« ersetzt werden. So heißt es schon in Rom: *Vox populi vox dei;* zu deutsch: Die Stimme des Volkes ist die Stimme Gottes.

Immer wieder sehen wir die Platonische Frage »Wer soll herrschen?«, sie spielt noch immer eine große Rolle in der politischen Theorie, in der Theorie der Legitimität, und insbesondere in der Theorie der Demokratie. Es wird gesagt, daß eine Regierung das Recht hat zu herrschen, wenn sie legitim ist, das heißt, gemäß den Regeln der Konstitution von einer Mehrheit des Volkes oder seiner Vertreter gewählt wurde. Aber wir dürfen nicht vergessen, daß Hitler auf legitime Weise an die Macht kam und daß das Ermächtigungsgesetz, das ihn zum Diktator machte, von einer parlamentarischen Mehrheit beschlossen wurde. Das Legitimitätsprinzip reicht nicht hin. Es ist eine Antwort auf die Platonische Frage »Wer soll herrschen?« Wir müssen die Frage selbst ändern.

Wir haben gesehen, daß auch das Prinzip der Volksherrschaft eine Antwort auf die Platonische Frage ist. Es ist ein gefährliches Prinzip. Eine Mehrheitsdiktatur kann für die Minderheit fürchterlich sein.

Ich habe vor 44 Jahren ein Buch veröffentlicht, »The Open Society and Its Enemies« zu deutsch »Die offene Gesellschaft und ihre Feinde«. Es war als mein Beitrag zum Zweiten Weltkrieg geschrieben. In diesem Buch machte ich den Vorschlag, Platons Frage »Wer soll herrschen?« durch eine radikal verschiedene Frage zu ersetzen; durch die Frage »Wie können wir die Konstitution des Staates so gestalten, daß wir die Regierung ohne Blutvergießen loswerden können?«

Diese Frage legt die Betonung nicht auf die Art der *Einsetzung* der Regierung, sondern auf die Möglichkeit ihrer *Absetzung*.

Das Wort »Demokratie«, das »Volksherrschaft« bedeutet, ist, leider, eine Gefahr. Jedes Mitglied des Volkes weiß, daß es nicht herrscht, und fühlt deshalb, daß die Demokratie ein Schwindel ist. Darin liegt die Gefahr. Es ist wichtig, daß man schon in der Schule lernt, daß der Name »Demokratie« seit der Athenischen Demokratie der traditionelle Name für eine Verfassung ist, die eine Diktatur, eine »Tyrannis« *verhindern* soll. Die Diktatur, die Tyrannis, ist das Schlimmste, wie wir eben wieder in China gesehen haben. Man kann sie ohne Blutvergießen nicht loswerden, aber gewöhnlich auch nicht *mit* Blutvergießen: Die Diktatoren sind heutzutage wohl immer zu stark, wie wir auch schon beim Aufstandsversuch gegen Hitler vom 20. Juli 1944 sehen konnten.

Aber jede Diktatur ist unmoralisch. Jede Diktatur ist moralisch böse. Das ist das erste, das moralische Grundprinzip für die Demokratie als jene Staatsform, in der die Regierung ohne Blutvergießen abgesetzt werden kann. Die Diktatur ist moralisch böse, weil sie die Staatsbürger dazu verurteilt, gegen ihr besseres Wissen und Gewissen, gegen ihre moralische Überzeugung mit dem Übel mitzuarbeiten, zumindest durch ihr Schweigen. Sie enthebt den Menschen der menschlichen Verantwortung, ohne die er nur ein halber, nur ein hundertstel Mensch ist. Sie macht aus einem jeden Versuch, seine menschliche Verantwortung zu tragen, einen Selbstmordversuch.

Es kann geschichtlich gezeigt werden, daß schon die Athenische Demokratie, zumindest bis Perikles und Thukydides, nicht so sehr eine Volksherrschaft war als ein Versuch, eine Tyrannis um jeden Preis zu vermeiden. Der Preis war hoch, vielleicht zu hoch, und wurde nach weniger als 100 Jahren abgeschafft. Der Preis war das oft mißverstandene Scherbengericht, durch das jeder Bürger, wenn er zu populär wurde, eben wegen seiner Popularität verbannt werden konnte und sollte. So wurden die bewährtesten Staatsmänner verbannt, wie Aristides und insbesondere Themistokles. Es ist ein Unsinn zu sagen, daß Aristides verbannt wurde, weil er dem Themistokles im Wege war oder weil sein Beiname »der Gerechte« seine Mitbürger eifersüchtig machte. Die Sache liegt ganz anders: Der Beiname zeigt, daß Aristides populär war, er war zu populär, und die Funktion des Scherbengerichtes war es eben, einen populistischen Diktator nicht aufkommen zu lassen. Das allein war der Grund seiner Verbannung, ebenso wie der des Themistokles.

Perikles selbst schien sich darüber klar zu sein, daß die Athenische Demokratie keine Volksherrschaft war und daß es eine Volksherrschaft nicht geben kann. Denn er sagte in seiner großen Rede, die wir bei Thukydides lesen können: »Obwohl nur einige wenige eine Politik entwerfen können, so sind wir doch alle fähig, über sie ein Urteil zu fällen.« Das heißt aber: Wir können nicht alle regieren und dirigieren, aber wir alle können über die Regierung zu Gericht sitzen, wir können als Geschworene fungieren.

Genau das sollte, nach meiner Ansicht, der Wahltag sein. Nicht ein Tag, der die neue Regierung legitimiert, sondern ein Tag, an dem wir über die alte Regierung zu Gericht sitzen. Der Tag, an dem sich die Regierung verantworten muß.

Ich möchte jetzt ganz kurz zeigen, daß der Unterschied, den ich hier betone, der Unterschied zwischen der Demokratie als Volksherrschaft und der Demokratie als Volksgericht, auch praktische Folgen hat:

Er ist keineswegs nur verbal. Das sieht man daraus, daß die Idee der Volksherrschaft dazu führt, eine proportionale Volksvertretung zu befürworten. Jede Meinungsgruppe, jede Partei, auch ziemlich kleine Parteien, sollen vertreten sein, damit die Volksvertretung ein Spiegel des Volkes wird und damit die Idee einer Volksregierung nach Möglichkeit verwirklicht wird. Ich habe sogar den fürchterlichen Vorschlag gelesen, daß jeder Bürger und jede Bürgerin mit einem elektrischen Druckknopf über jeden Punkt, der von der Volksvertretung vor dem Bildschirm diskutiert wurde, direkt abstimmen sollte. Außerdem wird gesagt, daß vom Standpunkt der Demokratie als

Volksregierung die Bürgerinitiative sehr begrüßt werden muß.

Ganz anders sieht die Sache aus von dem von mir verteidigten Standpunkt der Demokratie als Volksgericht. Ich sehe die Vielzahl der Parteien als ein Unglück an; und daher auch das Proporzwahlrecht. Denn die Vielzahl der Parteien führt zu Koalitionsregierungen, in denen niemand die Verantwortung vor dem Volk als Gerichtshof trägt, da alles ein unvermeidbarer Kompromiß ist. Außerdem wird es ganz unsicher, ob man eine Regierung loswerden kann, denn sie braucht ja nur einen neuen kleinen Koalitionspartner zu finden, um weiterregieren zu können. Wenn es wenige Parteien gibt, dann sind die Regierungen eher Mehrheitsregierungen, und ihre Verantwortung ist klar und deutlich. Und ich sehe keinen Wert darin zu versuchen, die Meinungen der Bevölkerung proportional in der Volksvertretung abzuspiegeln, und schon gar nicht in der Regierung. Das führt zur Unverantwortlichkeit der Regierung, denn der Spiegel kann nicht seinem Original gegenüber verantwortlich sein.

Aber der vielleicht stärkste Einwand gegen die Theorie der Volksherrschaft ist, daß sie eine irrationale Ideologie, einen Aberglauben fördert: den autoritären und relativistischen Aberglauben, daß das Volk (oder die Majorität) nicht Unrecht haben kann und nicht Unrecht tun kann. Diese Ideologie ist unmoralisch und muß abgelehnt werden. Wir wissen von Thukydides, daß die Athenische Demokratie (die ich in vielem bewundere) auch verbrecherische Beschlüsse gefaßt hat. Sie überfiel (wenn auch nicht ohne Warnung) die neutrale Inselstadt Melos, tötete alle Männer und verkaufte alle Frauen und Kinder auf den großen Sklavenmärkten. Dazu war die Athenische Demokratie fähig.

Und das frei gewählte deutsche Parlament der Weimarer Republik war fähig, Hitler durch das Ermächtigungsgesetz auf legitimem Weg zum Diktator zu machen. Obwohl Hitler in Deutschland nie eine freie Wahl gewonnen hat, feierte er doch in Österreich nach dem gewaltsamen Anschluß einen ungeheuren Wahlsieg.

Wir sind alle fehlbar, und das Volk, oder jede andere Gruppe von Menschen, ist es genauso. Und wenn ich dafür spreche, daß ein Volk seine Regierung absetzen kann, so nur deshalb, weil ich keine *bessere* Methode kenne, die Tyrannis zu vermeiden. Auch die Demokratie als Volksgericht, wie ich sie verteidige, ist alles eher als fehlerlos. Für sie gilt Winston Churchills ironischer Ausspruch, der sagte: »Die Demokratie ist die schlechteste aller Regierungsformen, mit der alleinigen Ausnahme aller anderen Regierungsformen.«

Um diesen Punkt meiner Ausführungen zusammenzufassen: Der Unterschied zwischen den beiden Ideen, der Demokratie als Volksherrschaft und der Demokratie als Volksgericht – oder als Instrument zur Vermeidung einer Regierung, die man nicht loswerden kann, also einer Tyrannis –, ist keineswegs verbal, sondern hat wichtige praktische Folgen; er ist auch für die Schweiz relevant. Dennoch wird im Unterricht, in den Volksschulen und Gymnasien, soviel ich weiß, noch sehr oft die verderbliche und ideologische Theorie der Volksherrschaft vertreten, anstelle der viel bescheideneren und realistischen Theorie der Vermeidung der moralisch untragbaren und unerträglichen Diktatur.

Anmerkung

Ausschnitt aus einem Vortrag, gehalten in St. Gallen im Juni 1989.

2. Worauf es in der Demokratie ankommt

Mein größtes Interesse ist die Natur – und die Naturwissenschaft: die Kosmologie. Seit ich im Juli 1919 den Marxismus aufgegeben hatte, war ich an der Politik und ihrer Theorie nur als Staatsbürger interessiert – und als Demokrat. Aber die in den zwanziger und frühen dreißiger Jahren anschwellenden totalitären Bewegungen von links und von rechts und schließlich die Machtergreifung Hitlers in Deutschland zwangen mich dazu, über das Problem der Demokratie nachzudenken.

Obwohl mein Buch »The Open Society and Its Enemies« (deutsch: »Die offene Gesellschaft und ihre Feinde«) Hitler und die Nazis mit keinem Wort erwähnte, war es als mein Beitrag zum Krieg gegen Hitler gedacht: Das Buch ist eine Theorie der Demokratie und eine Verteidigung der Demokratie gegen die alten und neuen Angriffe ihrer Feinde; es kam 1945 heraus und wurde immer wieder aufgelegt. Aber das, was ich für seinen wichtigsten Punkt halte, wurde, so scheint mir, nur selten ganz verstanden.

Wie ein jeder weiß, heißt »Demokratie« auf deutsch »Volksherrschaft« oder »Volkssouveränität«, im Gegensatz zu »Aristokratie« (Herrschaft der Besten oder der Vornehmsten) und »Monarchie« (Herrschaft eines einzelnen). Aber der Wortsinn hilft uns nicht weiter. Denn nirgends herrscht das Volk: Überall herrschen die Regierungen (und leider auch die Bürokratie, das heißt die Beamten, die nur schwer oder gar nicht zur Verantwortung gezogen werden können). Außerdem sind Großbritannien, Dänemark, Norwegen und Schweden Monarchien und gleichzeitig sehr gute Beispiele von Demokratien (vielleicht mit Ausnahme von Schweden, wo eine unverantwortliche Steuerbürokratie jetzt die diktatorische Gewalt ausübt); ganz im Gegensatz zur DDR, die sich selbst als Demokratie bezeichnet – aber, leider, zu Unrecht.

Worauf kommt es denn wirklich an?

Es gibt eigentlich nur zwei Staatsformen: solche, in denen es möglich ist, die Regierung ohne Blutvergießen durch eine Abstimmung loszuwerden, und solche, in denen das nicht möglich ist. Darauf kommt es an, nicht aber darauf, wie man diese Staatsform benennt. Gewöhnlich nennt man die erste Form »Demokratie« und die zweite Form »Diktatur« oder »Tyrannei«. Aber es steht nicht dafür, über Worte (wie DDR) zu streiten. Das Entscheidende ist allein die Absetzbarkeit der Regierung, ohne Blutvergießen.

Für diese Absetzbarkeit gibt es verschiedene Methoden. Die beste Methode ist die einer Abstimmung: Eine Neuwahl oder ein Votum in einem gewählten Parlament kann die Regierung stürzen. Darauf kommt es an. Es ist daher falsch, wenn man die Betonung auf die Frage legt (wie es von Platon bis Marx und auch später immer wieder getan wurde): »Wer soll regieren? Das Volk (der Pöbel) oder die wenigen Besten? Die (guten) Arbeiter oder die (bösen) Kapitalisten? Die Mehrheit oder die Minderheit? Die Partei von links oder die Partei von rechts oder eine Partei der Mitte?« Alle diese Fragen sind falsch gestellt. Denn es kommt nicht darauf an, wer regiert, solange man die Regierung ohne Blutvergießen loswerden kann. Jede Regierung, die man wieder loswerden kann, hat einen starken Anreiz, sich so zu verhalten, daß man mit ihr zufrieden ist. Und dieser Anreiz fällt weg, wenn die Regierung weiß, daß man sie nicht so leicht loswerden kann.

Um zu zeigen, wie wichtig diese einfache Theorie der Demokratie in der Praxis ist, möchte ich sie auf das Problem des Proportionalwahlrechts anwenden. Wenn ich hier ein Wahlrecht kritisiere, das in der so gut bewährten Verfassung der Bundesrepublik verankert ist, so soll das nur als ein Versuch betrachtet werden, eine Diskussion über eine Ansicht zu eröffnen, die meines Wissens selten in Frage gestellt wird. Verfassungen soll man nicht leichtfertig ändern; aber es ist gut, kritisch über sie zu diskutieren, schon um das Bewußtsein ihrer Bedeutung lebendig zu erhalten.

In den Demokratien des westeuropäischen Kontinents ist ein Wahlreicht verbreitet, das sich wesentlich von jenem Wahlrecht unterscheidet, das zum Beispiel in Großbritannien und in den Vereinigten Staaten gültig ist und das auf der Idee der lokalen Repräsentation beruht. In Großbritannien entsendet jeder Wahlkreis einen Repräsentanten ins Parlament: den, der die meisten Stimmen bekommen hat. Welcher Partei und ob er einer Partei angehört oder nicht, wird offiziell nicht zur Kenntnis genommen. Seine Pflicht ist es, nach bestem Wissen und Gewissen die Interessen jener zu vertreten, die in seinem Wahlkreis wohnen, ob sie einer Partei angehören oder nicht. Natürlich gibt es Parteien, und sie spielen eine große Rolle bei der Regierungsbildung. Aber wenn der Repräsentant eines Wahlkreises glaubt, daß es im Interesse seines Wahlkreises ist (vielleicht auch des ganzen Volkes), gegen seine Partei zu stimmen oder sogar mit ihr zu brechen, so ist er verpflichtet, es zu tun. Winston Churchill, der größte Staatsmann unseres Jahrhunderts, war niemals ein Gefolgsmann, und er hat zweimal die Partei gewechselt. Ganz anders ist die Lage im kontinentalen Europa. Der Proporz besagt, daß jede Partei so viele Vertreter im Parlament – etwa im Bundestag – bekommt, daß die Zahl der Abgeordneten der verschiedenen Parteien in möglichst genauem Verhältnis zu den für die Parteien abgegebenen Stimmen steht.

Die Parteien sind damit von der Verfassung des Staates anerkannt und im Grundrecht verankert. Und der individuelle Abgeordnete wird ganz offiziell als Repräsentant seiner Partei gewählt. Daher kann er nicht die Pflicht haben, unter Umständen gegen seine Partei zu stimmen: Er ist, ganz im Gegenteil, moralisch an seine Partei gebunden, da er ja nur als Repräsentant dieser Partei gewählt wurde. (Und sollte er das nicht länger mit seinem Gewissen vereinbaren können, so hätte er wohl die moralische Pflicht, zurückzutreten; auch dann, wenn die Verfassung das nicht vorschreibt.)

Ich weiß natürlich, daß man Parteien braucht: Niemand hat bisher ein demokratisches System erfunden, das ohne Parteien auskommt. Aber politische Parteien sind keine allzu erfreulichen Erscheinungen. Andererseits ohne Parteien geht es nicht. Alle unsere Demokratien sind keine Volksregierungen, sondern Parteiregierungen. Das heißt Regierungen der Parteiführer; denn je größer eine Partei ist, um so weniger ist sie einig, um so weniger ist sie demokratisch, um so weniger Einfluß haben die, die für sie stimmen, auf die Parteiführung und auf das Parteiprogramm. Der Glaube, ein nach dem Proporz gewählter Bundestag oder ein Parlament sei ein besserer Spiegel des Volkes und seiner Wünsche, ist falsch. Er repräsentiert nicht das Volk und seine Meinungen, sondern lediglich den Einfluß der Parteien (und der Propaganda) auf die Bevölkerung am Wahltag. Und er macht es schwieriger, daß der Wahltag zu dem wird, was er sein könnte und sollte: ein Tag des Volksgerichts über die Tätigkeit der Regierung.

Es gibt also keine gültige Theorie der Volksherrschaft; keine gültige Theorie, die den Proporz fordert. So müssen wir fragen: Wie wirkt sich der Proporz in der Praxis aus. Erstens auf die Regierungsbildung, zweitens auf die so entscheidend wichtige Möglichkeit, eine Regierung zu entlassen?

1. Je mehr Parteien, um so schwieriger die Regierungsbildung. Das ist erstens eine Tatsache der Erfahrung, und zweitens ist es auch eine Tatsache der Vernunft: Wenn es nur zwei Parteien gäbe, dann wäre die Regierungsbildung leicht. Aber der Proporz macht es auch kleinen Parteien möglich, einen großen – oft einen entscheidenden – Einfluß auf die Regierungsbildung zu gewinnen und damit sogar auf die politischen Entscheidungen der Regierung.

Jeder wird das zugeben; und jeder weiß, daß der Proporz die Anzahl der Parteien vermehrt. Aber solange man annimmt, daß das »Wesen« der Demokratie in der Volksherrschaft besteht, muß man, als Demokrat, diese Schwierigkeiten in Kauf nehmen, da der Proporz dann ja als »wesentlich« erscheint.

2. Doch der Proporz, und damit die Vielzahl der Parteien, wirkt sich womöglich noch schlimmer aus, was die so wichtige Entlassung einer Regierung durch Volksentscheid angeht, also zum Beispiel durch Neuwahl des Parlaments – erstens, da man weiß, daß es viele Parteien gibt und daher kaum erwarten kann, daß eine der vielen Parteien die absolute Mehrheit erreichen wird. Wenn daher diese Erwartung eintrifft, so hat sich eben der Volksentscheid gegen keine der Parteien ausgesprochen. Keine der Parteien wurde entlassen, keine der Parteien wurde verurteilt.

Zweitens erwartet man nicht, daß der Wahltag ein Tag des Volksgerichts über die Regierung ist. Manchmal war die Regierung eine Minderheitsregierung und daher nicht in der Lage zu tun, was sie für richtig hielt, sondern zu

Konzessionen gezwungen; oder sie war eine Koalitionsregierung, in der keine der regierenden Parteien voll verantwortlich war.

So gewöhnt man sich daran, keine der politischen Parteien und keinen ihrer Führer für die Entscheidung der Regierung verantwortlich zu machen. Und daß eine Partei etwa fünf oder zehn Prozent ihrer Stimmen verliert, wird von niemandem als Schuldspruch angesehen; am wenigsten von den Wählern, den Regierten: Es deutet nur auf ein momentanes Schwanken in der Popularität.

Drittens: Auch dann, wenn die Mehrheit der Wähler eine bestehende Mehrheitsregierung entlassen will, kann sie das nicht unbedingt erreichen. Denn selbst wenn eine Partei, die bisher die absolute Mehrheit hatte (so daß sie verantwortlich gemacht werden konnte), ihre Mehrheit verliert, so wird sie unter einem Proporz höchstwahrscheinlich noch immer die größte Partei bleiben. Daher wird sie mit der Unterstützung einer der kleinsten Parteien eine Koalitionsregierung bilden können. So wird der entlassene Führer der großen Parteien weiterregieren – gegen den Mehrheitsbeschluß und aufgrund der Entscheidung einer kleinen Partei, die meilenweit davon entfernt sein kann, den »Willen des Volkes« zu repräsentieren. Natürlich kann eine solche kleine Partei auch ohne Neuwahl, ohne einen neuen Auftrag von der Wählerschaft eine Regierung stürzen und zusammen mit den Oppositionsparteien eine neue Regierung bilden – in groteskem Gegensatz zu der Idee, die dem Proporz zugrunde liegt: der Idee, daß der Einfluß einer Partei der Anzahl ihrer Wähler entsprechen soll.

Solche Dinge kommen häufig vor. Und dort, wo es eine Vielzahl von Parteien gibt und wo daher Koalitionen die Regel sind, sind sie geradezu selbstverständlich geworden.

Es ist ganz richtig, daß Ähnliches auch in einem Land

geschehen kann, in dem es keinen Proporz gibt. Aber in solchen Ländern – etwa in Großbritannien oder in den Vereinigten Staaten – hat sich eine Tendenz entwickelt, daß sich hauptsächlich zwei große Parteien gegenüberstehen, die miteinander konkurrieren.

Mir scheint eine Form, die das Zweiparteiensystem möglich macht, die beste Form der Demokratie zu sein. Denn sie führt immer wieder zur Selbstkritik der Parteien. Wenn eine der beiden großen Parteien in einer Wahl eine richtige Schlappe erlitten hat, dann kommt es gewöhnlich zu einer radikalen Reform innerhalb der Partei. Das ist eine Folge der Konkurrenz und des eindeutigen Verdammungsurteils der Wähler, das nicht übersehen werden kann. So werden die Parteien durch dieses System von Zeit zu Zeit gezwungen, aus ihren Fehlern zu lernen oder unterzugehen. Meine Bemerkungen gegen den Proporz bedeuten nicht, daß ich allen Demokratien den Rat erteile, den Proporz aufzugeben. Ich wünsche nur, der Diskussion darüber eine neue Richtung zu geben. Der Gedanke, daß aus der Idee der Demokratie die moralische Überlegenheit des Proporzsystems logisch abgeleitet werden könne und daß die kontinentalen Systeme wegen des Proporzes besser, gerechter oder demokratischer seien als die angelsächsischen Systeme, ist naiv und hält einer etwas eingehenderen Überlegung nicht stand.

Zusammenfassend: Die Ansicht, daß der Proporz demokratischer sei als das britische oder das amerikanische System, ist unhaltbar, da sie sich auf eine überholte Theorie der Demokratie als Volksregierung berufen muß (die ihrerseits auf die sogenannte Souveränitätstheorie des Staates zurückgeht). Diese Theorie ist moralisch verfehlt und sogar unhaltbar. Sie ist durch die Theorie der Entlassungsgewalt der Majorität überholt.

Dieses moralische Argument ist wohl noch wichtiger als das praktische Argument, daß wir nicht mehr als zwei voll verantwortliche und konkurrierende Parteien brauchen, um den Wählern die Macht zu geben, in ihrer Wahl über die Regierung zu Gericht zu sitzen. Der Proporz schafft die Gefahr, daß der Wahlentscheid der Mehrheit bagatellisiert wird und damit auch der Einfluß einer Wahlniederlage auf die Parteien – ein wohltätiger Einfluß, den die Demokratie brauchen kann. Und für einen klaren Mehrheitsentscheid ist es wichtig, daß es eine möglichst gute und starke Oppositionspartei gibt. Sonst sind die Wähler oft gezwungen, eine schlechte Regierung weiter regieren zu lassen, weil sie Grund haben anzunehmen: »Es kommt nichts Besseres nach.«

Widerspricht nicht meine Verteidigung des Systems der zwei Parteien der Idee einer offenen Gesellschaft? Ist nicht die Toleranz einer Vielheit von Meinungen und Theorien, also ein Pluralismus, charakteristisch für die offene Gesellschaft und ihre Wahrheitssuche, und soll sich dieser Pluralismus nicht in einer Vielzahl von Parteien ausdrücken? Meine Antwort: Es ist die Funktion einer politischen Partei, eine Regierung zu stellen oder als Opposition die Arbeit der Regierung kritisch zu überwachen. Zur kritischen Überwachung gehört es, die Toleranz der Regierung gegenüber den verschiedenen Meinungen, Ideologien und Religionen zu überwachen (soweit diese nicht intolerant sind: Denn Ideologien, die Intoleranz predigen, verlieren ihren Anspruch auf Toleranz). Manche Ideologien werden versuchen – mit oder ohne Erfolg –, eine Partei zu dominieren oder eine neue Partei zu gründen. So wird es ein Wechselspiel geben zwischen Meinungen, Ideologien, Religionen auf der einen Seite und den großen konkurrierenden Parteien auf der anderen Seite.

Aber der Gedanke, daß die Vielzahl der Ideologien oder Weltanschauungen sich in einer Vielzahl der Parteien spiegeln soll, dieser Gedanke scheint mir politisch verfehlt zu sein. Und nicht nur politisch, sondern auch weltanschaulich. Denn eine zu nahe Verbindung zur Parteipolitik verträgt sich kaum mit der Reinheit einer Lehre.

Anmerkung

Zuerst erschienen in DER SPIEGEL, Nr. 32, 3. August 1987.

3. Vom fruchtbaren Zusammenprall der Kulturen

Eine vollkommene Gesellschaft ist also unmöglich. Aber es gibt bessere und schlechtere Gesellschaftsordnungen. Unsere abendländische Zivilisation hat sich für die Demokratie entschieden, als eine Gesellschaftsform, die durch Worte verändert werden kann und hie und da – wenn auch selten – sogar durch vernünftige Argumente; durch vernünftige, das heißt durch sachliche Kritik: durch nicht-persönliche kritische Überlegungen, wie sie ja auch für die Wissenschaft charakteristisch sind, insbesondere für die Naturwissenschaft seit den Griechen. Ich bekenne mich also zur abendländischen Zivilisation; zur Wissenschaft; und zur Demokratie. Sie geben uns Gelegenheit, vermeidbarem Unglück vorzubeugen und Reformen, wie den Wohlfahrtsstaat, auszuprobieren, kritisch zu beurteilen und, wenn nötig, weiter zu verbessern. Und ich bekenne mich auch zu der heute so oft verlästerten Wissenschaft, die durch Selbstkritik die Wahrheit sucht und die mit jeder neuen Entdeckung aufs neue entdeckt, wie wenig wir wissen: wie unendlich groß unsere Unwissenheit ist. Alle großen Naturwissenschaftler waren sich ihrer unendlichen Unwissenheit und ihrer Fehlbarkeit bewußt. Sie waren intellektuell bescheiden. Wenn Goethe sagt: »Nur die Lumpen sind bescheiden«, so möchte ich antworten: »Nur die intellektuellen Lumpen sind unbescheiden.«

Bevor ich nach meinem Bekenntnis zur abendländischen Zivilisation und zur Wissenschaft, vor allem zur Naturwissenschaft, mein Thema vom Zusammenprall der

Kulturen wieder aufnehme, möchte ich noch ganz kurz auf eine furchtbare Irrlehre hinweisen, die leider noch immer ein wichtiger Bestandteil dieser abendländischen Zivilisation ist. Ich meine die furchtbare Irrlehre des Nationalismus – oder genauer, die Ideologie des Nationalstaates: die Lehre, noch immer so oft vertreten und angeblich eine moralische Forderung, daß die Grenzen des Staates mit den Grenzen des von der Nation besiedelten Gebietes übereinstimmen sollen. Das Grundfalsche an dieser Lehre oder Forderung ist die Annahme, daß die Völker oder Nationen vor den Staaten existieren – wie etwa die Stämme – als die Naturkörper, die von den Staaten nach Maß bekleidet werden sollen. In Wahrheit sind sie die Erzeugnisse der Staaten.

Dieser völlig undurchführbaren Forderung muß die wichtige moralische Forderung des Schutzes der Minoritäten gegenübergestellt werden: die Forderung, daß die sprachlichen, die religiösen, die kulturellen Minoritäten eines jeden Staates gegen Übergriffe der Majorität geschützt werden sollen; und selbstverständlich auch jene Minoritäten, die sich durch ihre Hautfarbe oder Augenfarbe oder Haarfarbe von der Majorität unterscheiden.

Im Gegensatz zur völligen Undurchführbarkeit des Prinzips des Nationalstaates ist das Prinzip des Minoritätenschutzes zwar sicher nicht leicht durchführbar; aber annäherungsweise scheint es doch durchführbar zu sein. Die Fortschritte, die ich auf diesem Gebiet bei zahlreichen Besuchen in den Vereinigten Staaten seit 1950 mitangesehen habe, sind weit größer, als ich es je für möglich gehalten hätte. Und im Gegensatz zum Nationalitätsprinzip ist das Prinzip des Minoritätenschutzes ganz offenbar ein moralisches Prinzip, ebenso wie zum Beispiel das Prinzip des Kinderschutzes.

Warum ist das Prinzip des Nationalstaates undurchführbar, ja, auf unserer Erde, und besonders in Europa, geradezu irrsinnig? Mit dieser Frage komme ich auf das Thema des Zusammenpralls von Kulturen zurück. Die Bevölkerung Europas ist, wie jeder weiß, das Produkt von Völkerwanderungen. Seit Menschengedenken kam eine Menschenwelle nach der anderen aus den innerasiatischen Steppen, um an den südlichen, südöstlichen und vor allem an den zerklüfteten westlichen Halbinseln Asiens, die wir Europa nennen, auf frühere Einwanderer aufzuprallen und zu zersplittern. Das Resultat ist ein sprachliches, ethnisches und kulturelles Mosaik: ein Wirrwarr, ein Gemisch, das unmöglich wieder zu entwirren ist.

Die Sprachen sind die verhältnismäßig besten Wegweiser durch diesen Wirrwarr. Aber da gibt es mehr oder weniger bodenständige oder natürliche Dialekte und übergreifende Schriftsprachen, die ihrer Entstehung nach glorifizierte Dialekte sind, wie es zum Beispiel im Holländischen sehr klar wird. Andere Sprachen, wie Französisch, Spanisch, Portugiesisch und Rumänisch, sind Produkte der gewaltsamen Eroberungen der Römer. Es ist also sonnenklar, daß der sprachliche Wirrwarr kein wirklich verläßlicher Wegweiser durch den ethnischen Wirrwarr sein kann. Man sieht das auch sehr klar, wenn man Familiennamen beachtet. Obwohl in Österreich und Deutschland viele slawische Familiennamen durch deutsche ersetzt und damit viele Spuren verwischt wurden – so kannte ich einen Bohuschalek, der, wenn ich mich recht erinnere, sich in einen Bollinger verwandelte –, so findet man noch überall die Spuren der slawisch-deutschen Assimilation. Insbesondere die vielen adeligen Familien in Deutschland, deren Namen auf -off oder -ow enden, stammen natürlich irgendwie von Slawen ab, was aber nichts Genaueres über ihre ethnische Herkunft sagt, insbesondere nicht bei adeligen Familien, die natürlich über größere Distanzen heiraten; im Gegensatz, zum Beispiel, zu den leibeigenen Bauern.

Aber inmitten dieses europäischen Wirrwarrs ist nun die irrsinnige Idee des Nationalitätenprinzips entstanden, vor allem unter dem Einfluß der Philosophen Rousseau, Fichte und Hegel, und sicherlich auch durch die Folgen der Napoleonischen Kriege.

Natürlich gab es Vorläufer des Nationalismus. Aber weder die römische noch die altgriechische Kultur war nationalistisch. Alle diese Kulturen entstanden durch den Zusammenprall der verschiedenen Kulturen am Mittelmeer und im Nahen Osten. Das gilt auch für die griechische Kultur, die wohl die wichtigsten Beiträge zu unserer gegenwärtigen abendländischen Kultur lieferte: ich meine die Idee der Freiheit, die Entdeckung der Demokratie und die kritische, die rationale Einstellung, die schließlich zur modernen Naturwissenschaft führte.

Schon die ältesten überlieferten literarischen Werke der Griechen, die »Ilias« und die »Odyssee«, sind beredte Zeugnisse des Zusammenpralls von Kulturen; ja, dieser Zusammenprall ist ihr eigentliches Thema. Sie sind aber gleichzeitig auch Zeugnisse einer rational erklärenden Einstellung. Es ist ja geradezu die Funktion der Homerischen Götter, das sonst Unverständliche, das Irrationale (wie den Streit zwischen Achilles und Agamemnon) durch eine verständliche psychologische Theorie zu erklären: durch die Interessen und Eifersüchteleien dieser allzu menschlichen Göttergestalten – Göttergestalten, deren menschliche Schwächen offenbar sind und die auch manchmal kritisch beurteilt werden. Besonders Ares, der Gott des Krieges, kommt schlecht weg. Und es ist wichtig, daß die Nicht-Griechen in der »Ilias« wie in der »Odyssee« zumindest mit derselben Sympathie behandelt werden wie die Griechen, die Achäer.

Diese kritische und aufgeklärte Einstellung findet sich dann auch in den Werken wieder, in denen, unter dem Einfluß des griechischen Freiheitskampfes gegen die Angriffe der Perser, die Idee der Freiheit zuerst verherrlicht wird; so insbesondere in den Werken von Aischylos und von Herodot. Es ist nicht die nationale Freiheit, sondern die Freiheit des Menschen, vor allem die Freiheit der demokratischen Athener, die der Unfreiheit der Untertanen der persischen Großkönige gegenübergestellt wird. Die Freiheit ist hier keine Ideologie, sondern eine Lebensform, die das Leben besser macht und lebenswerter. Wir finden das klar formuliert bei Aischylos und ebenso bei Herodot. Beide schreiben als Zeugen des Zusammenpralls dieser westlichen und östlichen Kulturen, der Kulturen der Freiheit und der Despotie; und beide bezeugen seine aufklärende Wirkung, die zu einer bewußten kritisch-distanzierten Beurteilung der eigenen Kultur führt, und damit zu einer rationalen und kritischen Beurteilung der überlieferten Mythen. Im kleinasiatischen Ionien führt das zur kritischen Kosmologie, zu kritischen spekulativen Theorien über die Architektur des Weltgebäudes und damit zur Naturwissenschaft, zur Suche nach der wahren Erklärung der Naturerscheinungen. Man kann sagen, daß die Naturwissenschaft durch den Einfluß einer rationalen und kritischen Einstellung zur mythischen Naturerklärung entsteht. Wenn ich von einer rationalen Kritik spreche, so meine ich eine Kritik unter dem Gesichtspunkt der Wahrheit: der Fragen »Ist das wahr?« und »Kann das wahr sein?«

Indem die Griechen mit der Frage nach der Wahrheit an die mythischen Erklärungen der Naturerscheinungen herantraten, schufen sie die Theorien, die zum Beginn der Naturwissenschaften führten. Und indem sie mit der Wahrheitsfrage an die mythischen Berichte über die Vorzeit herantraten, schufen sie den Beginn der Geschichtswissenschaft.

Aber Herodot, der mit Recht der Vater der Geschichtsschreibung genannt wird, war mehr als ein Vorgänger der Geschichtswissenschaft. Er war der eigentliche Entdecker des kritischen, des aufklärenden Charakters des Zusammenpralls der Kulturen, besonders der griechischen, der ägyptischen und der medisch-persischen Kulturen.

Ich möchte hier eine Anekdote aus Herodots Geschichtswerk zitieren, das recht eigentlich die Geschichte des kriegerischen und des kulturellen Zusammenpralls der Griechen mit den Bewohnern des Nahen Ostens ist, insbesondere mit den Persern. In dieser Anekdote zeigt Herodot an einem extremen und etwas schauerlichen Beispiel, daß ein vernünftiger Mensch lernen muß, daß auch solche Dinge in Frage gestellt werden können, die ihm zunächst ganz selbstverständlich erscheinen.

Herodot schreibt (III, 38): »In der Zeit seiner Herrschaft rief Darius einmal die Griechen, die bei ihm waren, und fragte sie, um welchen Preis sie bereit wären, ihre Väter nach deren Tod zu essen. Sie antworteten, daß nichts, aber schon gar nichts, sie dazu bringen könnte. Dann rief Darius die Kallatier, ein indisches Volk, das seine Väter zu essen pflegte, und fragte sie in Gegenwart der Griechen, die einen Dolmetscher zur Verfügung hatten, um welchen Preis sie darauf eingehen würden, ihre verstorbenen Väter zu verbrennen. Da schrien sie vor Entsetzen laut auf und baten ihn, er solle doch nicht etwas so Unheiliges auch nur aussprechen. So ist es eben in der Welt.«

Herodot erzählte diese Anekdote seinen griechischen Zeitgenossen nicht nur in der Absicht, sie zu lehren, fremde Gebräuche zu respektieren, sondern auch in der Absicht, sie gegenüber Dingen, die ihnen selbstverständlich erschienen, kritikfähig zu machen. Es ist klar, daß er selbst durch solche kulturelle Konfrontationen viel gelernt hatte; und er wollte seine Leser daran teilhaben lassen.

Die Ähnlichkeit und der Gegensatz der Gebräuche und der überlieferten Mythen faszinierten ihn. Es ist meine Hypothese, meine Vermutung, daß diese Gegensätze eben zu jener kritisch-rationalen Einstellung führten, die für seine und die nächsten Generationen entscheidend wichtig wurde und die, wie ich vermute, schließlich die europäische Kultur so entscheidend beeinflußte – zusammen, das versteht sich, mit vielen anderen wichtigen Einflüssen.

Immer wieder werde ich in England und in Amerika gefragt, wie wohl die schöpferische Eigenart und der kulturelle Reichtum Österreichs und besonders Wiens zu erklären sind: die unvergleichlichen Höhepunkte der großen österreichischen Symphoniker, unsere Barockarchitektur, unsere Leistungen auf dem Gebiet der Wissenschaft und der Naturphilosophie.

Ludwig Boltzmann, Ernst Mach waren nicht nur große Physiker, sondern auch bahnbrechende Naturphilosophen. Sie wurden die Vorläufer des Wiener Kreises. Und hier lebte auch der Sozialphilosoph Josef Popper-Lynkeus, den man vielleicht als einen philosophischen Begründer des modernen Wohlfahrtsstaates bezeichnen könnte. Aber es wurde hier in sozialer Hinsicht nicht nur philosophiert, sondern auch noch in der Zeit der Monarchie Außerordentliches praktisch geleistet. Es gab die wirklich großartigen Volkshochschulen, es gab den Verein »Freie Schule«, der zu einem der wichtigsten Keime der Schulreformbewegung wurde, es gab soziale Hilfsorganisationen, wie die »Kinderschutz- und -rettungsgesellschaft«, die »Bereitschaft«, das »Asyl für Obdachlose« und viele andere.

Diese außerordentliche kulturelle und soziale Regsamkeit und Produktivität kann wohl nicht wirklich erklärt werden. Aber ich möchte hier versuchsweise eine Hypothese vorschlagen. Vielleicht hängt diese kulturelle Produktivität Österreichs mit meinem Thema zusammen, mit dem Zusammenprall von Kulturen. Das alte Österreich war ein Abbild Europas: Es barg fast zahllose sprachliche und kulturelle Minoritäten. Und viele dieser Menschen, die es schwer fanden, ihr Leben in der Provinz zu fristen, kamen nach Wien, wo manche, so gut es ging, Deutsch lernen mußten. Viele kamen hier unter den Einfluß einer großen kulturellen Tradition, und einige konnten neue Beiträge dazu leisten. Wir wissen, daß Haydn und Mozart von deutschen, von italienischen und französischen Meistern beeinflußt waren, aber auch von ungarischer Volksmusik und sogar von türkischer Musik. Gluck, Haydn und Mozart waren Zugewanderte in Wien, und auch Beethoven, Brahms, Bruckner und Mahler kamen von draußen nach Wien. Das Genie der Musiker bleibt unerklärt, ebenso wie der schon von Beethoven erkannte »göttliche Funke in Schubert«, dem wohl größten aller gebürtigen Wiener.

Wenn man an die Wiener Musik denkt, so könnte man Wien von Haydn bis Bruckner sogar mit dem Athen des Perikles vergleichen. Und möglicherweise waren die Umstände ähnlicher, als man zunächst anzunehmen geneigt ist. Es scheint, daß beide, in einer höchst kritischen Lage zwischen dem Osten und dem Westen, durch den Zusammenprall von Kulturen unermeßlich bereichert wurden.

Anmerkung

Ausschnitt aus einem Vortrag, geschrieben für eine Feier anläßlich des 25. Jahrestages des österreichischen Staatsvertrages 1980.

4. Freiheit als Aufgabe

... Warum liegt uns Aufklärern so viel an der Einfachheit der Sprache? Weil der rechte Aufklärer, der rechte Rationalist, niemals überreden will. Ja, er will eigentlich nicht einmal überzeugen: Er bleibt sich stets dessen bewußt, daß er sich irren kann. Vor allem aber achtet er die Selbständigkeit, die geistige Unabhängigkeit des anderen zu hoch, um ihn in wichtigen Dingen überzeugen zu wollen. Viel eher will er Widerspruch herausfordern und am besten vernünftige und disziplinierte Kritik. Nicht überzeugen will er, sondern aufrütteln, zur freien Meinungsbildung herausfordern. Die freie Meinungsbildung ist ihm wertvoll; nicht nur darum wertvoll, weil wir alle mit der freien Meinungsbildung der Wahrheit näherkommen können, sondern auch darum, weil er die freie Meinungsbildung als solche respektiert. Er respektiert sie auch dann, wenn er die entwickelte Meinung als solche für grundfalsch ansieht.

Einer der Gründe, warum der Aufklärer nicht überreden und nicht einmal überzeugen will, ist der folgende. Er weiß, daß man außerhalb des engen Gebietes der Logik und vielleicht der Mathematik nichts beweisen kann. Man kann wohl Argumente vorbringen, und man kann Ansichten kritisch untersuchen. Aber außerhalb der elementaren Teile der Mathematik ist unsere Argumentation niemals zwingend und lückenlos. Wir müssen immer die Gründe abwägen, wir müssen immer entscheiden, welche Gründe mehr Gewicht haben: die Gründe, die für eine Ansicht sprechen, oder die, die gegen sie sprechen. So enthält die Meinungsbildung in letzter Linie immer ein Element der freien Entscheidung. Und es ist die freie Entscheidung, die eine Meinung menschlich wertvoll macht.

Diese hohe Wertschätzung der freien, persönlichen Meinung hat die Aufklärung von John Locke übernommen und fortgebildet. Sie ist zweifellos das direkte Ergebnis der englischen und der kontinental-europäischen Religionskämpfe. Diese Kämpfe brachten schließlich die Idee der religiösen Toleranz hervor. Und diese Idee der religiösen Toleranz ist keineswegs eine bloß negative Idee, wie es so oft (z.B. von Arnold Toynbee) behauptet wird. Es ist nicht nur der Ausdruck der Kampfesmüdigkeit und der Einsicht, daß es aussichtslos ist, durch den Terror Konformität der religiösen Überzeugungen zu erzwingen. Ganz im Gegenteil, die religiöse Toleranz entspringt der positiven Erkenntnis, daß eine erzwungene religiöse Einstimmigkeit völlig wertlos ist; daß nur *der* religiöse Glaube von Wert sein kann, der frei angenommen wurde. Und diese Einsicht führt weiter. Sie führt dazu, jeden ehrlichen Glauben zu respektieren, und sie führt damit zum Respekt vor dem einzelnen und seiner Meinung. Sie führt, in den Worten Immanuel Kants, des letzten großen Philosophen der Aufklärung, zur Anerkennung der Würde der menschlichen Person.

Unter dem Satz von der Würde der Person verstand Kant das Gebot, jeden Menschen und seine Überzeugung zu respektieren. Kant verband diese Regel mit dem Hillelschen Prinzip, das die Engländer mit Recht die goldene Regel nennen und das im Deutschen etwas banal klingt: »Was du nicht willst, daß man dir tu', das füg auch keinem andern zu!« Kant verknüpfte dieses Prinzip aufs engste mit der Idee der Freiheit – der Gedankenfreiheit, die Schillers Marquis Posa von Philipp verlangte; der Gedankenfreiheit, die Spinoza damit zu begründen versuchte, daß es eine unveräußerliche Freiheit sei, die der Tyrann uns wohl zu entreißen sucht, die er aber uns nie entreißen kann.

Ich glaube, daß wir in diesem Punkt nicht mehr mit Spinoza übereinstimmen können. Vielleicht ist es richtig, daß die Gedankenfreiheit niemals völlig unterdrückt werden kann. Aber sie kann zumindest weitgehend unterdrückt werden. Denn ohne freien Gedankenaustausch kann es keine wirkliche Gedankenfreiheit geben. Wir brauchen andere, um an ihnen unsere Gedanken zu erproben; um herauszufinden, ob sie stichhaltig sind. Die kritische Diskussion ist die Grundlage des freien Denkens des einzelnen. Das bedeutet aber, daß ohne politische Freiheit Gedankenfreiheit unmöglich ist. Und es bedeutet weiter, daß die politische Freiheit eine Vorbedingung des freien Vernunftgebrauches jedes einzelnen ist.

Ich habe versucht, kurz zu erklären, was ich unter Rationalismus und Aufklärung verstehe. Gleichzeitig habe ich auch versucht, kurz anzudeuten, warum der Rationalismus, wie ich ihn verstehe, und ebenso die Aufklärung, die Gedankenfreiheit, die religiöse Freiheit, den Respekt vor der ehrlichen Meinung des anderen und schließlich die politische Freiheit verlangen. Aber es liegt mir ganz fern zu behaupten, daß nur der Rationalismus die Freiheit liebt oder die Forderung nach Freiheit begründen kann. Im Gegenteil, ich bin überzeugt, daß es ganz andere Einstellungen gibt und insbesondere religiöse Einstellungen, die die Gewissensfreiheit fordern und von dieser Forderung ebenfalls zur Achtung vor der Meinung des anderen und zu einer Begründung der Forderung nach politischer Freiheit gelangen. Und wenn ich früher, vielleicht ein wenig ironisch, vor meinem veralteten Rationalismus warnte, so möchte ich diese Warnung nun in allem Ernste wiederholen: Da ich ein Rationalist bin, so will ich niemanden bekehren. Ich will auch nicht den Namen der

Freiheit dazu mißbrauchen, irgend jemanden zu einem Rationalisten zu machen. Aber ich möchte andere zum Widerspruch herausfordern; ich möchte, wenn möglich, andere dazu anregen, die Dinge in einem neuen Licht zu sehen, damit jeder in möglichst freier Meinungsbildung *seine* eigene Entscheidung treffen kann. Jeder Rationalist muß mit Kant sagen: Die Philosophie kann man nicht lehren – höchstens das Philosophieren; das heißt, die kritische Einstellung. [...]

Bisher habe ich nur mich selbst als einen Rationalisten und Aufklärer vorgestellt und zu erklären versucht, was ich meine, wenn ich vom Rationalismus und von der Aufklärung spreche. Ich habe auch versucht, kurz anzudeuten, daß der Rationalismus und die Aufklärung die politische Freiheit postulieren. Aber es wäre lächerlich, die Liebe zur Freiheit mit dem Rationalismus oder der Aufklärung zu identifizieren oder auch nur in sehr nahe Beziehung zu bringen.

Der Wunsch nach Freiheit ist ja etwas ganz Primitives, das wir schon bei Tieren finden – sogar bei Haustieren – und bei kleinen Kindern, und zwar in sehr verschiedenem Grade. Aber im politischen Gebiet wird die Freiheit zum Problem. Denn die unbeschränkte Freiheit jedes einzelnen wird natürlich durch das Zusammenleben der Menschen unmöglich. Wenn es mir frei steht, alles zu tun, was ich will, dann steht es mir auch frei, andere ihrer Freiheit zu berauben.

Kant löst diese Frage durch die Forderung, daß durch den Staat die Freiheit des einzelnen so weit, und nur so weit, beschränkt werden soll, wie es durch das Zusammenleben der Menschen notwendig wird, und daß diese notwendige Freiheitsbeschränkung alle Staatsbürger möglichst gleich treffen soll. Dieses echt Kantische Prinzip zeigt, daß das Problem der politischen Freiheit wenigstens begrifflich lösbar ist. Aber es gibt uns kein Kriterium der politischen Freiheit. Denn oft können wir in Einzelfällen weder feststellen, ob eine bestimmte Freiheitsbeschränkung wirklich notwendig ist, noch ob sie eine Last ist, die allen Staatsbürgern gleichmäßig auferlegt ist. Wir brauchen daher ein anderes, leichter anwendbares Kriterium. Als solches habe ich vorgeschlagen: *Ein Staat ist politisch frei, wenn seine politischen Institutionen es seinen Bürgern praktisch möglich machen, ohne Blutvergießen einen Regierungswechsel herbeizuführen, falls die Mehrheit einen solchen Regierungswechsel wünscht.* Oder kürzer ausgedrückt: Wir sind frei, wenn wir unsere Herrscher ohne Blutvergießen loswerden können.

Hier haben wir ein Kriterium, das uns gestattet, die politische Freiheit von der politischen Unfreiheit zu unterscheiden oder, wenn man will, eine Demokratie von einer Tyrannis.

Auf die *Worte* »Demokratie« und »Tyrannis« kommt es dabei natürlich überhaupt nicht an. Sollte zum Beispiel jemand gewisse unfreie Staaten »Demokratien« nennen und die Verfassung Englands oder der Schweiz eine Tyrannis, so würde ich mich nicht auf einen Streit darüber einlassen, ob diese Namen richtig oder falsch angewandt sind, sondern ich würde einfach sagen: »Wenn ich mich Ihrer Terminologie bedienen müßte, dann müßte ich mich als einen Gegner der Demokratie und als einen Freund der Tyrannis bekennen.« Auf diese Weise kann man es vermeiden, sich in Wortstreitigkeiten zu verlieren; es geht uns ja nicht um Worte, sondern um wirkliche Werte.

Das Kriterium der politischen Freiheit, das ich soeben gegeben habe, ist ein einfaches, aber natürlich ein etwas grobes Instrument. Vor allem sagt es uns nichts über die so wichtige Frage des Schutzes von Minoritäten, zum Beispiel von religiösen, sprachlichen oder ethnischen Minderheiten.

Mit allem, was ich bisher gesagt habe, habe ich versucht, so etwas zu schaffen wie einen Rahmen, innerhalb dessen wir nun einige mehr aktuelle Fragen der heutigen Situation der Freiheit und der freien Welt des Westens besprechen können. Die zentrale Frage, die wir uns hier stellen wollen, möchte ich so formulieren:

Was hat uns die Freiheit gebracht? Gutes oder Böses? Was überwiegt? Wie sieht die Bilanz des Guten und Bösen aus?

Ich finde diese Frage höchst anregend, und ich will versuchen, meine Antwort in möglichst scharfer und prägnanter Weise in einer Reihe von Thesen zu formulieren.

Meine *erste These* ist die folgende. Ich behaupte, daß unsere Welt, die Welt der westlichen Demokratien, zwar nicht die beste aller denkbaren oder logisch möglichen politischen Welten ist, aber doch die beste aller politischen Welten, von deren historischer Existenz wir Kenntnis haben. In dieser Hinsicht bin ich also ein wilder Optimist.

Um diese meine optimistische erste These zu erklären und zu begründen, will ich zunächst sagen, daß es nicht die Hochkonjunktur ist, nicht das Wirtschaftswunder unserer Zeit, an das ich denke, wenn ich unsere Zeit lobe, obwohl es sicher keine Kleinigkeit ist, daß in unserer Gesellschaft weniger Leute Hunger leiden als je zuvor. Woran ich denke, ist etwas ganz anderes. Um es durch ein Kontrastmittel deutlich zu machen, möchte ich auf eine Bemerkung des früheren Bischofs von Bradford hinweisen, der im Jahre 1942 unsere westliche Welt als eine Welt des Satans verdammte und alle gläubigen Diener der christlichen Religionen aufforderte, an der Vernichtung dieses Teufelswerkes mitzuarbeiten und Stalins Kommunismus zum Sieg zu verhelfen. Seitdem ist der Satanismus Stalins von den Kommunisten selbst eingestanden worden, und für eine zwar kurze, aber sehr erfrischende Periode war der Satanismus Stalins eine wichtige Komponente der Generallinie der Partei, wenn auch nicht geradezu des Parteiprogramms. Dennoch gibt es noch immer gläubige Menschen, und in England sogar tiefgläubige, echte Christen, die noch immer so denken wie der frühere Bischof von Bradford.

Um nun meine erste optimistische These scharf zu formulieren, möchte ich sagen, daß ich genau von demselben Standpunkt aus, von dem der Bischof unsere westliche Welt als ein Teufelswerk verurteilte, unsere Welt als die beste aller Welten bezeichne, von denen wir geschichtliche Kenntnis haben.

Denn dem Bischof ging es vor allem um rein menschliche Werte – um das, was Kant die Menschenwürde nannte, und um die menschliche Hilfsbereitschaft. Diese, so glaubte er, waren im Westen gefährdet und in Rußland gesichert. Aber es scheint mir, daß er in seinem Idealismus die Tatsachen nicht richtig sah. Nie vorher gab es eine Gesellschaft, in der es so wenig Unterdrückung gab, so wenig Erniedrigte und Beleidigte, wie bei uns. Nie vorher gab es so viele, die bereit waren, Opfer zu bringen, um den Hunger und das Elend anderer zu lindern.

Ich glaube also, daß wir im Westen keinen Grund haben, uns vor dem Osten zu schämen. Aber damit will ich nicht sagen, daß wir im Westen unsere Einrichtungen nicht kritisieren sollen. Im Gegenteil, wenn auch unsere Welt die beste aller bisherigen Welten ist, so ist doch vieles recht schlimm in ihr bestellt. Und das, was wir erreicht haben, können wir jederzeit wieder verlieren: Diese Gefahr ist groß und wird es wohl immer bleiben. Damit komme ich zu meiner *zweiten These:*

Obwohl ich unsere politische Welt für die beste aller Welten halte, von der wir historische Kenntnis haben, so müssen wir uns davor hüten, diese Tatsache der Demokratie oder der Freiheit zuzuschreiben. Die Freiheit ist kein Lieferant, der uns die Güter des Lebens ins Haus zustellt. Die Demokratie schafft nichts – auch nicht ein Wirtschaftswunder. Es ist falsch und überaus gefährlich, die Freiheit dadurch anzupreisen, daß man den Menschen erzählt, es werde ihnen sicher gutgehen, wenn sie nur erst frei sind. Wie es einem im Leben ergeht, ist hauptsächlich Sache des Glücks oder der Gnade, und zu einem verhältnismäßig kleinen Teil vielleicht auch Sache der Tüchtigkeit, des Fleißes und anderer Tugenden. Was man über Demokratie oder Freiheit sagen kann, ist, bestenfalls, daß sie den Einfluß unserer persönlichen Tüchtigkeit auf unser Wohlergehen ein wenig wirksamer macht. Damit komme ich zu meiner *dritten These:*

Wir dürfen nicht die politische Freiheit wählen, weil wir uns ein bequemeres Leben versprechen, sondern weil sie selbst einen letzten Wert darstellt, der nicht auf materielle Werte zurückgeführt werden kann. Wir müssen sie wählen wie einst Demokrit, der sagt: »Ich ziehe das karge Leben in einer Demokratie dem Reichtum unter einer Tyrannis vor«, und »Die Armut in einer Demokratie ist besser als aller Reichtum unter einer Aristokratie oder einer Alleinherrschaft, denn die Freiheit ist besser als die Knechtschaft.«

In meiner *vierten These* möchte ich noch einen Schritt weitergehen. Die Freiheit, die Demokratie und unser Glaube an sie können für uns zur Katastrophe werden. Es ist falsch, daß der Glaube an die Freiheit immer zum Sieg führt. Wir müssen darauf gefaßt sein, daß er zur Niederlage führen kann; wenn wir die Freiheit wählen, so müssen wir darauf gefaßt sein, mit ihr unterzugehen. Polen kämpfte für die Freiheit wie nur irgendein Land. Das tschechische Volk war bereit, 1938 für seine Freiheit zu kämpfen: Es war nicht die Mutlosigkeit des Volkes, die sein Schicksal besiegelte. Die Ungarische Revolution von 1956 – ein Werk von jungen Menschen, die nichts zu verlieren hatten als ihre Ketten – siegte und mißlang.

Und der Kampf um die Freiheit kann auf andere Weise mißlingen: Er kann in einen Terrorismus ausarten wie in der Französischen und in der Russischen Revolution. Er kann zur äußersten Knechtschaft führen. Die Demokratie, die Freiheit, garantiert nicht das Millennium. Nein, wir wählen die politische Freiheit nicht, weil sie uns das oder jenes verspricht. Wir wählen sie, weil sie die einzig menschenwürdige Form des menschlichen Zusammenlebens möglich macht; die einzige Form, in der wir für uns selbst voll verantwortlich sein können. Ob wir ihre Möglichkeiten verwirklichen, das hängt von allerlei Dingen ab; vor allem auch von uns selbst.

Anmerkung

Ausschnitte aus einem Referat, gehalten in Alpbach am 25. August 1958.

5. Vom Sinn der Geschichte

Da mein Thema der Sinn der Geschichte ist, so möchte ich auf die Analogie zwischen diesen beiden Ausdrücken – »Sinn des Lebens« und »Sinn der Geschichte« – hinweisen. Zunächst eine Bemerkung über die Vieldeutigkeit des Wortes »Sinn« im Ausdruck »Sinn des Lebens«. Dieser Ausdruck wird manchmal so gebraucht, als wollte man damit von einem verborgenen inneren Sinn sprechen – etwa wie man von dem verborgenen Sinn eines Anagramms oder eines Sinngedichts oder vom Sinn des Chorus Mysticus in Goethes »Faust« sprechen kann. Aber die Lebensweisheit der Dichter und Philosophen hat uns gelehrt, daß jene Phrase »der Sinn des Lebens« in einer anderen Weise verstanden werden muß: daß der Sinn des Lebens nicht etwas Verborgenes ist, das wir im Leben finden oder entdecken können, sondern etwas, das wir selbst unserem Leben geben können. Wir können durch unser Tun und Lassen, durch unsere Arbeit und unser Wirken, durch unsere Einstellung zum Leben, zu anderen Menschen und zur Welt, unser Leben sinnvoll machen.

Damit wird die Frage nach dem Sinn des Lebens zu einer ethischen Frage. Sie wird zur Frage: Welche Aufgaben soll ich mir stellen, um mein Leben sinnvoll zu machen? Oder, in den Worten Kants: »Was soll ich tun?« Eine Teil-Antwort auf diese Frage geben die Kantischen Ideen der Freiheit und der Autonomie und seine Idee eines Pluralismus, der im wesentlichen nur durch die Idee der Gleichheit vor dem Gesetz und durch die Achtung der Freiheit anderer Menschen beschränkt ist; Ideen, die ebenso wie die der Selbstbefreiung durch das Wissen dazu beitragen können, unserem Leben einen Sinn zu geben.

Mit dem Ausdruck »der Sinn der Geschichte« steht es ganz ähnlich. Hier hat man auch oft an einen geheimen, verborgenen Sinn des Ablaufs der Weltgeschichte gedacht; oder an eine verborgene, der Geschichte innewohnende Entwicklungstendenz; oder an ein Ziel, dem die politische Weltgeschichte zustrebt. Und ich glaube, daß hier unsere Antwort eine ähnliche sein muß wie bei der Frage nach dem Sinn des Lebens: Anstatt nach einem verborgenen Sinn der Geschichte zu fragen, müssen wir der Geschichte einen Sinn geben. Wir müssen der politischen Geschichte eine Aufgabe stellen – und damit uns selbst. Statt nach einem inneren, verborgenen Sinn oder Ziel der politischen Weltgeschichte zu fragen, müssen wir uns selbst fragen, welche Ziele der politischen Weltgeschichte sowohl menschenwürdig als auch politisch möglich sind.

Meine erste These ist daher die, daß wir es ablehnen sollten, vom Sinn der Geschichte zu sprechen, wenn wir damit einen Sinn meinen, der im Drama der Geschichte verborgen ist, oder wenn wir damit Entwicklungstendenzen oder Entwicklungsgesetze meinen, die in der politischen Weltgeschichte verborgen sind und die vielleicht in ihr von Historikern oder von Philosophen entdeckt werden können.

Meine erste These ist also negativ. Sie besagt, daß es einen verborgenen Sinn der Geschichte nicht gibt und daß jene Historiker und Philosophen, die glauben, ihn entdeckt zu haben, in einer argen Selbsttäuschung befangen sind.

Meine zweite These ist hingegen sehr positiv. Sie besagt, daß wir selbst der politischen Geschichte einen Sinn geben können, einen möglichen und menschenwürdigen Sinn. Aber ich möchte noch viel mehr behaupten. Denn meine dritte These ist, daß wir von der Geschichte lernen können, daß eine solche ethische Sinngebung oder Zielsetzung keineswegs vergeblich zu sein braucht. Im Gegenteil, wir werden die Geschichte niemals verstehen, wenn wir die geschichtliche Macht dieser ethischen Zielsetzungen unterschätzen. Ohne Zweifel führen sie oft zu schrecklichen Resultaten; aber den Ideen der Aufklärung, denen Kant Ausdruck gegeben hat, sind wir in mancher Hinsicht näher gekommen als irgendeine Generation vor uns; insbesondere der Idee der Selbstbefreiung durch das Wissen, der Idee einer pluralistischen oder offenen Gesellschaftsordnung und der Idee der Verkündigung des ewigen Friedens als Ziel der politischen Kriegsgeschichte. Wenn ich sage, daß wir dieser Zielsetzung nahe gekommen sind, so will ich natürlich keine Prophezeiung darüber aussprechen, daß das Ziel bald oder überhaupt erreicht werden wird: Sicherlich können wir auch scheitern. Aber ich behaupte, daß zumindest die Friedensidee, für deren Anerkennung Erasmus von Rotterdam, Immanuel Kant, Friedrich Schiller, Bertha von Suttner, Friedrich Wilhelm Förster und viele andere kämpften, heute jedenfalls von den Diplomaten und Politikern als bewußtes Ziel der internationalen Politik aller zivilisierten Staaten anerkannt und angestrebt wird; und das ist mehr, als jene großen Vorkämpfer der Friedensidee erwarteten, und es ist auch mehr, als man noch vor 25 Jahren erwarten konnte.

Ich gebe zu, daß dieser außerordentliche Erfolg nur ein Teilerfolg ist und daß er nicht nur von Erasmus' und Kants Ideen hervorgebracht wurde, sondern noch mehr von der Einsicht in die Größe der Gefahr, mit der heute ein Krieg die ganze Menschheit bedroht. Aber das ändert nichts an der Tatsache, daß die Zielsetzung heute offen und allgemein anerkannt ist und daß unsere Schwierigkeiten hauptsächlich darin bestehen, daß die Diplomaten und Politiker nicht wissen, wie sie dieses Ziel verwirklichen können. Auf eine Diskussion dieser Schwierigkeiten kann ich hier natürlich nicht eingehen, um so weniger, als eine nähere Erklärung und Diskussion meiner drei Thesen für ihr Verständnis nötig sein dürfte.

Ich beginne mit meiner ersten These – der negativen These, daß die politische Weltgeschichte keinen verborgenen und auffindbaren Sinn hat, und daß es keine in ihr verborgenen und auffindbaren Entwicklungstendenzen gibt.

Diese These steht im schärfsten Gegensatz nicht nur zu den *Fortschrittstheorien* des 19. Jahrhunderts – zum Beispiel zu den Theorien von Comte, Hegel und Marx –, sondern auch zu der *Untergangstheorie* von Oswald Spengler und zu den *zyklischen* Theorien von Platon, Giambattista Vico und anderen.

Ich halte alle diese Theorien für völlig verfehlt, um nicht zu sagen, für unsinnig. Was verfehlt ist, ist vor allem die Fragestellung. Die Worte »Fortschritt«, »Rückschritt«, »Untergang« und so weiter enthalten Werturteile; und die Theorien eines geschichtlichen Fortschritts oder Rückschritts oder eines Zyklus, der aus Fortschritt und Rückschritt besteht, beziehen sich notwendigerweise auf eine Wertskala. Eine solche Wertskala kann nun eine moralische sein, oder eine wirtschaftliche, oder eine ästhetisch-künstlerische; und innerhalb des Ästhetisch-Künstlerischen kann sie sich auf die Musik beziehen oder auf die Malerei oder Architektur oder Literatur. Und sie kann sich natürlich auch auf die Wissenschaft beziehen oder auf die Technologie. Die Wertskala kann auch auf der Statistik der Lebensdauer oder auf einer Krankheitsstatistik basiert sein. Es ist ganz klar, daß wir in der einen oder anderen dieser Skalen oder Richtungen Fortschritte machen oder Höhepunkte erreichen können, während wir *gleichzeitig* in anderen Rückschritte machen oder Tiefpunkte erreichen. So finden wir in Deutschland zur Zeit der größten Werke Bachs, 1720–1750, weder einen Höhepunkt in der Literatur noch in der Malerei. Aber weit wichtiger als dieses Beispiel ist die Tatsache, daß Fortschritte auf manchen Gebieten – so insbesondere auf dem Gebiet der Wirtschaft oder der Erziehung – oft durch Rückschritte auf anderen Gebieten erkauft werden müssen; ganz ähnlich, wie wir Fortschritte in der Geschwindigkeit und Dichte des Kraftwagenverkehrs mit Rückschritten in der Verkehrssicherheit erkaufen.

Und ähnlich wie es mit der Verwirklichung von wirtschaftlichen Werten steht, so steht es auch mit der Verwirklichung gewisser moralischer Forderungen, insbesondere mit der fundamentalen Forderung nach Freiheit und Menschenwürde. So empfand ein Großteil der Bürger der Vereinigten Staaten den Fortbestand der Sklaverei in den Südstaaten als eine unerträgliche Schmach und als unvereinbar mit ihrem Gewissen; aber sie mußten die Aufhebung der Sklaverei mit einem furchtbaren Bürgerkrieg erkaufen und mit der Zerstörung einer blühenden und eigenartigen Kultur.

Ähnlich steht es mit dem Fortschritt der Wissenschaft – zum Teil eine Folge der Idee der Selbstbefreiung durch das Wissen –, der gegenwärtig zur Verlängerung und zur Bereicherung unseres Lebens beiträgt; aber es ist fraglich, ob er zum Glück und zur Zufriedenheit der Menschen beigetragen hat.

Die Tatsache, daß wir gleichzeitig Fortschritte und Rückschritte machen, zeigt, daß nicht nur die Fortschrittstheorien der Geschichte, sondern genauso auch die zyklischen und die Rückschrittstheorien und Untergangsprophezeiungen unhaltbar und in ihrer Fragestellung völlig verfehlt sind.

Sie sind Pseudo-Wissenschaften (wie ich in verschiedenen Schriften nachzuweisen versucht habe). Diese pseudowissenschaftlichen Theorien haben alle zusammen eine recht merkwürdige Geschichte.

Homers Geschichtstheorie – und ähnlich die Geschichtstheorie des Alten Testaments – interpretiert die geschichtlichen Vorgänge als den direkten Ausdruck von etwas erratischen Willensäußerungen höchst eigenwilliger, menschenähnlicher Gottheiten. Eine solche Geschichtstheorie war mit der Gottesidee des späteren Judentums und des Christentums unvereinbar. In der Tat, die These, daß wir die politische Weltgeschichte – die Geschichte der Raubkriege, Plünderungen und Brandschatzungen und der immer zunehmenden Vernichtungsmittel – unmittelbar als das Werk Gottes verstehen können, ist Gotteslästerung. Wenn die Geschichte das Werk eines barmherzigen Gottes ist, dann kann sie es nur in einem Sinn sein, in dem der Wille Gottes für uns unbegreifbar, unfaßbar und unvorstellbar ist: Es ist für uns Menschen unmöglich, den Sinn der Geschichte zu verstehen, wenn wir versuchen, sie als das unmittelbare Werk Gottes zu verstehen. Wenn daher die Religion den Sinn der Geschichte verständlich machen will, so muß sie versuchen, die Geschichte nicht als unmittelbare Offenbarung des göttlichen Willens, sondern als einen Kampf zwischen guten und bösen Mächten zu begreifen – guten und bösen Mächten, die in uns oder durch uns wirken. Das hat denn auch der Heilige Augustinus in seinem Buch über den Gottesstaat getan. Sein Vorläufer war Platon, der die Geschichte als den politisch-ethischen Sündenfall interpretiert, den Sündenfall eines ursprünglich vollkommenen und kommunistischen Staatswesens unter dem verderblichen Einfluß weltlichen Eigennutzes. Ein anderer wichtiger Einfluß auf das Werk des Heiligen Augustinus stammt aus seiner manichäischen Periode: Es ist der Einfluß der persisch-manichäischen Ketzerei, der Lehre von dem Kampf zwischen dem guten und dem bösen Prinzip (zwischen Ormuzd und Ahriman).

Unter diesen Einflüssen beschreibt nun Augustinus die Geschichte der Menschheit als den Kampf zwischen dem guten Prinzip, dem Gottesstaat, der *civitas dei,* und dem bösen Prinzip, dem Staat des Teufels, der *civitas diaboli;* und fast alle späteren Entwicklungstheorien der Geschichte – vielleicht mit Ausnahme einiger der naivsten Fortschrittstheorien – gehen auf diese manichäische Theorie des Heiligen Augustinus zurück. Dabei übersetzen die neueren Entwicklungstheorien die metaphysischen oder die religiösen Kategorien des Augustinus in eine naturwissenschaftliche oder sozialwissenschaftliche Sprache. So ersetzen sie Gott und den Teufel durch biologisch gute und biologisch schlechte Rassen, oder gute und böse Klassen – die Proletarier und die Kapitalisten. Aber das ändert wohl nur wenig am ursprünglichen Charakter der Theorie.

Was richtig ist, ist nur dies: daß unsere Ideen Mächte sind, die unsere Geschichte beeinflussen. Aber es ist wichtig, einzusehen, daß auch an sich gute und edle Ideen manchmal einen sehr verhängnisvollen Einfluß auf die Geschichte haben können und daß, wie es zuerst wohl Bernard de Mandeville gesehen hat, nicht selten auch so etwas zu finden ist wie eine Idee, eine geschichtliche Kraft, die stets das Böse will und stets das Gute schafft.

Wir müssen uns also sehr davor hüten, unsere höchst pluralistische Geschichte als eine Schwarz-Weiß-Zeichnung oder als ein in nur wenigen Kontrastfarben koloriertes Gemälde anzusehen. Und wir müssen uns noch mehr davor hüten, in sie Entwicklungsgesetze hineinzulesen, die zu Fortschrittsprognosen, zyklischen Prognosen,

Untergangsprognosen oder zu irgendwelchen ähnlichen historischen Voraussagen verwendet werden können.

Leider aber erwartet das Publikum seit Hegel und noch mehr seit Spengler von einem weisen Mann und besonders von einem Philosophen oder Geschichtsphilosophen, daß er die Zukunft voraussagen kann. Das ist ein großes Unglück, denn die Nachfrage erzeugt nur allzu leicht ein Angebot. So hat denn auch die Nachfrage nach Propheten ein überreiches Angebot zur Folge gehabt. Man kann wohl sagen, daß heute jeder Intelligenzler, der etwas auf seinen Ruf hält, sich verpflichtet fühlt, es mit der geschichtlichen Wahrsagekunst zu versuchen.

> »Warum soll ich nicht beim Gehen«
> – sprach er – »in die Ferne sehen?« (Wilhelm Busch)

Die abgründige Tiefe seiner Einsicht und Fernsicht wird immer an der Abgründigkeit seines Pessimismus gemessen.

Ich halte es für an der Zeit, wenigstens den Versuch zu machen, diese ganze Wahrsagerei ein für allemal dorthin zu verweisen, wohin sie gehört – auf die Jahrmärkte. Ich will ja keineswegs behaupten, daß Wahrsager niemals das Wahre sagen. Was ich behaupte, ist nur, daß sie, soweit sie überhaupt etwas Greifbares sagen, ebenso oft das Falsche sagen, und daß es keine wissenschaftliche oder geschichtliche oder philosophische Methode gibt, die als Grundlage von ambitiösen geschichtlichen Voraussagen im Stile Spenglers dienen kann. Das Zutreffen einer solchen geschichtlichen Voraussage ist nämlich eine reine Glückssache. Die Voraussage ist willkürlich, zufällig und unwissenschaftlich. Aber sie kann natürlich eine starke Propagandawirkung ausüben. Wenn nur hinreichend viele Menschen an den Untergang des Abendlandes glauben, dann wird das Abendland sicher untergehen; sogar auch dann, wenn es ohne diese Propaganda seinen Aufstieg weiter fortgesetzt hätte. Denn Ideen können Berge versetzen; auch falsche Ideen. Zum Glück ist es aber auch manchmal möglich, falsche Ideen mit wahren Ideen zu bekämpfen.

Da ich beabsichtige, im folgenden noch einige recht optimistische Gedanken vorzubringen, so möchte ich hier davor warnen, diesen Optimismus für eine optimistische Voraussage der Zukunft zu halten.

Was die Zukunft bringen wird, das weiß ich nicht; und denen, die es zu wissen glauben, glaube ich nicht. Mein Optimismus bezieht sich nur auf das, was man von der Vergangenheit und der Gegenwart lernen kann; und das ist, daß vieles möglich war und möglich ist, Gutes und Böses; und daß wir keinen Grund haben, die Hoffnung aufzugeben – und die Arbeit für eine bessere Welt.

Ich verlasse jetzt das Thema meiner ersten und negativen These über den Sinn der Geschichte, um auf meine wichtigeren positiven Thesen einzugehen.

Meine zweite These ist, daß *wir selbst* der politischen Geschichte einen Sinn *geben* und ein Ziel *setzen* können, und zwar einen menschenwürdigen Sinn und ein menschenwürdiges Ziel.

Wir können von einer Sinngebung der Geschichte und zwei recht verschiedenen Bedeutungen sprechen: Die wichtige und grundlegende ist die der *Zielsetzung* durch unsere ethischen Ideen. In einer zweiten und weniger grundlegenden Bedeutung des Wortes »Sinngebung« hat der Kantianer Theodor Lessing die Geschichte als die *»Sinngebung des Sinnlosen«* bezeichnet. Lessings These, die ich für richtig halte, ist folgende: Wir können es versuchen, einen Sinn in die an sich unsinnige Geschichte hineinzulesen, zum Beispiel, indem wir an das Studium der Geschichte mit der Frage herantreten, wie es denn unseren Ideen und besonders unseren ethischen Ideen – wie der Idee der Freiheit und der Idee der Selbstbefreiung durch das Wissen – im Laufe der Geschichte ergangen ist. Wenn wir uns nur davor hüten, das Wort »Fortschritt« im Sinne eines naturgesetzlichen Fortschritts zu verwenden, so können wir auch sagen, daß wir der überlieferten Geschichte dadurch einen Sinn abgewinnen können, daß wir fragen, welche Fortschritte und Rückschritte wir wohl gemacht haben und wie teuer wir wohl unsere Fortschritte haben erkaufen müssen. Hierher gehört dann auch die Geschichte unserer vielen tragischen Irrtümer – Irrtümer in der Zielsetzung und Irrtümer in der Wahl der Mittel.

Das hat niemand klarer formuliert als der große englische Historiker H. A. L. Fisher, der die historizistischen Entwicklungstheorien und die angeblichen Entwicklungsgesetze der Geschichte verwarf, es aber gleichzeitig wagte, die Geschichte vom Standpunkt des ethischen, ökonomischen und politischen Fortschritts zu beurteilen. Fisher schrieb: »Männer, die klüger und gelehrter sind als ich, haben in der Geschichte einen Sinn gefunden, einen Rhythmus, einen gesetzlichen Ablauf... ich jedoch sehe nur eine unvorhergesehene Krise nach der anderen; Krisen, die einander wie Wellenzüge folgen; nur eine lange Kette von Ereignissen, die alle einzigartig sind und daher keine Verallgemeinerung erlauben, sondern dem Geschichtsforscher nur *eine* Regel nahelegen: daß er gut daran tun wird, das Gegenteil des Zufälligen und Unvorhergesehenen nicht aus den Augen zu verlieren.« Fisher sagt also, daß es keine inneren Entwicklungstendenzen gibt; dennoch fährt er folgendermaßen fort: »Man darf aber meinen Standpunkt nicht für einen zynischen oder pessimistischen halten; im Gegenteil, ich behaupte, daß die Tatsache des Fortschritts klar und deutlich auf den

Seiten der Geschichte zu lesen ist; aber der Fortschritt ist kein Gesetz der Natur. Was eine Generation an Boden gewinnt, kann von der nächsten wieder verloren werden.« Es gibt also innerhalb des sinnlos-grausamen Wechselspiels der machtpolitischen Kämpfe und Wirren doch einen Fortschritt; aber da es keine geschichtlichen Entwicklungsgesetze gibt, die den weiteren Fortschritt sicherstellen, so hängt das künftige Schicksal dieses Fortschritts – und damit unser Schicksal – von uns selbst ab.

Ich habe hier Fisher nicht nur deshalb zitiert, weil ich glaube, daß er recht hat, sondern vor allem auch deshalb, weil ich darauf hinweisen möchte, wie viel menschenwürdiger und sinnvoller Fishers Idee ist – die Idee, daß die Geschichte von uns abhängt – als die Idee, daß die Geschichte ihre inhärenten mechanischen, dialektischen oder organischen Gesetze hat und daß wir nur Puppen in einem Puppenspiel der Geschichte oder Spielbälle im Widerspiel übermenschlicher historischer Mächte sind, wie zum Beispiel der Macht des Guten und der Macht des Bösen, oder der Macht des Proletariats und der Macht des Kapitalismus.

Ich gehe nun zur Diskussion der anderen und wichtigeren Bedeutung der Idee der Sinngebung über: einer Sinngebung, die darin besteht, daß wir nicht nur unserem individuellen Leben eine Aufgabe zu geben suchen, sondern auch unserem politischen Leben, unserem Leben als politisch denkende Menschen; und insbesondere als Menschen, die die sinnlose Tragik der Geschichte als unerträglich empfinden und als eine Aufforderung, ihr Bestes zu tun, um die künftige Geschichte sinnvoller zu machen. Die Aufgabe ist schwer; vor allem deshalb, weil der gute Wille und der gute Glaube uns in tragischer Weise irreleiten können. Und da ich hier für die Ideen der Aufklärung spreche, so fühle ich mich ganz besonders verpflichtet, zuerst darauf hinzuweisen, daß auch die Ideen der Aufklärung und des Rationalismus zu den schrecklichsten Folgen geführt haben.

Erst der Terror des Robespierre belehrte Kant, der die Französische Revolution begrüßt hatte, daß auch im Zeichen der Freiheit, Gleichheit und Brüderlichkeit die abscheulichsten Untaten verübt werden können; ebenso abscheuliche Untaten, wie sie einst zu den Zeiten der Kreuzzüge, der Hexenverbrennungen oder des Dreißigjährigen Krieges im Zeichen des Christentums verübt wurden. Aber Kant zog eine Lehre aus der Geschichte des Schreckens der Französischen Revolution. Diese Lehre, die nicht oft genug wiederholt werden kann, ist, daß der fanatische Glaube immer ein Übel und unvereinbar mit dem Ziel einer pluralistischen Gesellschaftsordnung ist; und daß es unsere Pflicht ist, uns dem Fanatismus in jeder Form zu widersetzen – auch dann, wenn seine Ziele ethisch einwandfrei sind, und vor allem auch dann, wenn seine Ziele die unseren sind.

Die Gefahr des Fanatismus und die Pflicht, sich ihm dauernd entgegenzustellen, ist wohl eine der wichtigsten Lehren, die wir aus der Geschichte ziehen können.

Aber ist es denn überhaupt möglich, den Fanatismus und seine Exzesse zu vermeiden? Lehrt uns nicht die Geschichte, daß alle ethischen Zielsetzungen vergeblich sind? Und zwar gerade deshalb, weil diese Ziele erst dann eine historische Rolle spielen können, wenn sie von einem fanatischen Glauben getragen werden? Und lehrt uns nicht die Geschichte aller Revolutionen, daß der fanatische Glaube an eine ethische Idee diese Idee immer wieder in ihr Gegenteil verkehrt? Daß er die Gefängnisse im Namen der Freiheit öffnet, nur um sie alsbald hinter neuen Opfern zu schließen? Daß er die Gleichheit aller Menschen verkündet, nur um alsbald die Abkömmlinge der einstmals privilegierten Klassen zu verfolgen, noch über das dritte und vierte Glied hinaus? Daß er die Brüderlichkeit der Menschen verkündet, wie um klar zu machen, daß seine Mordtaten Brudermord sind, obwohl er gleichzeitig immer als Hüter seines Bruders auftritt? Lehrt uns nicht die Geschichte, daß alle ethischen Ideen verderblich sind und die besten Ideen oft die verderblichsten? Und sind die aufklärerischen Ideen der Weltverbesserung nicht durch die Französische Revolution und die Russische Revolution zur Genüge als verbrecherischer Unsinn erwiesen?

Meine Antwort auf diese Fragen ist in meiner dritten These enthalten. Diese These besagt, daß wir von der Geschichte Westeuropas und der Vereinigten Staaten lernen können, daß eine ethische Sinngebung oder Zielsetzung keineswegs vergeblich zu sein braucht. Damit soll sicher nicht behauptet werden, daß unsere ethischen Ziele je voll verwirklicht wurden oder verwirklicht werden können. Meine These ist viel bescheidener. Ich behaupte nur, daß die von ethischen regulativen Prinzipien inspirierte Gesellschaftskritik mancherorts erfolgreich war und daß es ihr gelungen ist, die schlimmsten Übel des öffentlichen Lebens mit Erfolg zu bekämpfen.

Das ist also meine dritte These. Sie ist optimistisch in dem Sinn, daß sie eine Widerlegung aller pessimistischen Geschichtsauffassungen ist. Denn alle zyklischen und Untergangstheorien sind offenbar widerlegt, wenn es möglich ist, daß wir selbst der Geschichte ein ethisches Ziel setzen oder einen ethischen Sinn geben können.

Aber diese Möglichkeit ist, so scheint es, an ganz bestimmte Bedingungen gebunden. Nur dort war die Gesellschaftskritik von Erfolg gekrönt, wo es die Menschen gelernt hatten, fremde Meinungen zu schätzen und in ihren politischen Zielen bescheiden und nüchtern zu sein; wo sie gelernt hatten, daß der Versuch, den Himmel auf Erden zu verwirklichen, nur allzu leicht die Erde in eine Hölle für die Menschen verwandelt.

Die Länder, die diese Lehre rechtzeitig lernten, waren die Schweiz und England, die ersten Länder, die den utopischen Versuch unternahmen, den Gottesstaat auf Erden zu errichten. In beiden Ländern führte der Versuch zur Ernüchterung.

Die Englische Revolution, die erste der großen Revolutionen der Neuzeit, führte nicht zum Gottesstaat, sondern zur Hinrichtung Karls des Ersten und zur Diktatur Cromwells. Die Lehre, die ein gründlich ernüchtertes England daraus zog, war seine Bekehrung zum Legitimismus. An diesem Legitimismus scheiterte dann der Versuch Jakobs des Zweiten, den Katholizismus in England mit Gewalt wieder einzuführen. Der religiösen Bürgerkriege müde, war England bereit, auf die Botschaft John Lockes und anderer Aufklärer zu hören, die die religiöse Toleranz verteidigten und das Prinzip, daß ein erzwungener Glaube wertlos sei; daß man die Menschen wohl in die Kirche *führen,* aber nicht in die Kirche *schleppen* dürfe (wie es Innozenz XI. ausdrückte).

Es ist wohl kaum ein Zufall, daß die Schweiz und England, die durch diese ernüchternden politischen Erfahrungen gehen mußten, Länder sind, denen es gelungen ist, auf dem Wege der demokratischen Reform ethisch-politische Ziele zu erreichen, die auf dem Wege der Revolution, der Gewalt, des Fanatismus und der Diktatur nicht erreicht werden konnten.

Jedenfalls kann man aus der Geschichte der Schweiz und der skandinavischen und angelsächsischen Demokratien lernen, daß es nicht unmöglich ist, sich mit Erfolg Ziele zu setzen – vorausgesetzt, daß diese Ziele pluralistisch sind, das heißt die Freiheit und die Meinungen verschiedener Menschen mit verschiedenen Zielen achten; daß es also nicht unmöglich ist, unserer Geschichte einen Sinn zu geben. Das ist aber, was ich in meiner dritten These behauptet habe.

Dieses Ergebnis zeigt, daß die Kritik der Romantik an Kant und der Aufklärung sicher weit oberflächlicher war, als die viel verlästerte Aufklärerei und der viel verlachte Aufkläricht, die mit so viel Beifall »überwunden« wurden. Kant und die Aufklärung wurden als naiv verlacht, weil sie die Ideen des Liberalismus verabsolutierten; weil sie glaubten, daß die Idee der Demokratie mehr ist als eine vorübergehende historische Erscheinung. Und heute hört man wieder viel über den Niedergang dieser Ideen. Aber statt den Niedergang dieser Ideen zu prophezeien, täte man besser, für ihr Fortbestehen zu kämpfen; denn diese Ideen haben nicht nur ihre Lebensfähigkeit bewiesen, sondern auch den von Kant behaupteten Charakter: Eine pluralistische Gesellschaftsordnung ist der notwendige Rahmen für jede Zielsetzung, für jede Politik, die über die unmittelbare Gegenwart hinaussieht; für jede Politik, die einen Sinn für die Geschichte hat und der Geschichte einen Sinn geben will.

Ich komme zu einer letzten Betrachtung: Sowohl die Aufklärung wie die Romantik sehen in der Weltgeschichte vor allem eine Geschichte kämpfender Ideen, eine Geschichte von Glaubenskämpfen. Hier sind wir uns einig. Aber was die Aufklärung von der Romantik trennt, ist die Einstellung zu diesen Ideen. Die Romantik schätzt den Glauben an sich und die Stärke und die Tiefe des Glaubens, was immer auch der Wahrheitsgehalt des Glaubens sein mag. Das ist wohl der tiefste Grund für ihre Verachtung der Aufklärung; denn diese steht dem Glauben als solchem – ausgenommen in der Ethik – mit Mißtrauen gegenüber. Obwohl die Aufklärung den Glauben nicht nur toleriert, sondern hochschätzt, so ist doch das, was sie schätzt, nicht der Glaube als solcher, sondern die Wahrheit. Daß es so etwas wie eine absolute Wahrheit gibt, und daß wir dieser Wahrheit näherkommen können, ist die Grundüberzeugung der Aufklärungsphilosophie, im Gegensatz zum historischen Relativismus der Romantik.

Aber der Wahrheit näher zu kommen, ist nicht leicht. Es gibt nur einen Weg, den Weg durch unsere Irrtümer. Nur aus unseren Irrtümern können wir lernen; und nur der wird lernen, der bereit ist, die Irrtümer anderer als Schritte zur Wahrheit zu schätzen; und der nach seinen eigenen Irrtümern *sucht,* um sich von ihnen zu befreien.

Die Idee der Selbstbefreiung durch das Wissen ist also nicht etwa dasselbe wie die Idee der Naturbeherrschung. Es ist vielmehr die Idee einer *geistigen* Selbstbefreiung vom Irrtum, vom Irrglauben. Es ist die Idee einer geistigen Selbstbefreiung durch die Kritik an den eigenen Ideen.

Wir sehen hier, daß die Aufklärung den Fanatismus und den fanatischen Glauben nicht aus bloßen Nützlichkeitsgründen verurteilt; auch nicht, weil sie hofft, daß wir mit einer nüchterneren Einstellung in der Politik und im praktischen Leben besser weiterkommen. Die Verurteilung des fanatischen Glaubens ist vielmehr eine Folge der Idee einer Wahrheitssuche durch die Kritik unserer Irrtümer. Und diese Selbstkritik und Selbstbefreiung ist nur in einer pluralistischen Atmosphäre möglich, das heißt in einer offenen Gesellschaft, die unsere Irrtümer und viele andere Irrtümer toleriert.

So enthielt die Idee der Selbstbefreiung durch das Wissen, die die Aufklärung vertrat, von Anfang an auch die Idee, daß wir lernen müssen, uns von unseren eigenen Ideen zu distanzieren, statt uns mit unseren Ideen zu identifizieren. Die Erkenntnis von der geistigen Macht der Ideen führt zu der Aufgabe, uns von der geistigen Übermacht falscher Ideen zu befreien. Im Interesse der Wahrheitssuche und der Befreiung vom Irrtum müssen wir uns dazu erziehen, unsere eigenen Ideen ebenso kritisch betrachten zu können wie die Ideen, gegen die wir kämpfen.

Das bedeutet keine Konzession an den Relativismus; denn die Idee des Irrtums setzt die Idee der Wahrheit voraus. Wenn wir zugeben, daß der andere Recht haben kann und daß wir uns vielleicht geirrt haben, so bedeutet das nicht, daß es nur auf den Standpunkt ankommt und daß, wie die Relativisten sagen, jeder Recht hat von seinem Standpunkt aus und Unrecht von einem anderen Standpunkt aus. In den westlichen Demokratien haben viele gelernt, daß sie manchmal Unrecht haben, und ihre Gegner Recht; aber allzu viele von denen, die diese wichtige Lehre absorbiert haben, sind dem Relativismus verfallen. In unserer großen historischen Aufgabe, eine freie, pluralistische Gesellschaft zu schaffen – als den gesellschaftlichen Rahmen für eine Selbstbefreiung durch das Wissen –, tut uns heute nichts so not, als uns selbst zu einer Einstellung zu erziehen, die es uns erlaubt, unseren Ideen kritisch gegenüberzustehen, ohne zu Relativisten oder zu Skeptikern zu werden; und ohne den Mut und die Entschlossenheit zu verlieren, für unsere Überzeugungen zu kämpfen.

Anmerkung

Ausschnitt aus einem Vortrag, gehalten im Bayerischen Rundfunk im Jahr 1961 im Rahmen einer Vortragsreihe zum Thema »Der Sinn der Geschichte«.

6. Die Notwendigkeit des Friedens

Ich danke Ihnen allen, und besonders auch dem Kuratorium der Deutschen Gesellschaft für die Vereinten Nationen, für die große Ehrung, die mir heute hier zuteil wurde. Daß diese große Ehrung mit dem Namen Otto Hahn verbunden ist, hat mich aufs tiefste berührt.

Otto Hahn gehörte schon 20 Jahre vor seiner Entdeckung der Uranspaltung zu meinen Helden, zu jenen großen Forschern der Strahlenchemie und der Atomtheorie, die neue radioaktive Elemente entdeckten, neue Atome und neue Formen der Strahlung. Aber sie erfanden auch neue Theorien, neue wichtige hypothetische Naturgesetze, die gewisse physikalische Beziehungen beschreiben und erklären; Beziehungen, die zwischen verschiedenen Strahlungen bestehen und zwischen den Umwandlungen der strahlenden Atome.

Schon im Jahre 1918, als ich 16 Jahre alt war, zählte Otto Hahn zu den ganz Großen, wie Pierre und Marie Curie, Ernest Rutherford, William Ramsay und die Theoretiker Max Planck, Albert Einstein und Niels Bohr. Von diesen großen Forschern, den Atomphysikern und Radiochemikern, habe ich zuerst im Physikalischen Institut in der Boltzmanngasse in Wien gehört, und zwar von meinem lang verstorbenen Freund Franz Urbach, der im Institut für Radiumforschung in Wien unter Stefan Meyer arbeitete. Wenige Jahre später las ich mehr über Otto Hahn in einem Lehrbuch mit dem Titel »Atomtheorie«, das von meinem Lehrer Arthur Haas stammte, einem bedeutenden, wenn auch heute fast vergessenen Atomforscher. Das Buch erschien in erster Auflage 1924; die zweite Auflage aus dem Jahre 1929 besitze ich noch. Ich habe mein völlig zerlesenes Exemplar gefunden. Meine Erinnerung war nicht unrichtig: Dort wird im gleichen Satz (auf S. 183) von der Entdeckung des Radiums und Poloniums durch das Ehepaar Curie berichtet und von der Entdeckung des Protactiniums durch Otto Hahn und Lise Meitner.

So ist der Name Otto Hahn mit meinen ältesten Erinnerungen aus der heroischen Zeit der großen Atomentdeckungen verknüpft. Aus derselben Periode zwischen den beiden Weltkriegen stammen auch persönliche Erinnerungen an Ernest Rutherford, Niels Bohr, Otto Robert Frisch und Lise Meitner. Aber Otto Hahn habe ich nie getroffen.

Nach dem Ende des Zweiten Weltkrieges erzählte mir Frisch über Hahns Verzweiflung, als er von der Zerstörung von Hiroshima hörte. Hahn habe sich zunächst mitverantwortlich gefühlt, als diese erschreckende Nachricht ihn und die anderen deutschen Atomforscher erreichte, die damals in England interniert waren. Hahn war auf das tiefste getroffen. Später erzählte mir Frisch auch von Hahns Aufklärungsarbeit über die Atomwaffen; über seine Argumente gegen die Atombewaffnung Deutschlands und für die absolute Notwendigkeit des Friedens.

Ich habe Otto Hahn seit meiner frühen Jugend bewundert, den Forscher und den Menschen. Nachdem ich ihn seit 75 Jahren bewundert habe, wird mir jetzt diese große Ehrung zuteil, die mit seinem Namen verknüpft ist: die Otto-Hahn-Friedensmedaille. Aber es ist nicht nur der Name Otto Hahn, der viel für mich bedeutet. Während meines ganzen Lebens, besonders seit dem Ausbruch des

Ersten Weltkrieges – ein Tag, an den ich mich sehr gut erinnere –, hat mich das Problem der Sicherung des Friedens als eine persönliche Verantwortung begleitet.

Ich bitte Sie alle, die mit der Verleihung der Friedensmedaille verbunden sind, meinen Dank entgegenzunehmen. Und ebenso möchte ich auch allen danken, die hierhergekommen sind, um damit ihre Entscheidung für die unbedingte Notwendigkeit des Friedens zu bezeugen und für die Notwendigkeit, die Vereinten Nationen zu stärken.

Ich habe schon von dem Pantheon der Forscher gesprochen, besonders von den Atomphysikern und den Radiochemikern, wie Otto Hahn, von denen ich zuerst 1918 im Physikalischen Institut in Wien hörte. Aber schon lange vorher ereignete sich etwas, das eine frühe Grundlage geschaffen hat für meine Bewunderung für die Forscher und das später auch zu meiner Begeisterung für den Völkerbund beitrug, den Vorläufer der Vereinten Nationen. Zu Weihnachten 1908 erhielt meine ältere Schwester Dora ein Buch, das mich ungeheuer interessierte und das sie mir ein Jahr später schenkte, weil sie mein brennendes Interesse nicht ganz teilte. Es war ein Buch des Norwegers Fridtjof Nansen, der nach dem Ersten Weltkrieg den Völkerbund mitbegründete und der bis zu seinem Tod im Jahre 1930 die wichtigste und aktivste Persönlichkeit im Völkerbund war. Das Buch, das mich als Siebenjährigen so fesselte, trug den Titel »In Nacht und Eis. Die norwegische Polarexpedition 1893–1896«. Es war also ein Buch über eine mehr als dreijährige Expedition, die, vor nunmehr 100 Jahren, auf dem Schiff »Fram« begann – ein Schiff, das Nansen hatte bauen lassen, um vom Eise gehoben statt zerdrückt zu werden. Fast 35 Monate lang war das Schiff vom Polareis eingeschlossen und trieb, Nansens Plänen entsprechend, quer über das Polarbecken, von den Neusibirischen Inseln bis nach Spitzbergen.

Kein Buch hat meine Kindheit so beeinflußt wie dieses. Es entflammte mein Interesse an Entdeckungen, und nicht nur an Entdeckungsreisen, sondern auch an theoretischen Entdeckungen. Es ist Nansens Buch, durch das mir die Bedeutung von kühnen Theorien, von gewagten, ja sogar von zu gewagten Hypothesen schon als Kind klar wurde; denn die Pläne für Nansens Expedition waren auf theoretischen Überlegungen aufgebaut und auf kühnen Ideen. Wie Nansen berichtet, wurden seine Ideen scharf kritisiert, vor allem von den Fachleuchten, von seinen Vorgängern in der Polarforschung. Diese Fachleute attackierten Nansens brillante Pläne als phantastisch und selbstmörderisch und prophezeiten, daß die »Fram«, ebenso wie frühere Schiffe, im Eis zerdrückt werden würde. Aber Nansen verteidigte sein Pläne in scharfsinniger Weise. Seine Reise durch drei lange Polarwinter wurde zu einer experimentellen Prüfung seiner gewagten, aber gründlich durchdachten Theorien.

Die Ansicht, daß die Forschung, auch die wissenschaftliche und die theoretische Forschung, darin besteht, kühne Hypothesen aufzustellen, um sie experimentell zu überprüfen, wurde mir also schon in meiner Kindheit klar. Es war Nansen, dem ich diese Einstellung verdanke. Es ist die vielleicht etwas romantische Einstellung, nach der die echte Wissenschaft aus Entdeckungsarbeit besteht und *nicht* aus für alle Zeiten gesicherten Resultaten. Danach besteht in ihrem wichtigsten Teil die echte Wissenschaft vor allem aus immer wieder zu erneuernden Entdeckungsarbeiten; also *nicht* aus sogenannten feststehenden Tatsachen, sondern aus unsicheren *Hypothesen*. Der Forscher muß deshalb manchmal auch Wagnisse eingehen, die seine intellektuelle Verantwortung auf die höchste Probe stellen.

Daß man ohne Hypothesen nicht experimentieren

kann, das hat schon Charles Darwin betont. Aber Nansen geht noch weiter. Er sagt, daß sogar ganz wilde Hypothesen besser sind als keine, und er erwähnt als Beispiele die drei uralten nordischen Legenden oder Sagen: die drei Hypothesen von einer eisfreien Durchfahrt für Schiffe nach Japan und China: 1. im Norden von Asien, die Nordostpassage; 2. im Norden von Nordamerika, die Nordwestpassage; und 3. ein eisfreies Polarbecken, das den Weg direkt über den Nordpol öffnet. Über diese drei Theorien schreibt Nansen in der Einleitung zu seinem Buch: »So wild diese Theorien auch waren, so haben sie doch einen großen Beitrag zum Wohle der Menschheit geleistet. Denn sie haben viel dazu beigetragen, um unsere Kenntnis der Erde zu erweitern... Keine Arbeit im Dienste der Forschung ist nutzlos; auch dann nicht, wenn sie mit grundfalschen Annahmen beginnt.« [Übers. K. Popper]

Als ich in meiner Kindheit dieses Buch immer wieder mit dem größten Interesse las, hatte ich keine Ahnung, wie nachhaltig sein Einfluß auf mich sein würde. Ich sehe das erst jetzt und mit Erstaunen. Und es ist mir jetzt auch klar, daß ich dem Einfluß Nansens jene Neigung verdanke, die zu meinem Interesse an der Atomphysik führte – und zur Verehrung von Atomphysikern und von Radiochemikern, wie Otto Hahn.

Schon vor Monaten hatte ich beabsichtigt, in dieser Danksagung über meine beiden Helden Hahn und Nansen zu schreiben. Ich wußte aber überhaupt nicht, daß Hahn und Nansen befreundet waren. Vorigen Monat schickte mir Dietrich Hahn, der Enkel von Otto, ein Buch über seinen Großvater, ursprünglich verfaßt von Walter Gerlach und mit wichtigen Ergänzungen von Dietrich. Meine Assistentin öffnete das Buch ganz zufällig auf Seite 142 – und las mir vor: »In der Folgezeit entwickelt sich zwischen Hahn und Fridtjof Nansen eine rege wissenschaftliche Korrespondenz über geologische Fragen. Hahn bestätigt unter anderem Wegeners Theorie der Kontinentalverschiebung.«

Sie können sich mein Erstaunen nicht vorstellen! Ich hatte von alledem nichts gewußt, als ich zuerst meine Danksagung schrieb und von meinen beiden Helden, Otto Hahn und Fridtjof Nansen, erzählte, die beide für die Wissenschaft arbeiteten und für den Frieden.

Der Hinweis auf Alfred Wegener in dem Zitat aus Dietrich Hahns Buch war für mich gleichfalls hochinteressant, denn Wegener war auch einer der Forscherhelden aus meiner Kindheit, der, ähnlich wie Nansen, sein Leben für die Überprüfung seiner Theorien aufs Spiel setzte. Er starb 1930 (im gleichen Jahr wie Nansen), 50jährig, auf seiner dritten Grönlandexpedition im Zentrum des vergletscherten grönländischen Hochplateaus.

Ich wollte Nansen aus zwei Gründen in dieser Danksagung erwähnen: 1. weil er mein Interesse an der wissenschaftlichen Forschung entzündete; und 2. weil er als Hochkommissar des Internationalen Roten Kreuzes und des Völkerbundes nach 1918 so viel für den Frieden getan hat. Eine seiner größten Taten ist noch immer nicht ganz vergessen. Er schuf nach dem Ende des Ersten Weltkrieges den Nansen Paß, eingeführt am 5. Juli 1922. Es war ein Reisedokument für staatenlose Flüchtlinge, das nach und nach von insgesamt 52 Staaten anerkannt wurde; zuerst für Flüchtlinge aus Rußland, aber bald für Flüchtlinge aus aller Welt.

Die andere Tat Nansens, die fast vergessen ist, war die in größtem Maßstab organisierte Hilfe für das damals hungernde Sowjetrußland. Es war die erste internationale Hilfsaktion dieser Art, und sie dauerte von 1921 bis 1923. Sie wurde durch ihn vom Völkerbund in Genf organisiert, dem Vorläufer der Vereinten Nationen. Nansen erhielt von Lenin nur unter größten Schwierigkeiten die Erlaubnis, Lebensmittel und Medikamente durch seine internationale Organisation bis zu den hungernden und kranken Menschen zu bringen und sie unter ihnen zu verteilen. Was Lenin fürchtete, war vermutlich vor allem Spionage und das Bekanntwerden der gräßlichen Zustände in der Sowjetunion. Am Ende dieser Aktion, im Jahre 1923, sagte Lenin selbst, daß die Nansenhilfe für Rußland drei Millionen Menschen das Leben gerettet hätte. Nach anderen Berichten (die ich nicht nachprüfen kann) waren es sieben Millionen Menschen.

Ich fand, zu meinem Bedauern, daß diese für die Vereinten Nationen exemplarisch-wichtige Intervention schnell in Vergessenheit geraten ist; und das ist der Grund, weshalb ich sie hier erwähne. Immer wenn ich während des Kalten Krieges jemanden traf, von dem ich glaubte, daß er über Nansens Rußlandhilfe etwas wissen sollte – insbesondere einen aktiven Diplomaten –, so fragte ich ihn danach. Keiner hatte je davon gehört. Es scheint mir richtig zu sein, an dieses Ereignis in der Vorgeschichte der Vereinten Nationen zu erinnern. Es ist unendlich wichtig für uns, aus der Geschichte zu lernen, und es ist auch wichtig für uns, aus den Verdrehungen und Vergeßlichkeiten der Geschichte zu lernen. Ich vermute, daß die Nansenhilfe so schnell vergessen wurde, weil die Erinnerung an sie sowohl den Russen unbequem war als auch den Links-Intellektuellen in den Ländern des Westens.

Ich kenne nicht die Briefe, die Hahn und Nansen nach dem Ersten Weltkrieg einander geschrieben haben. Aber vermutlich enthielten sie trotz ihres geophysikalischen Gegenstandes auch etwas über Nansens Tätigkeit für den Frieden. Nansen starb im Jahre 1930. Ob Hahn sich an ihn erinnerte, als er, nach 1945, nach dem Zweiten Weltkrieg, seine Arbeit für den Frieden und gegen die Atomwaffen begann? Ich vermute, nein. Hahns Grund für seine Friedensarbeit war wohl ganz einfach der, daß er mehr über die Atomwaffen wußte als andere Staatsbürger und es daher als seine Pflicht empfand, in dieser für die Menschheit so entscheidenden Frage zu sprechen. Er konnte aufklären, er mußte sein Wissen einsetzen.

Sein Wissen wofür? Für einen uralten Wunsch der Menschen. *Et in terra pax* – Und Friede auf Erden. So lesen wir es im Neuen Testament. So hören wir es an einer Stelle von Beethovens »Missa Solemnis«, in erschütternden Tönen. So wurde, nach dem Ersten Weltkrieg, der Völkerbund geschaffen, den schon Immanuel Kant gefordert hatte, der größte aller Philosophen, in seinem Buch »Zum ewigen Frieden« (1795). So wurden, nach dem Zweiten Weltkrieg, die Vereinten Nationen gegründet mit der großen Hoffnung, den Weltfrieden zu erschaffen. Und so schrieb Otto Hahn, eingedenk der Atomwaffen, kurz vor seinem Tod, von der »Notwendigkeit eines Weltfriedens«.

Der Friede ist notwendig. Er muß vielleicht noch lange erkämpft und verteidigt werden. Darauf müssen wir uns gefaßt machen. Auch darauf, daß wir und die Vereinten Nationen Fehler machen werden. Aber Optimismus ist Pflicht.

Diesen Satz, »Optimismus ist Pflicht«, möchte ich noch erklären, bevor ich schließe.

Die Zukunft ist offen. Sie ist nicht vorausbestimmt. Daher kann sie niemand voraussagen – außer durch Zufall. Die Möglichkeiten, die in der Zukunft liegen, gute sowohl wie schlimme, sind unabsehbar. Wenn ich sage »Optimismus ist Pflicht«, so schließt das nicht nur ein, daß die Zukunft offen ist, sondern auch, daß wir alle sie mitbestimmen durch das, was wir tun: Wir sind alle mitverantwortlich für das, was kommt.

So ist es unser aller Pflicht, statt etwas Schlimmes vorauszusagen, uns einzusetzen für jene Dinge, die die Zukunft besser machen können.

Anmerkung

Danksagung anläßlich der Verleihung der Otto-Hahn-Friedensmedaille am 17. Dezember 1993 in Berlin.

Coda: Über die Gestaltung der Wirklichkeit

Es ist die Wechselwirkung zwischen Welt 1, Welt 2 und Welt 3, die als *Gestaltung der Wirklichkeit* betrachtet werden kann; die Wechselwirkung, die aus vielfachen Rückkoppelungen besteht, und innerhalb der wir mit der Methode von Versuch und Irrtum arbeiten. Wir greifen also bewußt in diese Rückkoppelungsspirale ein. Wir: der menschliche Geist, unsere Träume, unsere Zielsetzungen. Wir sind Urheber des Werkes, des Produkts, und gleichzeitig werden wir von unserem Werk geformt. Das ist eigentlich das Schöpferische am Menschen: daß wir, indem wir schaffen, uns gleichzeitig durch unser Werk selbst umschaffen. Die Gestaltung der Wirklichkeit ist also unser Werk; ein Prozeß, der nicht verstanden werden kann, wenn wir nicht alle seine drei Seiten, diese drei Welten zu verstehen versuchen; und wenn wir nicht die Art und Weise zu verstehen suchen, in der die drei Welten aufeinanderwirken.

In diese Spirale von Rückwirkungen oder Rückkoppelungen gehen unsere wachsenden Theorien ein und unsere Träume. Ein Beispiel ist die Gestaltung, die Schöpfung, die Erfindung von Leonardos Vogel: von dem, was wir alle heute als Flugzeug kennen. Es ist wichtig, daß es der Traum vom Fliegen ist, der zum Fliegen führt, und nicht, wie die materialistische Geschichtsauffassung von Marx und Engels wohl vorschlagen würde, der Traum, damit Geld zu verdienen. Otto Lilienthal (dessen Bruder ich noch persönlich kannte) und die Brüder Wright und viele andere haben vom Fliegen geträumt und haben bewußt ihr Leben für ihren Traum aufs Spiel gesetzt. Es war nicht die Hoffnung auf Gewinn, die sie inspirierte, sondern der Traum von einer neuen Freiheit – von der Erweiterung unserer ökologischen Nische: Es war die Suche nach einer besseren Welt, bei der Otto Lilienthal sein Leben verlor.

Bei der Gestaltung der Wirklichkeit, bei dem Versuch, den Welt-2-Traum vom Fliegen zu realisieren, spielt die Welt 3 eine entscheidende Rolle. Was entscheidend ist, das sind die Pläne und Beschreibungen, die Hypothesen, die Versuche, die Unglücksfälle und die Korrekturen; mit einem Wort, die Methode der Versuche und der Elimination der Irrtümer durch die Kritik.

Das ist die Rückkoppelungsspirale; und in ihr spielt auch die Welt 2 der Forscher und Erfinder eine große Rolle; aber eine Rolle, die, wie ich glaube, nicht so entscheidend wichtig ist wie die emergenten Probleme und überhaupt die Welt 3, die auf die Welt 2 dauernd zurückwirkt. Durch die Welt 3 werden unsere Träume dauernd korrigiert, bis sie dann schließlich konkretisiert werden können.

Pessimisten haben mich darauf hingewiesen, daß Otto Lilienthal, der deutsche Gleitflieger, ähnlich wie Leonardo, von einem Fliegen träumte, das mit dem Vogelflug Ähnlichkeit hat. Sie wären wohl entsetzt gewesen, wenn sie unseren Airbus gesehen hätten.

An dieser Bemerkung ist richtig, daß sich unsere Ideen wohl nie *so* realisieren, wie wir sie erträumt haben. Aber trotzdem ist die Bemerkung falsch. Wer heute genau so fliegen will, wie es Leonardo und Lilienthal wollten, der braucht nur ein Mitglied eines Segelfliegerklubs zu werden. Falls er den Mut hat, ist es nicht zu schwierig. Die anderen, die im Airbus oder in der Boeing 747 fliegen, werden schon ihre Gründe haben, warum sie diese Art zu fliegen, trotz ihrer großen Verschiedenheit vom Segelflug, diesem oder der Eisenbahn oder dem Schiff oder dem Kraftwagen vorziehen. Auch das Fliegen im beengten Riesenflugzeug hat vielen Menschen viele neue Möglichkeiten und viele neue wertvolle Freiheiten gebracht.

Ohne Zweifel sind die Riesenflugzeuge Folgen der Träume Leonardos und Lilienthals, aber wohl unvorhersehbare Folgen. Mit unserer Sprache, unserer Wissenschaft und unserer Technik können wir die zukünftigen Folgen unserer Träume, unserer Wünsche und unserer Erfindungen besser voraussehen, als es die Pflanzen und Tiere können, aber sicher *nicht sehr viel besser.* Es ist wichtig, daß wir uns darüber klarwerden, wie wenig wir über diese unvorhersehbaren Folgen unserer Handlungen wissen. Die besten Mittel, die uns zur Verfügung stehen, sind noch immer *Versuch und Irrtum:* Versuche, die oft gefährlich sind, und die noch gefährlicheren Irrtümer – manchmal gefährlich für die Menschheit.

Von besonderer Gefahr ist der Glaube an eine politische Utopie. Das hängt möglicherweise damit zusammen, daß die Suche nach einer besseren Welt (wenn ich recht habe), ähnlich wie die Erforschung der Umgebung, einer der ältesten und wichtigsten aller Lebensinstinkte ist. Mit Recht glauben wir, daß wir zur Verbesserung unserer Welt beitragen sollen und können. Aber wir dürfen uns nicht einbilden, daß wir die Folgen unserer Pläne und Handlungen voraussehen können. Vor allem dürfen wir kein Menschenopfer bringen (außer vielleicht uns selbst, im äußersten Fall). Wir haben auch kein Recht, andere zu motivieren oder gar zu überreden, sich selbst zu opfern – auch nicht für eine Idee, eine Theorie, die uns (wegen unseres Nichtwissens wohl mit Unrecht) vollkommen überzeugt hat.

Jedenfalls muß es ein Teil unserer Suche nach einer besseren Welt werden, eine solche Welt zu suchen, in der andere ihr Leben nicht unfreiwillig für eine Idee zu opfern brauchen.

Ich bin am Ende meines Vortrags. Ich möchte nur noch einen letzten optimistischen Gedanken hinzufügen, mit dem ich auch meinen Beitrag zu einem Buch beschlossen habe, das ich zusammen mit meinem Freund Sir John Eccles schrieb. (Dieses Buch ist 1982 in deutscher Übersetzung erschienen.)

Wie ich oben zu zeigen versucht habe, wird Darwins Selektion, die natürliche Auslese und der Selektionsdruck, gewöhnlich mit einem blutigen Kampf ums Dasein assoziiert. Das ist eine Ideologie, die nur teilweise ernst zu nehmen ist.

Aber mit der Emergenz des menschlichen Bewußtseins und des Geistes und der sprachlich formulierten Theorien wird das alles noch ganz anders. Wir können es dem Wettbewerb unserer Theorien überlassen, die unbrauchbaren Theorien auszumerzen. In früheren Zeiten wurde der Träger der Theorie ausgeschieden. Jetzt können wir unsere Theorien an unserer Statt für uns sterben lassen. Vom biologischen Standpunkt der natürlichen Auslese ist die Hauptfunktion des Geistes und der Welt 3, daß sie die Anwendung der bewußten Kritik möglich machen; und damit die Auswahl der Theorien ohne die Tötung ihrer Träger. Die Anwendung der Methode der rationalen Kritik ohne Tötung der Träger wird möglich durch die biologische Entwicklung; dadurch, daß wir unsere Sprache erfinden, und damit die Welt 3. So überwindet, so transzendiert die natürliche Auslese ihren ursprünglich wohl etwas gewalttätigen Charakter: Mit der Emergenz der Welt 3 wird es möglich, daß die Auslese der besten Theorien, der besten Anpassungen, auch ohne Gewalt erfolgt. Wir können jetzt falsche Theorien durch nicht-gewaltsame Kritik eliminieren. Natürlich ist nicht-gewaltsame Kritik noch selten: Die Kritik ist gewöhnlich noch eine halb-gewaltsame, auch dann, wenn sie auf Papier ausgefochten wird. Aber es gibt keine biologischen Gründe mehr für eine gewaltsame Kritik und nur Gründe dagegen.

So könnte die heute noch übliche, die halb-gewaltsame Kritik ein vorübergehendes Stadium in der Entwicklung der Vernunft sein. Die Emergenz der Welt 3 bedeutet, daß die nicht-gewaltsame kulturelle Evolution kein utopischer Traum ist. Sie ist ein biologisch durchaus mögliches Resultat der Emergenz der Welt 3 durch die natürliche Zuchtwahl.

Eine Gestaltung unserer sozialen Umwelt mit dem Ziel des Friedens und der Gewaltlosigkeit ist nicht nur ein Traum. Sie ist eine mögliche und, vom biologischen Standpunkt aus, offenbar eine notwendige Zielsetzung für die Menschheit.

Anmerkung

Ausschnitt aus einem Vortrag, gehalten in Alpbach im August 1982.

Der Autor

Karl Raimund Popper wurde am 28. Juli 1902 als Sohn eines jüdischen Rechtsanwalts in Wien geboren und wuchs dort auf. Als Sechzehnjähriger verließ er die Schule und schrieb sich als Gasthörer an der Wiener Universität ein, wo er sich mit mathematischen, physikalischen, philosophischen, psychologischen und musikhistorischen Fragen befaßte. Neben seinem Studium absolvierte er eine Lehre als Kunsttischler mit abschließender Gesellenprüfung.

Popper, der als Siebzehnjähriger kurzzeitig pazifistisch gesinnter Kommunist gewesen war, wandte sich nach einer Schießerei mit der Polizei – acht seiner Freunde kamen dabei ums Leben – durch den Schock dieser Gewalterfahrung vom Kommunismus ab. Er bezeichnete dies später als das »vielleicht wichtigste Erlebnis meines Lebens«, durch das er den Marxismus als theoretisches »Irrlicht« mit menschenfeindlicher Praxis erkannt habe.

Nach einem Volontariat bei dem Psychoanalytiker Alfred Adler holte er 1922 extern die Reifeprüfung nach und wurde nun »ordentlicher Student«. 1924 legte er ein Examen als Volksschullehrer ab. Nach dem Examen arbeitete er als Erzieher in einem Hort für sozial gefährdete Kinder. 1925 wechselte er in das neugegründete Pädagogische Institut und setzte seine philosophischen und psychologischen Studien fort. In dieser Zeit lernte er seine spätere Frau Josephine Anna Henninger kennen, mit der er von 1930 bis zu ihrem Tod 1985 verheiratet war.

1928 promovierte Karl Popper bei dem Sprachtheoretiker und Psychologen Karl Bühler mit der Arbeit »Zur Methodenfrage der Denkpsychologie«. Geprägt wurde er

u. a. durch seine kritische Beziehung zum »Wiener Kreis« um Moritz Schlick, Victor Kraft und Rudolf Carnap. 1929 erwarb er die Lehrbefähigung für die Fächer Mathematik und Physik. 1935/36 weilte er zu einem Studienaufenthalt in England. 1937 verließ Popper Österreich und wirkte in den folgenden Jahren bis nach dem Ende des Zweiten Weltkriegs in Neuseeland als *senior lecturer* für Philosophie am Canterbury College in Christchurch (Universität von Neuseeland). Ab Anfang 1946 las er als außerordentlicher Professor über Logik an der Universität London und erhielt dort 1949 eine ordentliche Professur für Logik und wissenschaftliche Methodenlehre, die er bis zu seiner Emeritierung innehatte. Er leitete die Abteilung Philosophie, Logik und wissenschaftliche Methodenlehre an der *London School of Economics and Political Science (LSE).*

Popper, Mitglied und Ehrenmitglied zahlreicher Akademien und wissenschaftlicher Gremien, war u. a. auch Mitglied der britischen *Royal Society,* des *Institut de France,* der *Accademia Nazionale dei Lincei* und Ehrenmitglied der *American Academy of Arts and Sciences.*

Von den Preisen und Auszeichnungen, die Popper erhielt, kann hier nur eine Auswahl erwähnt werden: Erhebung in den englischen Adelsstand durch Queen Elizabeth II (1965), Preis der Stadt Wien für Geisteswissenschaften (1965), Sonning-Preis der Universität Kopenhagen (1973), Großes Goldenes Ehrenzeichen der Republik Österreich (1976), Ehrenzeichen für Wissenschaft und Kunst der Republik Österreich (1980), Mitglied des Ordens Pour le Mérite (1980), Großes Verdienstkreuz der Bundesrepublik Deutschland mit Stern und Schulterband (1983); außerdem Ehrendoktorwürden zahlreicher internationaler Universitäten.

Bis zu seinem Tod am 17. September 1994 lebte Sir Karl Popper zurückgezogen in einem Landhaus in Kenley südlich von London.

Neben den im vorliegenden Lesebuch zitierten und im »Nachweis der Texte« genannten Büchern sind folgende wichtige Werke Karl Poppers zu nennen:

Logik der Forschung, 1935 (jetzt bei Mohr Siebeck, Tübingen)
Die offene Gesellschaft und ihre Feinde, 1957 (jetzt bei Mohr Siebeck, Tübingen)
Das Elend des Historizismus, 1965 (jetzt bei Mohr Siebeck, Tübingen)
Objektive Erkenntnis, 1973 (Hoffmann und Campe, Hamburg)
Ausgangspunkte, 1979 (Hoffmann und Campe, Hamburg)
Die beiden Grundprobleme der Erkenntnistheorie, 1979 (jetzt bei Mohr Siebeck, Tübingen)
Vermutungen und Widerlegungen, 2 Bände, 1994 und 1997 (Mohr Siebeck, Tübingen)
Eine Welt der Propensitäten, 1995 (Mohr Siebeck, Tübingen)

Nachweis der Texte

Die Texte dieses Lesebuches wurden folgenden Büchern entnommen:

Karl R. Popper, Alles Leben ist Problemlösen – Über Erkenntnis, Geschichte und Politik, Piper Verlag, München 1994 (im Nachweis zitiert als »Alles Leben ist Problemlösen«)

Karl R. Popper, Auf der Suche nach einer besseren Welt – Vorträge und Aufsätze aus dreißig Jahren, Piper Verlag, München 1984 (im Nachweis zitiert als »Auf der Suche nach einer besseren Welt«)

Karl R. Popper, Die Welt des Parmenides – Der Ursprung des europäischen Denkens. Herausgegeben von Arne F. Petersen unter Mitarbeit von Jørgen Mejer; aus dem Englischen von Sibylle Wieland und Dieter Dunkel, Piper Verlag, München 2001 (im Nachweis zitiert als »Die Welt des Parmenides«)

Karl R. Popper/John C. Eccles, Das Ich und sein Gehirn. Aus dem Englischen von Angela Hartung und Willy Hochkeppel, Piper Verlag, München 1982 (im Nachweis zitiert als »Das Ich und sein Gehirn«)

Karl R. Popper/Franz Kreuzer, Offene Gesellschaft – offenes Universum. Ein Gespräch über das Lebenswerk des Philosophen, Franz Deuticke Verlagsgesellschaft, Wien 1982 (Lizenzausgabe im Piper Verlag, München 1986)

(im Nachweis zitiert als »Offene Gesellschaft – offenes Universum«)

Karl R. Popper/Konrad Lorenz, Die Zukunft ist offen – Das Altenberger Gespräch. Mit den Texten des Wiener Popper-Symposiums, Piper Verlag, München 1985 (im Nachweis zitiert als »Die Zukunft ist offen«)

Hinweise zu den Texten im einzelnen:

Erstes Präludium: Wie ich die Philosophie sehe, aus: »Offene Gesellschaft – offenes Universum«, S. 5–12
Wie ich die Philosophie nicht sehe, aus: »Auf der Suche nach einer besseren Welt, S. 199–201

Zweites Präludium: Die Zukunft ist offen oder Nichts ist schon dagewesen, aus: »Die Zukunft ist offen«, S. 13–43

I. Bewußtsein und menschliches Selbstbewußtsein

1. Wie kam das Bewußtsein in die biologische Welt? Ein Dialog mit John C. Eccles, aus: »Das Ich und sein Gehirn«, S. 519–532
2. Das menschliche Selbstbewußtsein, aus: »Alles Leben ist Problemlösen«, S. 73–76
3. Die Welten 1, 2 und 3, aus: »Das Ich und sein Gehirn«, S. 61–77
4. Über das Leib-Seele-Problem, aus: »Alles Leben ist Problemlösen«, S. 93–111

II. Erkenntnis – Lernen – Wissen

1. Zurück zu den Vorsokratikern, aus: »Die Welt des Parmenides«, S. 31–61
2. Über die Ursprünge von Wissen und Nichtwissen, aus: »Die Welt des Parmenides«, S. 342–347
3. A priori – A posteriori, aus: »Alles Leben ist Problemlösen«, S. 127–130
4. Über die sogenannten Quellen der menschlichen Erkenntnis, aus: »Auf der Suche nach einer besseren Welt« S. 56–64
5. Wissen und Sprache, aus: »Alles Leben ist Problemlösen«, S. 114–122
6. Ein Aufklärer und Rationalist, aus: »Alles Leben ist Problemlösen«, S. 158–161
7. Die Verantwortung der Intellektuellen, aus: »Auf der Suche nach einer besseren Welt«, S. 225–229

III. Politik und Geschichte

1. Wer soll herrschen?, aus: »Alles Leben ist Problemlösen«, S. 239–246
2. Worauf es in der Demokratie ankommt, aus: »Alles Leben ist Problemlösen«, S. 207–214
3. Vom fruchtbaren Zusammenprall der Kulturen, aus: »Auf der Suche nach einer besseren Welt«, S. 130–136
4. Freiheit als Aufgabe, aus: »Alles Leben ist Problemlösen«, S. 162–165, 167–172
5. Vom Sinn der Geschichte, aus: »Auf der Suche nach einer besseren Welt«, S. 150–163
6. Die Notwendigkeit des Friedens, aus: »Alles Leben ist Problemlösen«, S. 319–326

Coda: Über die Gestaltung der Wirklichkeit, aus: »Auf der Suche nach einer besseren Welt«, S. 37–40

PIPER

Karl R. Popper

Die Welt des Parmenides

Der Ursprung des europäischen Denkens. Herausgegeben von Arne F. Petersen unter Mitarbeit von Jørgen Mejer.
Aus dem Englischen von Sibylle Wieland und Dieter Dunkel.
480 Seiten. Geb.

Schon als Sechzehnjähriger begegnete Karl Popper den Texten von Parmenides. Mit diesem maßgebenden Denker und den anderen vorsokratischen Philosophen hat er sich sein ganzes Leben lang auseinandergesetzt. »Die Welt des Parmenides«, das große Buch aus Poppers Nachlaß, zeigt, mit welcher Intensität und Liebe er sich dem Studium der Vorsokratiker gewidmet hat: »Parmenides öffnete mir die Augen für die poetische Schönheit der Erde und des gestirnten Himmels. Er lehrte mich, sie mit neuem Forscherblick zu betrachten.«
Das Buch umfaßt acht Kapitel zur Philosophie der griechischen Antike. In diesen Texten werden vor allem zwei zentrale Anliegen des Philosophen Karl Popper veranschaulicht: Zum einen wird seine These belegt, daß Geschichte immer die Geschichte von Problemsituationen ist. Wenn wir dies beachten, können wir unser Verständnis der Vorsokratiker und anderer Denker der Vergangenheit vertiefen. Zum anderen zeigt er die Bedeutung der frühgriechischen »Aufklärung«, der Europa seine philosophischen Fundamente, seine Wissenschaft und seinen Humanismus verdankt.

PIPER

Karl R. Popper

Alles Leben ist Problemlösen

Über Erkenntnis, Geschichte und Politik. 336 Seiten.
Serie Piper 2300

Karl Raimund Popper (28.7.1902 – 17.9.1994) zählte zu den schöpferischsten Denkern unseres Jahrhunderts. In diesem Buch, an dem Popper bis zuletzt gearbeitet hat, werden in 16 Texten nochmal die großen Themen angesprochen, die sein Lebenswerk beherrschten. Fragen der Erkenntnis, die Rolle und die Beschränktheit der Wissenschaft, der Frieden, die Freiheit, der Sinn der Geschichte, die Verantwortung der Intellektuellen, die offene Gesellschaft und ihre Feinde. Erneut besticht Karl Popper durch die Klarheit seines Denkens.

»Es finden sich noch viele weise Bermerkungen, kluge Betrachtungen und Analysen in dieser Textsammlung, die eigentlich auch eine ganz gute Kurzfassung seiner ganz großen Werke darstellt. Für Popper-Fans ist dieses Buch ein Muß, für die Noch-nicht-Popper-Fans ein Soll.«
Die Presse

PIPER

Hannah Arendt

Elemente und Ursprünge totaler Herrschaft

Antisemitismus, Imperialismus, Totalitarismus. 1015 Seiten.
Serie Piper 1032

Unter dem Eindruck des Holocaust, der nationalsozialistischen Vernichtung des europäischen Judentums, hat Hannah Arendt mit »Elemente und Ursprünge totaler Herrschaft« – zuerst 1951 in New York erschienen, in deutscher Übersetzung 1955 – zugleich eine Geschichte und eine Theorie des Totalitarismus geschrieben. Hier hat sie »die allgemeine Vorstellung vom monolithischen Charakter des Dritten Reiches erschüttert und auf die eigentümliche Strukturlosigkeit totaler Regierungen hingewiesen. Hannah Arendt analysiert den Nationalsozialismus und den Stalinismus als verwandte Herrschaftstypen und als Folgeerscheinungen von Antisemitismus und Imperialismus.«
Deutschlandfunk